高等职业教育专业教材

# 园艺产品贮藏与加工

林 海 郝瑞芳 主编

中国轻工业出版社

图书在版编目（CIP）数据

园艺产品贮藏与加工/林海，郝瑞芳主编. —北京：中国轻工业出版社，2025.1
高等职业教育"十三五"规划教材
ISBN 978-7-5184-1172-6

Ⅰ.①园… Ⅱ.①林…②郝… Ⅲ.①园艺作物—贮藏—高等职业教育—教材 ②园艺作物—加工—高等职业教育—教材 Ⅳ.①S609

中国版本图书馆 CIP 数据核字（2016）第 268047 号

责任编辑：贾　磊　　责任终审：滕炎福　　设计制作：锋尚设计
策划编辑：贾　磊　　责任校对：吴大朋　　责任监印：张　可

出版发行：中国轻工业出版社（北京鲁谷东街5号，邮编：100040）
印　　刷：三河市国英印务有限公司
经　　销：各地新华书店
版　　次：2025年1月第1版第8次印刷
开　　本：720×1000　1/16　印张：10.75
字　　数：210千字
书　　号：ISBN 978-7-5184-1172-6　定价：32.00元
邮购电话：010-85119873
发行电话：010-85119832　010-85119912
网　　址：http://www.chlip.com.cn
Email：club@chlip.com.cn
版权所有　侵权必究
如发现图书残缺请与我社邮购联系调换
250068J2C108ZBW

# 本书编写人员

**主　编**

林　海（鹤壁职业技术学院）

郝瑞芳（山西林业职业技术学院）

**副主编**

郭　焰（新疆轻工职业技术学院）

王跃强（鹤壁职业技术学院）

王海霞（黑龙江林业职业技术学院）

**参　编**

杨玉红（鹤壁职业技术学院）

樊晓艳（山西省畜牧兽医学校）

# 前　言

为深入贯彻落实教育部《关于全面提高高等职业教育教学质量的若干意见》，进一步推动职业教育课程建设与改革，提高食品类专业的教学水平，按照《普通高等学校高等职业教育（专科）专业目录（2015年）》的新要求，以新形势下高等职业教育"以工作过程为导向"的教学需要为目标，按照新教学大纲的具体要求，组织编写了《园艺产品贮藏与加工》教材。

《园艺产品贮藏与加工》是园艺、食品、生物等专业的主干专业课程之一。本教材在理论知识适度、必需和够用的基础上，结合园艺产品贮藏与加工工艺和技术的最新发展动态，紧密围绕国家技能鉴定考核标准的应知、应会内容，重点选择与园艺产品贮藏与加工相关的知识，介绍了目前较新的园艺产品贮藏与加工工艺，帮助学生将理论知识与生产实际紧密结合起来，以培养学生的实践操作和应用技能。

本教材按照当前高职高专院校教学改革中"工学结合"与"教学做一体化"的课程建设和强化职业能力培养的要求，分模块、分项目进行编写。教材内容力求深入浅出、易教易学，有利于改进教学效果，体现人才培养的实用性。本教材内容包括园艺产品贮藏和园艺产品加工两个模块。园艺产品贮藏模块包括园艺产品贮藏基础知识、商品化处理及运输、贮藏方式及贮藏技术，园艺产品加工模块包括园艺产品加工的基础知识及加工技术。

本教材中每个项目设置有知识目标、技能目标、学习重点与难点、思考题，帮助学生梳理该项目知识内容，更好地理解和掌握重点、难点。在教材编写过程中，精心制作了与本教材配套的多媒体课件，方便教师教学和提高教学效率，丰富课堂教学内容。

本教材由林海（鹤壁职业技术学院）、郝瑞芳（山西林业职业技术学院）担任主编，郭焰（新疆轻工职业技术学院）、王跃强（鹤壁职业技术学院）、王海霞（黑龙江林业职业技术学院）担任副主编。杨玉红（鹤壁职业技术学院）、樊晓艳（山西省畜牧兽医学校）参加编写。全书由杨玉红统稿。具体编写分工：项目一、项目五的第八节由王跃强编写；项目二由郭焰编写；项目三由郝瑞芳编写；项目四由王海霞、林海共同编写；项目五的第一节至第七节、实训由王海霞、杨玉红、樊晓艳共同编写。

本教材既可作为高职高专院校食品加工技术、食品营养与检测、食品生物技术、农产品质量检测等专业的教材，还可作为从事园艺、食品类产品生产的技术人员的参考书。

本教材在编写过程中得到了部分兄弟院校领导和教师的大力支持，同时还参考了许多文献资料，难以一一鸣谢作者，编者在此一并表示最衷心的感谢！另外，虽然在编写过程中做出了许多努力，但由于编者知识水平有限，书中错误之处在所难免，敬请同行专家批评指正。

编　者

# 目 录

## 模块一　园艺产品贮藏

**项目一　园艺产品贮藏基础知识** ·················································· 2
　一、采前因素对园艺产品质量的影响 ············································ 2
　二、园艺产品的特性 ······························································· 15
　三、采后生理对园艺产品贮运的影响 ·········································· 26
　实训一　测定园艺产品的呼吸强度(静置法) ································· 42
　实训二　观察园艺产品的低温伤害 ············································· 43

**项目二　园艺产品商品化处理与运输** ············································ 45
　一、园艺产品采收 ································································· 45
　二、园艺产品采后商品化处理 ··················································· 49
　三、园艺产品商品化运输 ························································· 57
　实训三　测定果实的硬度 ························································· 58
　实训四　催熟与脱涩果实 ························································· 60
　实训五　商品化处理果实 ························································· 61

**项目三　园艺产品的贮藏方式** ····················································· 63
　一、园艺产品的简易贮藏 ························································· 63
　二、园艺产品的机械冷藏 ························································· 71
　三、园艺产品的气调贮藏 ························································· 78
　实训六　测定园艺产品贮藏环境中的氧气和二氧化碳 ····················· 85
　实训七　参观调查当地主要园艺产品贮藏库 ································· 89

# 模块二　园艺产品加工

**项目四　园艺产品加工基础知识** …………………………………… 94
　一、园艺加工品的类别与加工原理 …………………………………… 94
　二、园艺加工对原辅料的要求及处理 ………………………………… 104
　实训八　调查当地园艺加工品的种类 ………………………………… 112
　实训九　观察园艺产品加工中的护色效果 …………………………… 114

**项目五　园艺产品加工技术** …………………………………………… 116
　一、罐制品加工 ………………………………………………………… 117
　二、干制品加工 ………………………………………………………… 124
　三、汁制品加工 ………………………………………………………… 127
　四、糖制品加工 ………………………………………………………… 130
　五、腌制品加工 ………………………………………………………… 135
　六、酿造制品加工 ……………………………………………………… 140
　七、速冻制品加工 ……………………………………………………… 143
　八、鲜切园艺制品加工 ………………………………………………… 146
　实训十　加工水蜜桃罐头 ……………………………………………… 153
　实训十一　制作果蔬脆片 ……………………………………………… 154
　实训十二　加工葡萄汁罐头 …………………………………………… 155
　实训十三　加工果脯 …………………………………………………… 156
　实训十四　加工糖醋菜 ………………………………………………… 156
　实训十五　酿造葡萄酒 ………………………………………………… 157
　实训十六　酿造苹果醋 ………………………………………………… 159
　实训十七　加工蔬菜速冻制品 ………………………………………… 160
　实训十八　加工鲜切花卉 ……………………………………………… 161
　实训十九　加工番茄酱 ………………………………………………… 162

**参考文献** ………………………………………………………………… 164

# 园艺产品贮藏

# 项目一　园艺产品贮藏基础知识

**知识目标**

1. 了解采前因素对园艺产品质量的影响。
2. 理解采后生理对园艺产品贮运的影响。
3. 掌握园艺产品采后呼吸、乙烯、水分的代谢规律及其控制措施。

**技能目标**

1. 会对不同产品进行合理采收。
2. 能进行园艺产品低温伤害观察，识别果蔬冷害的症状。

**学习重点与难点**

重点：采后生理对园艺产品贮运的影响。
难点：园艺产品的化学特性。

**必备知识**

## 一、采前因素对园艺产品质量的影响

采前诸多因素都会影响园艺产品的生长、发育、化学成分及生理特征的形成，从而影响产品的质量和贮藏性能。采前因素很多，主要有生物因素、生态因素和农业技术因素等（图1-1）。选择生长发育良好、健康、品质优良的产品作为贮藏原料，是做好果蔬贮藏工作的重要方面之一，因此，切不可忽视采前因素对园艺产品质量的影响。

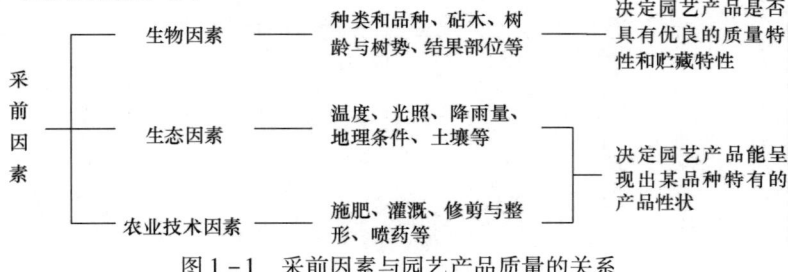

图1-1　采前因素与园艺产品质量的关系

## （一）生物因素对园艺产品质量的影响

### 1. 种类和品种

种类和品种是影响园艺产品品质、贮藏特性的内在因素。园艺产品种类很多，它们分属于植物的根、茎、叶、花、果等不同器官，由于组织结构和代谢方式不同，商品性能和耐贮性差异很大。例如，苹果、梨、柑橘、核桃、萝卜、蒜薹、马铃薯、苕薯、南瓜等贮藏期可达数月至半年以上；而桃、杏、李、黄瓜、番茄、豆角等不耐贮藏，最佳条件下贮藏期也只有 50~60d；草莓、荔枝、樱桃、桑葚、杨梅等更不耐贮藏，采购低温条件下只能存放数天；叶菜类和鲜切花贮藏时间更短，必须及时销售或者加工。

（1）种类　蔬菜有叶菜、茎菜、果菜、根菜、花菜 5 种类型。

叶菜类是易腐难贮的园艺产品。因为叶片是植物的同化器官，组织幼嫩，保护结构差，采后失水、呼吸和水解作用旺盛，极易萎蔫、黄化和败坏，最难贮藏。叶球为营养贮藏器官，一般在营养生长停止后收获，新陈代谢已有所降低，所以比较耐贮藏。例如，甘蓝性喜冷凉湿润，贮藏适温为 0℃ 左右。温度过高容易腐烂，而且新陈代谢旺盛，衰老加快，贮藏期缩短。在相对湿度 98%~100% 的条件下贮藏较适宜，一般可保存 5~6 个月。

花菜类是植物的繁殖器官，新陈代谢比较旺盛，在生长成熟和衰老过程中还会形成乙烯，所以花菜类是很难贮藏的。如新鲜的黄花菜，花蕾采后 1d 就会开放，并很快腐烂，因此必须干制。然而菜花是成熟的变态花序，蒜薹是花茎梗，它们都较耐寒，可以在低温下进行较长期的贮藏。

果菜类包括茄类、瓜类、豆类，它们大多原产于热带和亚热带地区，不耐寒，贮藏温度低于 8℃ 会发生冷害，在高温季节生长，不适应接近 0℃ 的低温。其食用部分为幼嫩果实，幼果新陈代谢旺盛，含水量高，表面保护组织还不完备，新陈代谢旺盛，表层保护组织发育尚不完善，容易失水和遭受微生物侵染。采后由于生长和养分的转移，果实容易变形和发生组织纤维化，如黄瓜变成大头瓜、豆荚变老，因此很难贮藏。但有些瓜类蔬菜是在充分成熟时采收的，如南瓜、冬瓜，其代谢强度已经下降，表层保护组织已充分发育，表皮上形成了厚厚的角质层、蜡粉或茸毛等，所以比较耐贮藏。

块茎、鳞茎、球茎、根茎类都属于植物的营养贮藏器官，有些还具有明显的休眠期或通过改变环境条件，令其控制在强迫休眠状态，使新陈代谢降低到最低水平，所以比较耐贮藏。

水果中以温带生长的苹果和梨最耐贮；桃、李、杏等由于在夏季成熟，此时气温高，果品呼吸作用强，因此耐贮性较差；热带和亚热带生长的香蕉、菠萝、荔枝、芒果等采后寿命短，不能作长期贮藏。

花卉的贮藏期和瓶插寿命因产品类型不同而差别较大。插条、球根、种子、果实等繁殖材料新陈代谢水平低，有的处于休眠状态，表面保护组织发达，贮藏特性好。盆花和鲜切花是主要的花卉产品类型，由于出圃后或采收后的环境差异较大，耐贮藏性和瓶插寿命不同。盆花出圃前后环境差异不大，不需要特殊方法贮藏。鲜切花脱离母体后，极易失水萎蔫干枯，由于观赏部位的保护组织不发达，耐贮性和瓶插寿命较差。如玫瑰在 2~3℃、相对湿度 90%~95%，可贮藏 7d。据估计，因切花贮藏和运输不当，每年损失达 30%~60%。

（2）品种　园艺产品的品种不同，其耐贮性和品质也有差异。一般来说，不同品种的果蔬以晚熟品种最耐贮，中熟品种次之，早熟品种不耐贮藏。晚熟品种耐贮藏的原因是：晚熟品种生长期长，成熟期间气温逐渐降低，组织致密、坚挺，外部保护组织较为发达，防止微生物侵染和抵抗机械伤能力强；晚熟品种营养物质积累丰富，抗衰老能力强；晚熟品种一般有较强的氧化系统，对低温适应性好，在贮藏时能保持正常的生理代谢作用，特别是当果蔬处于逆境时，呼吸很快加强，有利于产生积极的保卫反应。

大白菜中直筒形比圆球形的耐贮藏；青帮系统的比白帮系统的耐贮藏；晚熟的比早熟的耐贮藏。如小青口、青麻叶、抱头青、核桃纹等的生长期都较长，结球坚实，抗病耐寒。芹菜中以天津的白庙芹菜、陕西的实秆绿芹、北京的棒儿芹等耐贮藏；而空秆类型的芹菜贮藏后容易变糠，纤维增多，品质变劣。菠菜中以尖叶菠菜耐寒适宜冻藏，圆叶菠菜虽叶厚高产，但耐寒性差，不耐贮藏。马铃薯中以休眠期长的品种如克新一号等最为耐贮。

苹果中的早熟品种耐贮性差，如夏红、藤木一号、黄魁、丹顶等不宜作长期贮藏；富士、红星、红元帅、秦冠等中晚熟品种在自然降温的贮藏场所中不能作长期贮藏，然而用冷藏或气调贮藏方法可以贮藏到第二年5月；青香蕉、印度、红富士和小国光等晚熟品种是最耐藏品种，如小国光在普通窖中可以贮藏到次年的 5~6 月份。

葡萄中早熟品种成熟季节气温高，果实呼吸强度大，不利于贮藏，用于贮藏的葡萄大都是晚熟、极晚熟品种。目前适宜批量贮藏保鲜的品种主要有：欧亚种如龙眼、玫瑰香、红宝石、红地球、瑞必尔等，欧美杂交种如黑奥林、巨峰、京优等。

桃一般不能作长期贮藏，橘早生、五月鲜和深州蜜桃等，采后只能存放几天，冈山白、大久保品种耐贮性稍强，一些晚熟品种如红雪桃、满膛红、中华巨型桃、冬雪蜜桃比较耐贮藏。一般说来，非溶质性的桃比溶质性的桃耐贮藏。

非洲菊切花最适宜的贮藏温度范围在 3~8℃，整株套袋贮藏，但不同品种最适的贮藏温度不同。大多品种最适贮藏温度是 4℃，"白马王子"的最适贮藏温度为 7℃。在 4℃ 时，"大088"贮藏时间最长，为 22.8d，适合较长时间的贮藏；而"红极星"贮藏时间 11.8d，不适合长期贮藏。

**2. 砧木**

砧木类型不同，果树根系对养分和水分的吸收能力不同，从而对果树的生长发育进程、对环境的适应性以及对果实产量、品质、化学成分和耐贮性直接造成影响。

山西省农业科学院果树研究所的试验表明：红星苹果嫁接在保德海棠上，果实色泽鲜红，最耐贮藏；嫁接在武乡海棠、沁源山定子和林檎砧木上的果实，耐贮性也较好。

四川省农业科学院园艺研究所育种研究室在不同砧木的比较试验中指出，嫁接在枳壳、红橘和香柑等砧木上的甜橙，耐贮性是最好和较好的；嫁接在酸橘、香橙和沟头橙砧木上的甜橙果实，耐贮性也较强，到贮藏后期其品质也比较好。

美国加州的华盛顿脐橙和伏令夏橙，其大小和品质也明显地受到了不同砧木的影响，嫁接在酸橙砧木上的脐橙比嫁接在甜橙上的果实要大得多。对果实中柠檬酸、可溶性固形物、蔗糖和总糖含量的调查结果表明：用酸橙作砧木的果实要比用甜橙作砧木的果实含量高。

了解砧木对果实的品质和耐贮性的影响，有利于今后果园的规划，特别是在选择苗木时，应实行穗砧配套，只有这样，才能从根本上提高果实的品质，以有利于采后的贮藏。

3. 树龄和树势

树龄和树势不同的果树，不仅果实的产量和品质不同，而且耐藏性也有差异。一般来说，幼龄树和老龄树不如中龄树（结果处于盛果期的树）结的果实耐贮。这是因为幼龄树营养生长旺盛，结果少，果实大小不一，组织疏松，含钙少，氮和蔗糖含量高，贮藏期间呼吸旺盛，失水较多，品质变化快，易感染微生物病害和发生生理病害；而老龄树营养生长缓慢，衰老退化严重，根部吸收营养物质能力减弱，地上部分光合同化能力降低，所结果实偏小，干物质含量少，着色差，其耐贮性和抗病性均减弱。

4. 果实大小

同一种类和品种的果蔬，果实的大小与其耐贮性密切相关。一般来说，以中等大小和中等偏大的果实最耐贮。大个果实由于具有幼树果实类似的性状，所以耐贮性较差。研究发现，苹果采后生理病害的发生与果实直径大小呈正相关。如大个苹果在贮藏期间发生虎皮病、苦痘病和低温伤害病比中等个果实严重，硬度下降也快。这种现象也同样表现在梨果实上，大个鸭梨和雪花梨采后容易出现果肉褐变与黑心；大个蕉柑往往皮厚、汁少，在贮藏中容易发生水肿和枯水病；大个萝卜和胡萝卜易糠心；大个黄瓜采后易脱水变糠，瓜条易变形呈棒槌状等。

5. 结果部位

同一植株上不同部位着生的果实，其大小、颜色和化学成分不同，耐贮性也有很大的差异。一般来说，向阳面或树冠外围的苹果果实着色好，干物质、总酸、还原糖和总糖含量高，风味佳，肉质硬，贮藏中不易萎蔫皱缩。但有试验表明，向阳面的果实中钾和干物质含量较高，而氮和钙的含量较低，发生苦痘病和红玉斑点病的几率较内膛果实为高。Harding 等对柑橘的观察结果显示，阳光下外围枝条上结的果实的抗坏血酸比内膛果实要高。Sites 发现，同一株树上顶部外围的伏令夏橙果实的可溶性固形物含量最高，内膛果实的可溶性固形物含量最低。他还发现，果实的含酸量与结果部位没有明显的相关性，但与接受阳光的方向有关，在东北面的果实可滴定酸含量偏低。广东蕉柑树上的顶柑，含酸量较少，味道较甜，果实皮厚，果汁少，在贮藏中容易出现枯水，而含酸量高的柑橘一般耐贮性较强。

和果实相比，蔬菜（一般指果菜类）的着生部位与品质、耐贮性的关系略有不同，一般以生长在植株中部的果实品质最好，耐贮性最强。如生长在植株下部和上部的番茄、茄子、辣椒等果实的品质和耐贮性不如中部的果实强；生长在瓜蔓基部和顶部的瓜类果实不如生长在中部的个大，风味好，耐贮藏。由此可见，果实的生长部位对其品质和耐贮性的影响很大，在实际生产中，如果条件允许，贮藏用果最好按果实生长部位分别采摘，分别贮藏。

### （二）生态因素对园艺产品质量的影响

#### 1. 温度

与其他生态因素相比，温度对园艺产品品质和耐贮性的影响更为重要。栽培期间，温度高，植株生长快，产品组织幼嫩，内含物含量低，营养物质积累少，品质差，不耐贮藏；昼夜温差大，植株生长健壮，营养物质积累丰富，品质好，贮藏性好。采前 4~6 周的温度高低和昼夜温差对果实品质和耐藏性影响很大，特别是对糖、酸的积累和着色的影响。因为在生长发育期间都有其适宜的温度范围和适温要求，在适宜温度范围内，温度越高，园艺作物的生长发育期越短。

在果蔬生长发育过程中，温度过高或过低都会对其生长发育、产量、品质和耐贮性产生影响。温度过高，作物生长快，产品组织幼嫩，营养物质含量低，表皮保护组织发育不好，有时还会产生高温伤害。温度过低，特别是在开花期连续出现数日低温，会使苹果、梨、桃、番茄等授粉不良，落花落果严重，导致产量降低，形成的苹果果实易患苦痘病和蜜果病，而番茄果实则易出现畸形果，品质和耐贮性降低。

有关夏季温度对苹果品质的影响很早就有报道。美国学者 Shaw 指出，夏季温度是决定果实化学成分和耐贮性的主要因素。他通过对 165 个苹果品种的研究后认为，不同品种的苹果都有其适宜的夏季平均温度，但大多数品种 3~9 月份的平均适温为 12~15.5℃。低于这个适温，就会引起果实化学成分的差异，从而降低果实的品质，缩短贮藏寿命。但也有人观察到，有的苹果品种需要在比较高的夏季温度下才能生长发育得最好，如红玉苹果在平均温度为 19℃ 的地区生长得比较好。当然，夏季温度过高的地区，果实成熟早，色泽和品质差，也不耐贮藏。

桃是耐夏季高温的果树，夏季温度高，果实含酸量高，较耐贮藏。但夏季温度超过 32℃ 时，会影响果实的色泽和大小。而如果夏季低温高湿，桃的颜色和成熟度差，也不耐贮运。番茄红素形成的适宜温度为 20～25℃，如果长时间持续在 30℃ 以上的气候条件下生长，则果实着色不良，品质下降，贮藏效果不佳。

柑橘的生长温度对其品质和耐贮性有较大的影响，冬季温度太高，果实颜色淡黄而不鲜艳，冬季有连续而适宜的低温，有利于柑橘的生长、增产和提高果实品质。但是温度低于 -2℃，果实就会受冻而不耐贮运。

大量的生产实践和研究证明，采前温度和采收季节也会对果蔬的品质和耐贮性产生很大影响。如苹果采前 6～8 周昼夜温差大，则果实着色好，含糖量高，组织致密，品质好，也耐贮藏。Fedolov 认为，采前温度与苹果发生虎皮病的敏感性有关。为此，他提出了一个预测指标，在 9～10 月份，如果温度低于 10℃ 的总时数为 150～160h，某些苹果品种果实很少发生虎皮病；而总时数如果为 190～240h，就可以排除发生虎皮病的可能性。如果夜间最低温度超过 10℃，低温时数的有效作用将等于零。这也可能是为什么过早采收的苹果，在贮藏中总是加重虎皮病发生的原因之一。梨在采前 4～5 周生长在相对凉爽的气候条件下，可以减少贮藏期间的果肉褐变与黑心。同一种类或品种的蔬菜，秋季收获的比夏季收获的耐贮藏，如番茄、甜椒等。不同年份生长的同一蔬菜品种，耐贮性也不同，因为不同年份气温条件不同，会影响产品的组织结构和化学成分的变化。例如，马铃薯块茎中淀粉的合成和水解与生长期的气温有关，而淀粉含量高的耐贮性强。北方栽培的大葱可露地冻藏，缓慢解冻后可以恢复新鲜状态，而南方生长的大葱，却不能在北方露地冻藏。甘蓝的耐贮性在很大程度上取决于生长期间的温度和降雨量，低温下（10℃）生长的甘蓝，戊聚糖和灰分较多，蛋白质较少，叶片的汁液冰点较低，耐贮藏。

温度对花卉的花色有明显影响，有些种类比较明显，有些则影响较少。一般花青素系统的色素受温度的影响变化较大。月季以温度 10～20℃ 时色彩最鲜明，高于 20℃ 或低于 10℃ 时色彩均不佳；满天星近几年在昆明地区同样出现温差过大、温度过低时白色的花朵上会出现粉色镶边或变成粉色花朵的现象，温度过高时也易出现白色的花最外边花瓣变色的现象。唐菖蒲、满天星、勿忘我、百合、香石竹等都应采用塑料大棚或温室栽培，或采用加温设备来调节温度，或者采用防寒或保温的保护性越冬措施，从而达到正常生产供应鲜切花上市的目的。

2. 光照

光照是园艺产品品质的重要生态因素之一。光照强度和时间影响园艺产品的质量及贮藏性。光照不足，产品含糖量低（干物质含量低）、着色差，易发生多种生理病害，易糠心；光照过强，易发生果实日灼病。光质（红光、紫外光、蓝光、白光）也会影响蔬菜的生长发育和品质，紫外线对维生素 C 的合成、果实着色和耐藏性有利。

绝大多数的园艺植物都属于喜光植物，特别是它们的果实、叶球、块根、块茎和鳞茎的形成，都必须有一定的光照强度和充足的光照时间。光照直接影响果蔬的干物质积累、风味、颜色、质地及形态结构，从而影响园艺产品的品质和耐贮性。

光照不足会使果蔬含糖量降低，产量下降，抗性减弱，贮藏中容易衰老。如苹果，在生长季节中连续阴天会影响果实中糖和酸的形成，果实容易发生生理病害，缩短贮藏寿命；树冠内膛的苹果因光照不足易发生虎皮病，贮藏中衰老快，果肉易粉质化。有些研究表明，暴露在阳光下的柑橘果实与背阴处的果实比较，一般具有发育良好、皮薄、果汁可溶性固形物含量高等特点，酸和果汁量则较低，品质也好。蔬菜生长期间如光照不足，往往叶片生长得大而薄，贮藏中容易失水萎蔫和衰老。西瓜、甜瓜光照不足，含糖量会下降。大白菜和洋葱在不同的光照强度下，含糖量和鳞茎大小明显不同，如果生长期间阴天多，光照时间少，光照强度弱，蔬菜的产量下降，干物质含量低，贮藏期短。大萝卜在生长期间如果有50%的遮光，则生长发育不良，糖分积累少，贮藏中易糠心。但是，光照过强也有危害，如番茄、茄子和菜椒在炎热的夏天受强烈日照后，会产生日灼病，不能进行贮藏。秦冠、鸡冠、红玉等品种的苹果受强日照后易患蜜昊病等。特别是在干旱季节或年份，光照过强对果蔬造成的危害将更为严重。此外，光照长短也影响贮藏器官的形成，如洋葱、大蒜等要求有较长的光照才能形成鳞茎。

光照与花青素的形成密切相关。红色品种的苹果在阳光照射下，果实颜色鲜红，特别是在昼夜温差大、光照充足的条件下，着色更佳；而树膛内的果实，接触阳光少，果实成熟时不呈现红色或色调不浓。研究发现，光照对果实着色发生影响是有条件的。Magness认为，苹果颜色的发展首先受果实化学成分的影响，只有在果实有足够的含糖量时，天气因素才会对颜色的形成发生作用。因此果实的成熟度也是着色的重要条件，在达到一定成熟度之前，即使外界环境条件适宜，花青素也不能迅速形成，果实着色仍然缓慢。

光质（红光、紫外光、蓝光和白光）对果蔬生长发育和品质都有一定的影响。许多水溶性色素的形成都要求有强红光，特别是紫外光（波长360~450nm）与果实红色的发育有密切的关系。紫外光的波长极短，光通量值大，易被空气中的尘埃和小水滴吸收。据研究，苹果果实成熟前6周，阳光的直射量与红色发育呈高度的正相关，特别是在雨后，空气中尘埃少，在阳光直射下的果实着色最快。随着栽培技术的发展，目前很多水果产区，为了提高果实的品质，增加红色品种果实的着色度，在果树行间铺设反光塑料薄膜以改善果实的光照条件，或采用果实套袋的方法改善光质，都取得了良好的效果。此外，紫外光还有利于果蔬抗坏血酸的合成，提高产品品质。如树冠外侧暴露在阳光下的苹果不仅颜色红，抗坏血酸含量也较高；温室中栽培的黄瓜和番茄果实因缺少紫外光，抗坏血酸的含量往往没有露地栽培的高；光质制约着甘蓝花青素苷的合成速度，紫外光最为有利。

花卉通常分喜阳的和喜阴的两类。需要在阳光下栽培才能生长良好的，如月季、石榴、菊花、水仙、半枝莲、酢浆草、荷花等，为喜阳花卉。如果把这些花放在荫蔽的环境中，光照强度不够，常呈现枝条纤细，节间伸长，叶片变薄，叶色不正，还易受病虫害的侵袭。喜阴花卉是指原生长在阴坡或林间较阴湿环境中的花卉，大多不喜欢强光直射，尤其在高温季节需要给与不同程度的遮阳，并注意适当增加空气湿度。喜阴花卉如四季海棠、铁线蕨、玻璃翠、文竹、倒挂金钟、兰花、君子兰、杜鹃花、龟背竹、万年青等。

日照时间长短对花卉生长发育是很重要的。有些花卉原产热带地区，只有在短日照的条件下才能孕蕾开花，如一品红等。利用花卉需要特定日照时间的特性，可以人为地控制花期。如缩短菊花的日照时间，可以促使其提早开花。

一般的盆栽花卉，在花期，为了延长开花时间，可以适当减少强光照，如月季、菊花等。但也有些花卉则恰恰相反，只有在强光照下才能开好花，如睡莲、半枝莲等。也有一些花卉，夏季不喜欢强光照，冬季没有光照又不能开花，如天竺葵、八仙花、倒挂金钟等。

**3. 降雨**

降雨会增加土壤湿度、空气相对湿度，减少光照时间，从而影响园艺产品的化学组成、组织结构及耐藏性。降雨不足而干旱时产品个体小、着色不良、品质不佳而不耐藏；降雨不均或旱后遇骤雨，容易裂果和发生枯水病；降雨过多，光照不足，真菌危害严重，果实不仅糖酸含量低、着色差，还易发生多种生理病害和腐烂。

在潮湿多雨的地区或年份，土壤的 pH 一般小于 7，为酸性土壤。土壤中的可溶性盐类如钙盐几乎被冲洗掉，果蔬就会缺钙，加上阴天光照减少，使果蔬品质和耐贮性降低，贮藏中易发生生理病害和侵染性病害。如生长在潮湿地区或多雨年份的苹果，果实内可溶性固形物和抗坏血酸含量较低，贮藏中易发生虎皮病、苦痘病、轮纹病和炭疽病等病害。此外果实也容易裂果，裂果常发生在下雨之后，此时蒸腾作用很低，苹果除了从根部吸收水分外，也可以从果支吸收较多水分，促使果肉细胞膨压增大，造成果皮开裂。柑橘生长期雨水过多，果实成熟后着色不好，表皮细胞中精油含量减少，果汁中糖和酸含量降低。此外，高湿环境有利于真菌的生长，容易引起果实腐烂。马铃薯采前遇雨，采后腐烂增加。生育期冷凉多雨的黄瓜，品质和耐贮性降低，因为空气湿度高时，蒸腾作用受阻，从土壤中吸收的矿物质减少，使得有机物的生物合成、运输及其在果实中的累积受到阻碍。

在干旱少雨的地区或年份，空气的相对湿度较低，土壤水分缺乏，影响植物对营养物质的吸收，使植株的正常生长发育受阻，表现为个体小、产量低、着色不良、成熟期提前，容易产生生理病害。如生长在干旱年份的苹果，容易发生苦痘病；大白菜容易发生干烧心病；萝卜容易出现糠心等。降雨不均衡或久旱骤雨，会造成果实大量裂果，如苹果、大枣、番茄等。甜橙在贮藏过程中的枯水与生长期的降雨量有关，干旱后遇多雨天气，果实在短期内生长旺盛，果皮组织疏松，枯水现象加重。

### 4. 地理条件

地理条件对产品的影响是间接的，如纬度、海拔、地势、坡度、坡向等，通过影响产品生长发育条件（生态条件）而对产品产生影响，从而影响其生长发育、品质和耐贮性。纬度和海拔不同，果蔬的种类和品种不同；即使同一种类的果蔬，生长在不同纬度和海拔，其品质和耐贮性也不同。如苹果属于温带水果，在我国长江以北广泛栽培，多数中、晚熟品种较耐贮藏，但因生长的纬度不同，果实的耐贮性也有差别。生长在河南、山东一带的苹果，不如生长在辽宁、山西、甘肃、陕北的苹果耐贮性强。同一品种的苹果，在高纬度地区生长的比在低纬度地区生长的耐贮性要好，辽宁、甘肃、陕北生长的元帅苹果较山东、河北生长的元帅苹果耐贮藏。我国西北地区生长的苹果，可溶性固形物高于河北、辽宁的苹果，西北大部分地区虽然纬度相对较低，但海拔较高，凉爽的气候适合于苹果的生长发育。海拔对果实品质和耐贮性的影响十分明显，海拔高的地区，日照强，昼夜温差大，有利于糖分的累积和花青素的形成，抗坏血酸的含量也高，所以苹果的色泽、风味和耐贮性都好。

生长在山地或高原地区的蔬菜，体内碳水化合物、色素、抗坏血酸、蛋白质等营养物质的含量都比平原地区生长的要高，表面保护组织也比较发达，品质好，耐贮藏。如生长在高海拔地区的番茄比生长在低海拔地区的品质明显要好，耐贮性也强。由此可见，充分发挥地理优势，发展果蔬生产，是改善果蔬品质、提高贮藏效果的一项有力措施。

### 5. 土壤质地

土壤是果蔬生长发育的基础，土壤的理化性状、营养状况、地下水位高低等直接影响到果蔬的化学组成、组织结构，进而影响到果蔬的品质和耐贮性。不同种类的果蔬对土壤的要求不同，但大多数果蔬适合于生长在土质疏松、酸碱适中、养分充足、湿度适宜的土壤中。

土质会影响果蔬栽培的种类、产品的化学组成和结构。我国北方气候寒冷、少雨，土壤风化较弱，土壤中砂粒、粉粒含量较多，黏粒较少。砂土在北方分布广泛，这种土壤颗粒较粗，保肥保水力差，通气通水性好，蔬菜生长后期，易脱肥水，不抗旱，适于栽培早熟薯类、根菜、春季绿叶菜类。在砂土中生长的蔬菜，早期生长快，外观美丽，但根部老化快，植株易早衰，抗病、耐寒、耐热性都较弱，产品品质差，味淡，不耐贮。我国黄土高原、华北平原、长江下游平原、珠江三角洲平原多为砂质壤土，质地均匀，粉粒含量高，物理性能好，抗逆能力强，通气透水，保水保肥和抗旱力强，适合于栽种任何蔬菜，其产品品质和耐贮性都好。而平原洼地、山间盆地、湖积平原地区为黏土，以黏粒占优势，质地黏重，结构致密，保水保肥力强，通气透水力差，适于种植晚熟品种蔬菜，植株生根慢，生长迟缓，形小不美观，但根部不易老化，成熟迟，耐病、耐寒、耐热性强，产品品质好，味浓，耐贮藏。

研究表明，黏重土壤上种植的香蕉，风味品质比砂质土壤上种植的好，而且耐贮藏。生长在黏重土壤上的柑橘，风味品质要比生长在轻松砂壤土上的好。轻松土壤上种植的脐橙比黏重土壤上种植的果实坚硬，但在贮藏中失重较快。苹果适合在质地疏松、通气良好、富含有机质的中性到酸性土壤上生长。在砂土上生长的苹果容易发生苦痘病，可能是因为水分的供给不正常，影响了钾离子、镁离子和钙离子的吸收与平衡。在轻砂土壤上生长的西瓜，果皮坚韧，耐贮运能力强。在排水与通气良好的土壤上栽培的萝卜，贮藏中失水较慢。而莴苣在砂质土壤上栽培的失水快，在黏质土壤上栽培的失水则较慢。

### （三）农业技术因素对园艺产品质量的影响

#### 1. 施肥

施肥对园艺作物的品质及耐贮性有很大的影响。在作物的生长发育过程中，除了适量施用氮肥外，还应该注意增施有机肥和复合肥，特别应适当增施磷肥、钾肥、钙肥和硼肥，锰肥、锌肥等，这一点对于长期贮藏的果蔬显得尤为重要。只有合理施肥，才能提高果蔬的品质，增加其耐贮性和抗病性。

氮是园艺作物生长发育过程中最活跃的元素。缺乏氮肥会导致作物生长缓慢，使蛋白质合成受阻，使园艺作物产品的蛋白质含量减少，维生素和必需氨基酸含量也随之降低，品质下降。如果氮肥施用过多，果蔬容易发生采后生理失调，产品的耐贮性和抗病性会明显降低，因为产品的氮素含量高，会促进产品呼吸，增加代谢强度，使其容易衰老和败坏，而钙含量高时可以抵消高氮的不良影响。块根、块茎类作物氮过多时，叶、蔓等营养体生长旺盛，块根、块茎小而少，淀粉和糖含量下降，水分多而不耐贮藏，品质变劣。艾希珍等研究表明，如氮肥过多，会使姜根茎中的糖和淀粉含量下降，纤维增多，导致其耐贮性降低，姜丝增多，口感变劣。施用氮肥过多的果园，果实的颜色差，质地松软，贮藏中容易发生生理病害，如苹果的虎皮病、苦痘病等。

适量施用钾肥，不仅能使果实增产，还能使果实产生鲜红的色泽和芳香的气味。施用钾肥，能加速光合产物的运输，加速碳水化合物的合成，提高植物对氮的吸收利用，并很快将氮转化为蛋白质，提升园艺产品的品质，提高其抗病性和贮存性能。缺钾会延缓番茄的完熟过程，因为钾浓度低时会使番茄红素的合成受到抑制，果实小，呈浅褐色。苹果缺钾时，果实着色差，贮藏中果皮易皱缩，品质下降；番茄缺钾则常出现杂色斑，色度不均，风味差。过量施钾是对宝贵资源的浪费，会造成植物对钙离子等阳离子的吸收下降，又易产生生理病害，如造成叶菜"腐心病"、苹果"苦痘病"等。

磷是园艺作物体内的核酸、核蛋白、磷脂等重要化合物的组成部分，能增强作物光合作用和碳水化合物的合成运输，能促进氮素和脂肪的代谢，提高作物的抗逆性。土壤缺磷，果实的颜色不鲜艳，果肉带绿色，含糖量降低，贮藏中容易发生果肉褐变和烂心。土壤缺磷，葡萄植株新梢生长细弱，叶小、果小；叶色初为暗绿色，逐渐失去光泽，最后变为暗紫色，叶尖及叶缘发生叶烧，叶片变厚变脆；果实发育不良、含糖量低、着色差，种子发育不良。氮肥施用过多，会导致叶类蔬菜纤维素增多，品质降低。

果蔬在生长过程中，适量施用钙肥，不仅可提高品质，还能有效防止上述生理病害的发生。缺钙对果蔬质量影响很大，白菜、甘蓝和莴苣缺钙时会出现叶角病；番茄、西瓜、辣椒缺钙时，会发生脐腐病。

苹果缺硼，果实不耐贮藏，易发生果肉褐变或发生虎皮病及水心病。

2. 灌溉与排水

水分是保持园艺作物正常生命活动所必需的，土壤水分的供给对作物的生长、发育、品质及耐贮性有重要的影响，含水量太高的产品不耐贮藏。大白菜、洋葱采前一周不要浇水，否则耐贮性下降。洋葱在生长中期如果过分灌水会加重贮藏中的颈腐、黑腐、基腐和细菌性腐烂。番茄在多雨年份或久旱骤雨，会使果肉细胞迅速膨大，从而引起果实开裂。在干旱缺雨的年份或轻质土壤上栽培的萝卜，贮藏中容易糠心；而在黏质土上栽培的，以及在水分充足年份或地区生长的萝卜，糠心较少，出现糠心的时间也较晚。大白菜蹲苗期，土壤干旱缺水，会引起土壤溶液浓度增高，阻碍钙的吸收，易发生干烧心病。

桃在采收前几周缺水，果实就难以增大，果肉坚硬，产量下降，品质不佳；但如果灌水太多，又会延长果实的生长期，果实着色差、不耐贮藏。葡萄采前不停止灌水，虽然产量增加了，但因含糖量降低会不利于贮藏。水分供应不足会削弱苹果的耐贮性，苹果的一些生理病害如软木斑、苦痘病和红玉斑点病，都与土壤的水分状况有一定的联系。水分过多，果实过大，果汁的干物质含量低，而不耐长期贮藏，容易发生生理病害。柑橘果实的蒂缘褐斑（干疤），在水分供应充足的条件下生长的果实发病较多，而在较干旱的条件下生长的果实褐斑病较少。可见，只有掌握适时合理的灌溉，才能既保证果蔬的产量和质量，又有利于提高其贮藏性能。

土壤排水不良对园艺作物有较大危害，首先是作物的呼吸作用受到抑制，引起根系生长衰弱或死亡；其次，如土壤通气不良，妨碍土中微生物，特别是好气微生物的活动，降低土壤肥力，影响作物生长和产品品质。如果发生涝灾，要根据园艺作物的耐涝性合理安排排水减涝。

3. 修剪、整形

合理的整形、修剪，可延长园艺作物经济性状的寿命，提高产量，减少病虫害，提高产品品质，增强抗灾能力，降低生产消耗。

适当的果树修剪可以调节果树营养生长和生殖生长的平衡，减轻或克服果树生产中的大小年现象，增加树冠透光面积和结果部位，使果实在生长期间获得足够的营养，从而影响果实的化学成分，因此，修剪也会间接影响果实的耐贮性。研究表明，树冠内主要结实部位集中在自然光照度的30%~90%范围内。就果实品质而言，在40%以下的光照度条件下生长的果实，品质较差；40%~60%的光照度可产生中等品质的果实；在60%以上的光照度条件下生长的果实，品质最好。如果修剪过重，次年果树营养生长旺盛，叶果比增大，树冠透光性能差，果实着色不好，苹果内含钙少而蔗糖含量高，在贮藏中易发生苦痘病和虎皮病。重剪还会增加红玉苹果的烂心和蜜病的发生。柑橘树若修剪过重，粗皮大果比例增加，贮藏中易枯水。但是，修剪过轻，果树生殖生长旺盛，叶果比减小，果实生长发育不良，果实小，品质差，也不利于贮藏。因此，只有根据树龄、树势、结果量、肥水条件等因素进行合理的修剪，才能确保达到果树高产、稳产，果实优质、耐贮的目的。

在番茄等蔬菜生产中，也要定期进行去蔓、打杈，及时摘除多余的侧芽，其目的也是协调营养生长和生殖生长的平衡，以期获得优质耐贮的蔬菜产品。

适当的疏花、疏果也是为了保证果蔬正常的叶、果比例，使果实具有特定的大小和优良的品质。生产上，疏花工作应尽量提前进行，这样可以减少植株体内营养物质的消耗。疏果工作一般应在果实细胞分裂高峰期到来之前进行，这样可以增加果实中的细胞数；疏果较晚，只能使果实细胞膨大有所增加，疏果过晚，对果实大小影响不大。因为疏花、疏果影响到果实细胞的数量和大小，也就影响到果实的大小和化学组成，在一定程度上影响了果蔬的耐贮性。研究表明，对苹果进行适当的疏花、疏果，可以使果实含糖量增高，不仅有利于花青素的形成，同时也会减少虎皮病的发生，使其耐贮性增强。

花卉通过修剪整形，提高产品质量，使花木造型更加优美，花色更加艳丽，可以满足人们不同的观赏需要。

### 4. 田间病虫防治

病虫害不仅可以造成果蔬产量降低，而且对园艺产品的品质和耐贮性也有不良影响，因此，田间病虫防治是保证果蔬优质高产的重要措施之一。贮藏前，那些有明显症状的产品容易被挑选出来，但症状不明显或者发生内部病变的产品却往往被人们忽视，它们在贮藏中发病、扩散，从而造成损失。

目前，杀菌剂和杀虫剂种类很多，常见的有苯并咪唑类、有机磷类、有机硫类、有机氯类等，都是生产上使用较多的高效低毒农药，对防治多种果蔬病虫有良好的效果。

### 5. 生长调节剂处理

生长调节剂对园艺产品品质影响很大。采前喷洒生长调节剂，是增强园艺产品耐贮性和防止病害的有效措施之一。园艺生产上使用的生长调节剂种类很多，根据其使用效果，可概括为以下四种类型。

(1) 生长素类　如生长素类的吲哚乙酸及其同系物、萘乙酸及其同系物和苯酚化合物等。这几类物质可促进生根，防止落花、落果，疏花疏果，改变枝条角度，抑制萌蘖枝的发生，同时也促进果蔬的成熟。如用 10～40mg/kg 的萘乙酸在采前喷洒苹果，能有效地控制采前落果，但也增强了果实的呼吸，加速了成熟，所以对于长期贮藏的产品来说会有些不利。用 10～25mg/kg 的 2,4-二氯苯氧乙酸（2,4-D）在采前喷洒番茄，不仅可防止早期落花落果，还可促进果实膨大，使果实提前成熟。菜花采前喷洒 100～500mg/kg 的 2,4-D 可以减少贮藏中保护叶的脱落。

(2) 赤霉素、细胞分裂素类　细胞分裂素、赤霉素等属于促进生长、抑制成熟衰老的调节剂。细胞分裂素可促进细胞的分裂，诱导细胞的膨大，赤霉素可以促进细胞的伸长，二者都具有促进果蔬生长和抑制成熟衰老的作用。结球莴苣采前喷洒 10mg/kg 的苄基腺嘌呤（BA），采后在常温下贮藏，可明显延缓叶子变黄。喷过赤霉素的柑橘、苹果，果实着色晚，成熟减慢。无核葡萄坐果期喷 40mg/kg 的赤霉素，可显著增大果粒。喷过赤霉素的柑橘，果皮的退绿和衰老变得缓慢，某些生理病害也得到减轻。对于柑橘果实，2,4-D 也有延缓其成熟的作用，用 50～100mg/kg 的 2,4-D 在采前喷洒柑橘，使果蒂保持鲜绿而不脱落，蒂腐也得到了防治；若与赤霉素同时使用，可推迟果实的成熟，延长贮藏寿命。赤霉素可以推迟香蕉呼吸高峰的出现，延缓成熟和延长贮藏寿命。菠萝在开花一半到完全开花之前用 70～150mg/kg 的赤霉素喷布，果实充实饱满，可食部分增加，柠檬酸含量下降，成熟期推迟 8～15d，有明显的增产效果。用 20～40mg/kg 的赤霉素浸蒜薹基部，可以防止薹苞的膨大，延缓衰老。

(3) 乙烯发生剂类　乙烯利等属于抑制生长、促进成熟的调节剂。乙烯利是一种人工合成的乙烯发生剂，具有促进果实成熟的作用。一般生产的乙烯利为 40% 的水溶液。苹果在采前 1～4 周喷洒 200～250mg/kg 的乙烯利，可以使果实的呼吸高峰提前出现，促进成熟和着色。梨在采前喷洒 50～250mg/kg 的乙烯利，也可以使果实提早成熟，降低总酸含量，提高可溶性固形物含量，使早熟品种提前上市，能改善其外观品质。但是用乙烯利处理过的果实不能长期贮藏。比久（B9）对于苹果具有延缓成熟的作用，但是对于桃、李、樱桃等则可以促进果实内源乙烯的生成，加速果实的成熟，使果实提前 2～10d 上市，并可增进黄桃果肉的颜色。

(4) 生长延缓和生长抑制剂类　矮壮素（CCC）、青鲜素（MH）、多效唑、整形素等属于抑制生长、延缓成熟的调节剂。巴梨采前 3 周用 0.5%～1% 的矮壮素喷洒，可以增加果实的硬度，防止果实变软，有利于贮藏。西瓜喷洒矮壮素后所结果实的可溶性固形物含量高，瓜变甜，贮藏寿命延长。采前用多效唑喷洒梨和苹果，果实着色好，硬度大，减轻了贮藏过程中某些生理病害（如虎皮病和苦痘病等）的发生。苹果生长期间，适时喷洒 0.1%～0.2% 青鲜素，可控制树冠生长，促进花芽分化，使果实着色好，硬度大，苦痘病的发生率降低。洋葱、大蒜在采前两周喷洒 0.25% 的青鲜素，可明显延长采后的休眠期，浓度过低，效果不明显。整形素在苹果上应用，花期可延迟 2 周。

## 二、园艺产品的特性

园艺产品品质的评价包括感官指标和理化指标两个方面。感官指标主要指果蔬产品的色、香、味、形和质地等；理化指标包括碳水化合物、脂肪、蛋白质、维生素和矿物质等营养成分的质和量。从果蔬产品的商品价值考虑，还包括产品的整齐度、耐藏性和加工运输适性等。果蔬产品的品质主要决定于种属遗传因素，同时又随栽培环境、管理水平和贮藏加工条件而变化。

### （一）园艺产品的色泽

园艺产品因种类、品种、栽培条件、成熟度和贮藏加工条件不同而呈现不同的颜色，这是因为所含色素的种类及其含量和比例不同而引起的。一般情况下，水果、园艺产品和粮食种子的绿色随着成熟度的提高或贮藏时间的延长而由深变浅，最终完全消失而呈现不同颜色。所以，色泽以及颜色深浅是评价园艺产品成熟度、新鲜度以及品质和商品价值的重要感官指标之一。园艺产品的色素主要包括叶绿素、类胡萝卜素和多酚类色素三大类。

**1. 叶绿素**

（1）叶绿素结构　叶绿素是鲜活绿色园艺产品的代表色素。叶绿素是叶绿酸（二羧酸）与叶绿醇及甲醇形成的二酯，其绿色来自叶绿酸残基。

（2）叶绿素性质　叶绿素 a 和叶绿素 b 都不溶于水，可溶于乙醇、丙酮、乙醚、氯仿、苯等有机溶剂。叶绿素 a 可溶于石油醚，叶绿素 b 几乎不溶于石油醚。叶绿素 a 为蓝黑色粉末，熔点为 117～120℃，其乙醇溶液显蓝绿色，并有深红色荧光。叶绿素 b 为深绿色粉末，熔点 120～130℃，其乙醇溶液显黄绿色，有红色荧光。在植物细胞中，叶绿素与蛋白质结合成叶绿蛋白而存在，使之呈现绿色。当细胞死亡后，叶绿素则从叶绿体中游离出来。游离叶绿素很不稳定，对光和热都敏感，受光辐射时，由于光敏氧化作用而裂解为无色产物。

叶绿素用稀酸处理时，生成褐色的去镁叶绿素 a 或褐绿色的去镁叶绿素 b，原有的绿色消失。去镁叶绿素能很快地与其他金属盐（如铜盐或锌盐）作用，Cu 或 Zn 进入叶绿素分子中填补原先 Mg 的位置而再次呈现绿色，而且园艺产品品质的化学构成比原来的绿色更稳定，不被光所氧化。叶绿素在稀碱溶液中较稳定，加热则水解成叶绿醇、甲醇和叶绿酸钠（钾）盐，叶绿酸钠（钾）盐呈鲜绿色，较稳定。用 $CuSO_4$ 处理叶绿酸钠（钾）盐，便可制得易溶于水的叶绿素铜钠（钾）盐。在叶绿素分解酶的作用下，叶绿素分解成绿色的叶绿酸甲酯和叶绿醇。此时若用碱处理，叶绿酸甲酯则水解成叶绿酸盐和甲醇。

### 2. 类胡萝卜素

类胡萝卜素广泛存在于动植物性食物中，是一类呈现黄色、橙色、红色的脂溶性色素。类胡萝卜素多与叶绿素和蛋白质共同结合成色素蛋白体存在于鲜活园艺产品中，当叶绿素存在时，绿色占优势，类胡萝卜素的颜色被淹没，一旦叶绿素被分解，则呈现类胡萝卜素的颜色。成熟果实的颜色转变以及秋天绿叶变黄的原因都在于此。

类胡萝卜素是由40个碳组成的一类化合物，根据呈色不同分为橙黄色类和红色类。按结构和溶解性质的差异分为胡萝卜素类（caroten）和叶黄素类（xanthophyll）。

（1）类胡萝卜素结构　胡萝卜素类色素均含有一条由8个异戊二烯单位组成的共轭多烯链；叶黄素类色素的结构是胡萝卜类色素的含氧衍生物，包括叶黄素、玉米黄素、隐黄素、番茄黄素、柑橘黄素、虾黄素和胭脂树橙色素等。

（2）类胡萝卜素性质　类胡萝卜素是一类脂溶性色素，可溶解于脂溶性溶剂。胡萝卜素类色素微溶于甲醇、乙醇，而叶黄素类色素易溶于甲醇和乙醇，所以可将二者分开。类胡萝卜素与蛋白质结合存在于园艺产品细胞中，结合态的类胡萝卜素相当稳定，经提取或与蛋白质分离后，稳定性下降。此类色素对热较稳定，即使在 Zn、Cu、Fe 等金属存在的条件下也不易被破坏。由于此类色素含双键多，在 $O_2$ 的存在下，特别是在光线中易被氧化裂解失去颜色，因此在透明塑料或玻璃缸中容易褪色。此外，不饱和双键易被脂肪氧化酶、过氧化酶氧化褪色褐变，尤其是在 pH 和水分过低时更易氧化。

（3）类胡萝卜素呈色反应　类胡萝卜素与三氯化锑的氯仿溶液反应的产物多呈蓝色，与浓硫酸作用均显蓝绿色，与浓盐酸反应则只有胡萝卜素呈灰绿色。由此常用作对这类色素进行定性检测。

### 3. 多酚类色素

多酚类色素是一类水溶性植物色素，包括花青素类色素、花黄素类色素和儿茶素类色素3种类型。

（1）花青素类色素　花青素类色素存在于植物细胞液中，是构成水果、园艺产品、花卉等美丽色彩的一类天然色素。现已知的此类色素有20多种，其中最重要的花青素类色素有天竺葵素（为草莓、苹果、玉米花中的重要色素）、青芙蓉素（又称矢车菊色素，为无花果、葡萄、樱桃、桑葚、茶叶、玉米花中的重要色素）和飞燕草素（存在于茄子、石榴、茶叶等中）。此外，还有一种广泛存在于植物的花、茎和果实中的无色花青素，在实验条件下，无色花青素可以转化成相应的花青素。无色花青素也是园艺产品中主要的涩味成分之一。

花青素的基本结构是苯基苯并吡喃镁盐的多羟基衍生物，苯基位碳上取代基的种类和数目不同，便形成不同的花青素。现已知的花青素有十几种。不同的花青素颜色不同，其色泽与结构有一定的相关性。随着苯环上羟基数目的增加，颜色向紫蓝方向移动。如苯环上只有一个羟基的氯化天竺葵素显红色，苯环上带两个羟基的氯化青芙蓉素呈紫蓝色，苯环上连接三个羟基的氯化飞燕草素呈现蓝色。苯环上甲氧基数目增多，颜色向红色方向移动，如氯化飞燕草素苯环上的羟基被甲基取代后颜色由蓝转红。

各种花青素的颜色可以随 pH 的变化而变化，通常在酸性中呈红色，在碱性中呈蓝色，因此可用作指示剂。其变化的原因是在不同的 pH 下，花青素的结构也随之变化。如青芙蓉素在 pH 8.5 时，以中性分子存在显紫色，在 pH 3.0 以下则以阳离子形式存在而呈红色，在 pH11 时以阴离子形式存在并显蓝色。所以，同一种花青素在不同的园艺产品中或在同一种园艺产品中，由于产品本身的酸碱度不同可以表现出不同的颜色。但是，当花青素与 Ca、Mg、Mn、Fe、Al 等金属结合成蓝色配合物时，就变得稳定而不受 pH 的影响。

一般情况下，花青素极不稳定，易受 pH、氧化剂、抗坏血酸、温度和光线的影响而变色。$SO_2$ 可使花青素退色，其原因可能是与花青素形成一种加成物，若经加热或加入与之亲和力更强的甲醛将 $SO_2$ 除去，则可恢复花青素原来的颜色。在抗坏血酸存在下，花青素也会分解退色。糖苷酶可将花青苷分解成糖和配基而使之退色。各种园艺产品中所含花青素的种类取决于遗传因素，但含量则受环境因子的左右。光照可促进花青素的形成，如红苹果在高海拔地区栽培比低海拔地区着色更鲜艳。低温可促进花青素的积累，如秋禾红叶形成的原因之一就是由于夜间低温促进了花青素积累的结果。此外，花青素的形成和积累还与植物体内的营养状况和含水量有关。

（2）花黄素类 花黄素是广布于植物的花、果、茎、叶中的一类水溶性黄色色素。已知的花黄素类色素约 400 种之多，常见的主要有：槲皮素（含于苹果、柑橘、洋葱、啤酒花、玉米、芦笋、菜叶中）、圣草素（柑橘类果实中含量最多，是维生素 P 的组成之一）、橙皮素（大量存在于柑橘皮中）等。花黄素类色素的基本结构是 α-苯基苯并吡喃酮，属于黄酮及其衍生物的总称，所以花黄素类色素又称黄酮类色素。这类色素包括黄酮、黄酮醇、黄烷酮以及黄烷酮醇的衍生物。

花黄素在自然条件下，颜色一般并不显著，常为浅黄至无色，偶尔为橙黄色。黄酮以及黄酮醇类花黄素为黄色结晶，黄烷酮以及其醇的衍生物为无色结晶。在 pH 11~12 条件下，这类色素生成苯基苯乙烯酮（即查耳酮），颜色呈黄色、橙色以至褐色。在酸性条件下，查耳酮又可恢复到原来的结构，颜色消失。无色花黄素类色素与 Fe 离子作用生成蓝绿色配合物。花黄素类色素与 Pb 等重金属离子生成不溶性沉淀，并发生颜色变化。该色素的酒精溶液可被 Mg 和 HCl 还原成花青素，其中黄酮类花黄素还原成橙红色，黄酮醇类还原成红色，黄烷酮醇以及黄烷酮类还原后变成紫红色。此类色素在空气中久置易被氧化成褐色沉淀。

槲皮素、橙皮素、圣草素等均有维生素 P 的生理功能，橙皮素又是柑橘果实中主要的苦味成分。

（3）儿茶素类　儿茶素类色素广泛存在于植物中，特别是葡萄、苹果、桃、李、石榴等果实中含量较多，尤其未成熟果实中含量丰富。儿茶素类色素易氧化聚合或与金属离子结合生成黑褐色物质。儿茶素类物质的另一特点是具有涩味。

## （二）园艺产品的香气

许多园艺产品具有独特的香气，香气的类别和强度是评价园艺产品品质的重要指标之一。

园艺产品的香气来源于各种微量的挥发性物质。由于挥发性物质的种类和数量不同，使各种园艺产品有各自特定的香气。香气物质的种类较多，结构复杂。通过对香气物质的结构进行分析来看，分子中都含有形成气味的原子团，这些原子团称为发香团。园艺产品中香气物质的发香团主要有羟基、羧基、醛基、羰基、醚、酯、苯基、酰氨基等。发香团表示香气的存在，但与香气的种类无关。一般而言，低级化合物的香气决定于所含气味原子团，而高级化合物的气味决定于分子的结构和大小。

### 1. 水果的香气成分

水果中具有浓郁的天然香气，其香气成分中以有机酸酯类、醛类、萜类为主，其次是醇类、酮类及挥发酸等。水果香气成分随着果实的成熟而增加。人工催熟的水果不及在树上成熟的水果香气成分含量高。

### 2. 蔬菜的香气成分

蔬菜类的香气不如水果类的香气浓郁，它们主要含有以含硫化合物、醇、萜烯类为主体的香气成分。例如，葱、韭、蒜等香气均由硫化丙烯类化合物组成；甘蓝加热后由蛋氨酸分解生成二甲硫醚；萝卜、油菜中主要是由芥子苷分解的含硫化合物；黄瓜中的主要香气成分为黄瓜醇和黄瓜醛。

## （三）园艺产品的味道

许多园艺产品具有不同特色的味道，其差异决定于呈味物质的种类、数量和比例。这些物质还关系到营养价值、耐贮性和加工适性等。味的分类在世界各国并不一致，如日本分酸、甜、苦、咸、辣五味，欧美各国分甜、酸、咸、苦、辣、金属味六味，我国习惯上分为甜、酸、苦、咸、辣、涩、鲜七味，除咸味外，其余六种均与果蔬产品有关。

从生理学的角度看，只有甜、酸、苦、咸4种基本味感，它们是直接刺激味蕾内的味觉细胞而产生的味感。味蕾由40～150个味细胞组成，分布于口腔上皮，成人约有数千个，婴儿约有1万个。不同的味感物质在味蕾上有不同的结合部位，因而在舌头上不同的部位会有不同的敏感性。一般来说，人的舌前部对甜味最敏感，舌尖和边缘对咸味较为敏感，而靠腮两边对酸味敏感，舌根部则对苦味最为敏感。但是这不是绝对的，会因人而异。

其他呈味物不是通过味蕾而产生味感的。如辣味是刺激口腔黏膜、鼻腔黏膜、皮肤和三叉神经而引起的一种烧痛感；涩味是口腔蛋白质受到刺激而凝固时所产生的一种收敛感。从人对4种基本味的感觉速度来看，以咸味感觉最快，对苦味反映最慢。但从人们对味的敏感性来看，苦味却往往最易被察觉到，这涉及味感强度问题，在此引入味感阈值（CT）的概念。阈值是指能感觉到该物质的最低浓度（$mol/m^3$、%或mg/kg）。一种物质的阈值越小，表明其敏感性越强。

1. **园艺产品的甜味物质**

甜味能给人一种舒适可口的味感。凡具有甜味感的物质均称为甜味物质，果蔬产品中的甜味物质主要是糖及其衍生物糖醇。此外，一些氨基酸、胺类等非糖物质也具有甜味，但不是重要的甜味来源。糖分是果蔬中可溶性固形物的主要成分，直接影响果蔬的风味、口感和营养水平。蔗糖、果糖和葡萄糖是果蔬中主要的糖类物质，此外还含有甘露糖、半乳糖、木糖、核糖以及山梨醇、甘露醇和木糖醇等。果蔬的含糖量差异很大，其中水果含糖量较高，大多水果的含糖量在7%~18%，而蔬菜中除个别含糖量稍高外，大多都很低，在5%以下。

糖的甜度与分子中的—OH数目和结构有一定关系，各种糖的甜度大小凭人们的味觉来判断。一般以蔗糖甜度为100作为标准，各种糖的相对甜度为：果糖173，葡萄糖74，木糖40，乳糖16。园艺产品的甜味除取决于糖的种类和含量外，还与含糖量与含酸量的比例即糖酸比有关，比值越高，甜味越浓。

2. **园艺产品的酸味物质**

酸味是因舌黏膜受氢离子刺激而引起的一种味感，因此，凡是在溶液中能解离出氢离子的化合物都有酸味，包括所有无机酸和有机酸。园艺产品中的酸味主要来自一些有机酸，如柠檬酸、苹果酸、酒石酸、草酸、琥珀酸、$\alpha$-酮戊二酸和延胡索酸等。有机酸大多具有爽快的酸味，对果实的风味影响很大。

（1）柠檬酸　又称枸橼酸，是园艺产品中分布最广的有机酸，尤以柑橘类果实含量最丰富。柠檬酸为无色透明结晶，溶于水和乙醇，可与金属成盐，除碱金属盐外，其他金属盐不溶或难溶于水。柠檬酸的酸味爽快可口，广泛用作清凉饮料、水果罐头、果酱等的酸味剂。

（2）苹果酸　存在于水果中，尤以苹果、梨、桃含量较多。天然存在的苹果酸，都是L型苹果酸，为白色针状结晶，易溶于水和乙醇，吸湿性强。其酸味比柠檬酸强，在口中的呈味时间也长于柠檬酸，酸味爽口，常用作饮料和果冻加工品的增酸剂，苹果酸的钠盐有咸味，可代食盐供肾脏病及糖尿病患者使用。

（3）酒石酸　多以钙盐或镁盐的形式存在，有三种旋光异构体，果实中天然存在的多为右旋体，尤以葡萄中含量最多。酒石酸为无色透明的棱柱状结晶或粉末，易溶于水和乙醇，其酸味比柠檬酸、苹果酸都强。

各种园艺产品的酸感与酸根种类、pH、可滴定酸度、缓冲效应以及其他物质特别是糖的存在有密切关系，正因为如此，形成了各种园艺产品特有的酸味特征。在各种园艺产品中,酸的种类和含量有所差异。一般而言,园艺产品中酸含量的高峰值出现在发育的早期,而在成熟过程中趋于下降,但柠檬例外。

### 3. 园艺产品的涩味物质

涩味是由于位于舌黏膜上的蛋白质凝固、麻痹味觉神经而引起收敛作用的一种味感。涩味物质常见于果实中。涩味的主要来源是单宁类物质,当果实中含有1%~2%的可溶性单宁时就会有强烈的涩味。单宁是一类存在于植物中并具鞣革性质的物质,故又称植物鞣质,简称鞣质,其组成结构复杂,是一类分子较大的(相对分子质量通常在300~3000)多酚衍生物。实际上,除单宁类物质外,儿茶素、无色花青素以及一些羟基酚酸也具有涩味。所以,在食品化学中,食物单宁是指一切有涩味,能与金属离子反应或因氧化而产生黑色的物质。

单宁的种类很多,根据结构特性可分为两大类。

（1）水解型单宁（焦性没食子酸单宁） 这类单宁的结构特点是:分子中都具有酯键或苷键的结构形式,它们能够在稀酸、酶、煮沸等温和条件下水解为构成其分子的各单体。属此类型的如单宁酸、没食子葡萄糖苷、鞣花酸等。

（2）缩合型单宁（儿茶酚类单宁） 这类单宁多数为儿茶素的衍生物,分子结构十分复杂,一般不含糖,所以没有酯键或苷键,分子中的芳环以 C—C 方式相连,当与稀酸共热时,不分解为单体,而是进一步缩合为高分子无定形物质。属此类型的如根皮酚儿茶酚酮、儿茶素、没食子儿茶素、儿茶素没食子酸等。自然界中以缩合型单宁分布最广,园艺产品中的单宁也以缩合型为主。

单宁是无色、无定形粉末,有潮解性,易溶于水、甲醇、乙醇、丙酮、丁酮和乙酸乙酯中,但不溶于烃类、二硫化碳、氯仿、四氯化碳和无水乙醚中。其水溶液显酸性,有涩味。

单宁溶液与高铁盐和 $FeCl_3$ 溶液作用可产生蓝黑色或蓝绿色化合物,量多时产生沉淀,可用于制蓝、黑墨水。单宁与铁氰化钾的氨溶液产生深红色反应,很快转变成棕色。单宁溶液与白明胶生成沉淀或浑浊物,可用此法检验单宁的存在。

在空气中,单宁易被氧化成黑褐色的加氧化合物,碱能强化这一反应。此外,在园艺产品内氧化酶的作用下,也能氧化聚合而成黑褐色物质,这是一些园艺产品切开后褐变的主要原因。涩味是单宁处于可溶性状态时发生的现象,由于某些原因使之变为不溶性时,则失去涩味。生产中常采用温水、酒精、$CO_2$ 来进行脱涩处理,因这些方法均可促进果实的无氧呼吸,利用无氧呼吸的不完全氧化产物乙醛与单宁结合使之成为不溶性单宁,故有脱涩的作用。

### 4. 园艺产品的苦味物质

苦味是 4 种基本味感（酸、甜、苦、咸）中味感（阈值）最小的一种,是最敏感的一种味觉。单纯的苦味并不是令人愉快的味感。但当与甜、酸或其他味感恰当组合时,却形成了一些食品的特殊风味,如茶、咖啡、啤酒、苦瓜、莲子等。在园艺产品方面，如果苦味过大，会给园艺产品的风味带来不良的影响。食品中的苦味物质有生物碱类（如茶碱、咖啡碱）、糖苷类（如苦杏仁苷、柚皮苷等）、萜类（如蛇麻酮）。另外，天然疏水性的氨基酸和碱性氨基酸以及无机盐类的 $Ca^{2+}$、$Mg^{2+}$、$NH_4^+$ 等也具有苦味。然而，在园艺产品中主要的苦味成分是一些糖苷类物质。

（1）苦杏仁苷　苦杏仁苷是苦杏仁素（氰苯甲醇）与龙胆二糖所形成的苷，存在于桃、李、杏、樱桃、苹果等果实的果核及种仁中，尤以苦扁桃最多。种仁中同时还含有分解苦杏仁苷的酶即苦杏仁酶。苦杏仁苷具有强烈的苦味，在医疗上有镇咳作用。苦杏仁苷本身无毒，但生食桃仁、杏仁过多会引起中毒，其原因是同时摄入的苦杏仁酶使苦杏仁苷水解为两分子葡萄糖、一分子苯甲醛和一分子氢氰酸，氢氰酸有剧毒作用。

（2）黑芥子苷　为十字花科园艺产品的苦味来源，含于根、茎、叶与种子中。在芥子酶的作用下可水解生成具有特殊辣味和香气的芥子油以及葡萄糖和其他化合物，苦味即消失，此种变化在园艺产品的腌制中很重要。

（3）茄碱苷（或称龙葵苷）　存在于马铃薯块茎中，番茄和茄子也含有。一般含量超过 0.01% 就会感到明显的苦味。茄碱苷不溶于水，而溶于热酒精和酸的溶液中，水解后生成葡萄糖、半乳糖、鼠李糖和一种非糖部分即茄碱。茄碱是一种有毒物质，对红血球有强烈的溶解作用。马铃薯所含的茄碱苷集中在薯皮和萌发的芽眼附近，受光发绿的部分特别多，薯肉中较少。如块茎中茄碱苷含量达到 0.02% 即可使人食后中毒，故发芽的马铃薯一般不适于食用，必须将皮部及芽眼部完全削去方可食。

（4）柚皮苷和新橙皮苷　存在于柑橘类果实中，尤以白皮层、种子、囊衣和轴心部分为多，具有强烈的苦味，当溶液中含量达 20mg/kg 时就会感到苦味。柚皮苷和新橙皮苷均属黄烷酮糖苷类。

柚皮苷和新橙皮苷均不溶于乙醚，而溶于乙醇、丙酮、热水和碱性溶液，在酸性溶液中则析出白色结晶。在柚皮苷酶的作用下可水解成糖基和配基，从而失去苦味，这是果实在成熟过程中苦味逐渐减少的原因之一。据此，柑橘加工业中常利用酶制剂对柚皮苷和新橙皮苷进行水解，以降低橙汁的苦味。

（5）柠碱　为柑橘类果实苦味的主要来源，当柑橘汁中柠碱含量达 6～9mg/kg 以上就会感觉到苦味。柑橘果实中的柠碱主要分布在种子、白皮层、囊衣和轴心部分。与柚皮苷不同，柠碱是以一种非苦味的前体物质存在于完整的果实中，在一定条件下便转化成苦味物质柠碱，所以，有人把柚皮苷称作前苦味物质，而把柠碱称作后苦味物质以做区分。已证实柠碱的前体物质为柠碱 A－环内酯酸盐，当果实组织破碎时，柠碱 A－环内酯酸盐便在柠碱 D－环内酯水解酶与酸的作用下迅速转化为柠碱，形成后苦味。而且发现，果实中不仅存在催化柠碱形成的酶类，同时也存在柠碱与前体的可逆转化及降解为非苦味物质（17－脱氢柠碱

A-环内酯酸盐)的不可逆过程。

在成熟过程中柑橘类果实的苦味物质有逐渐减少的趋势,证明"柠碱→柠碱 A-环内酯酸盐→17-脱氢柠碱 A-环内酯酸盐"这一代谢途径在果实成熟乃至贮藏期间一直在起作用。所以,在柑橘脱苦工艺中,有时用乙烯来处理果实,以加速其成熟进程和内酶系催化苦味类柠碱及其前体的转化降解,称为代谢脱苦。

另一种方法是在橙汁中加入一定的酶制剂,加速此代谢过程向着非苦味物质的方向进行,称为酶法脱苦。

### (四) 园艺产品之营养素

园艺产品含有丰富的营养素,其成分和含量依园艺产品的种类而异。如禾谷类粮食富含淀粉,豆类富含蛋白质,油料种子富含脂肪,水果园艺产品则含有丰富的维生素。此外,园艺产品中还有大量的水分和各种矿物质,它们都是人类生命活动中必不可少的营养物质。无论从栽培育种、还是贮藏加工的角度,园艺产品所含营养素的质与量,都是品质评价的重要指标。

#### 1. 糖类

糖类又称为碳水化合物(carbohydrate)。实际上,糖类是多羟醛或多羟酮及其缩聚物和某些衍生物的总称。糖类分为单糖、双糖和多糖三大类。

单糖(monosaccharide)是构成各种糖分子的基本单位,不能再水解为更简单的糖。如园艺产品中常见的葡萄糖、果糖、甘露糖、半乳糖、木糖等。

双糖(disaccharide)由两个单糖分子结合而成,水解后可生成单糖。园艺产品中以蔗糖最为常见。

多糖(polysaccharide)由多分子糖或其衍生物组成,水解后生成原来的单糖或其衍生物。多糖相对分子质量都很大,又分为同聚糖和杂聚糖。同聚糖为相同的单糖组成,如淀粉、纤维素;杂聚糖则由若干不同的单糖和糖的衍生物缩合而成,如半纤维素。

淀粉(starch)是存在于食物中、能被人体利用的多糖中最主要的形式,以淀粉粒的形态存于园艺产品细胞内。淀粉粒的形状(圆形、卵形、多角形等)可用来鉴别淀粉的不同来源。淀粉粒一般由两种成分即直链淀粉(amylose)和支链淀粉(amylopectin)组成,这两种成分在淀粉粒中所占比例随园艺产品的种类不同而不同。淀粉为白色粉末,吸湿性强,相对密度为1.5~1.6。直链淀粉遇碱呈深蓝色,支链淀粉遇碱呈深红色,可用作鉴别淀粉的方法。淀粉在酸或酶的催化作用下,可水解生成一系列的物质,最后生成 D-葡萄糖。一些富含淀粉的水果如香蕉、苹果,在成熟和后熟期间由于淀粉不断水解,从而使可溶性糖分的含量有所增加。未熟的香蕉果实中,淀粉含量可达干物质的68%,后熟期间则大部分消失。西番莲果实即使成熟后,也含有2%~3%的淀粉。大多数水果的淀粉含量较低,有的在成熟后甚至完全消失。园艺产品中,以块根、块茎和豆类含淀粉较多,如藕、马铃薯、芋头、山药等,其淀粉含量与老熟程度呈正比。对于青豌豆、甜玉米等以幼嫩籽粒供食用的园艺产品，其淀粉含量的增加会影响其食用和加工产品的品质。

纤维素（cellulose）是由 1000～10000 个 D-葡萄糖通过 1，4-糖苷键连接而成的一条没有分支的长链，为白色纤维状固体，不溶于水，仅能吸水膨胀，也不溶于稀酸、稀碱和一般的有机溶剂，其性质比较稳定。纤维素大量地存在于园艺产品的细胞壁中，影响着细胞壁的伸缩强度、弹性及可塑性等物理性质。园艺产品中纤维素含量为 0.2%～2.8%。其中，果实中纤维素含量为 0.5%～2%。纤维素在园艺产品组织中一旦形成，一般不再参与物质的代谢过程，不再被代谢利用。纤维素是不能被人体消化吸收的多糖类，它与半纤维素、木质素等一起被统称为粗纤维。粗纤维能刺激消化液的分泌及肠道蠕动，故具有一定的营养保健功能。目前，已有人将纤维素作为除糖类、蛋白质、脂肪、维生素、矿物质和水之外的第七种营养素。

### 2. 脂类

脂类是脂肪和类脂的总称。脂肪是脂肪酸与甘油生成的酯，类脂包括磷脂、糖脂、固醇和固醇脂等。脂类不仅在体内氧化时供给能量，而且是构成生物膜的重要成分，可以促进脂溶性维生素的吸收利用。因此，脂类是食物中不可缺少的成分之一。

大多数园艺产品的脂肪含量都很低，但油梨和核桃却极为丰富，如北京核桃的油脂含量为 65.5%，甘肃核桃为 58.0%，浙江大胡核桃为 63.7%。除此之外，沙果、葡萄、柚、苹果、草莓和香蕉，姜、菠菜、韭菜、金针菜和小白菜等园艺产品也含有一定的脂肪，一般在 0.5%～1.0%。

园艺产品中普遍存在的类脂物质是磷脂（phosphatide），即脑磷脂和卵磷脂。果实中以核桃含量最高。

### 3. 蛋白质和氨基酸

从营养角度而言，蛋白质是维持人体生长和提供能量的重要物质。总的说来，园艺产品中的蛋白质含量远不如谷类和豆类作物高，一般为 0.2%～1.0%，但也有含蛋白质较丰富者，如核桃、扁桃、巴西梨、鳄梨、榛子、冬菇、紫菜等园艺产品，可达 11%～23%。除此之外，以枣、杏、樱桃、香蕉、丝瓜、茄子、辣椒、菜豆、马铃薯、姜、小白菜、油菜、菠菜、芹菜、韭菜、菜花、金针菜等园艺产品稍高，一般为 2%～2.5% 不等。

### 4. 矿物质

矿物质是构成人体组织的重要材料，如骨骼中的 Ca、P 和 Mg 等，P 是核酸的重要组分。人体中的矿物质盐类和离子具有维持体液一定渗透压和 pH 的作用，许多矿物质离子还直接或间接地参与体内的生化反应。因此，缺乏某些矿物质元素，人体会产生各种疾病，如 Mn、Zn、Mg、Mo、B、Fe 等所引起的缺乏症已引起生理生化学科和医学界的普遍重视。园艺产品中的矿物质含量与水分、有机物质相比非常少。但由于它们在园艺产品中分布极为广泛，故园艺产品成为人类摄取矿物质的主要来源。园艺产品的矿物质中80%是K、Na、Ca等金属成分，P和S等非金属成分只占20%。园艺产品虽含有机酸，味觉上具有酸味，但进入人体后，园艺产品中的有机酸或参加生物氧化，或形成弱碱性的有机酸盐，而矿物质中的K、Na则与$HCO_3^-$结合，增加了血浆的碱性，因而园艺产品被称为碱性食品。相反，在谷物、肉类和鱼类食品中，矿物质中P、S、Cl的比例显著地高于前者，会增加体内的酸性物质，同时，这些食品中的糖类、脂肪、蛋白质等在体内氧化后，其最终产物$CO_x$进入血液经肺部重新释出，也会使体内的酸性物质增多，所以，这些食品被称为酸性食品。如果食用过多的酸性食品，易造成体内酸碱度失调甚至引起酸性中毒。由此可见，为了保持人体正常的血液pH，在人们的食物构成中，不仅要有谷类、肉类和鱼类等酸性食品，也要有足量的碱性食品，即水果和园艺产品，这在维持人体健康方面是十分重要的。

园艺产品中的矿物质有的成为细胞组织的组分，有的以离子的形式存在于园艺产品细胞中，有的与果胶质结合在一起，大部分则与有机酸结合成有机酸盐。园艺产品的矿物质含量和分布依其不同的种类和品种以及栽培条件不同而有很大的差别，以K的含量最高，柑橘、苹果和葡萄则含P、Ca较多。与人体营养关系最密切且需要量最多的矿物质为Ca、P、Fe，它们在园艺产品中含量特别丰富，Ca含量最多的是萝卜（280mg/100g食部），P含量最多的是黄瓜（530mg/100g食部）和菠菜（375mg/100g食部），Fe含量最多的是芹菜（8.5mg/100g食部）。

5. 水分

水分是人体内含量最多的物质，也是体液的主要成分。园艺产品中的水分具有重要的生理功能，它是植物原生质的组分之一，是植物体在新陈代谢过程中绝大部分生化反应的媒介，也是植物体内物质运输的载体，有利于植物热量的散发与保持体温，水还直接参加某些重要的生化反应，如光合作用、水解作用等。园艺产品中的水分以两种状态存在，即自由水和结合水，前者呈游离状态，显示水的性质，容易蒸发；后者与蛋白质、多糖类、胶体等比较牢固地结合，一般情况下很难分离。

各类粮食在正常情况下一般含有13%~14%的水分，油料一般只含7%~8%的水分，而大多数水果和园艺产品的水分含量都在80%以上，故水果和园艺产品也是人类摄取水分的主要来源之一。此外，水分与园艺产品的嫩度和新鲜度以及与园艺产品的贮藏加工性能均有密切的关系。

6. 维生素

维生素是一类维持人体健康的不可缺少的低分子有机化合物，对人体正常的生命活动和生理代谢起着重要的作用。其中很大一部分是某些酶的辅酶成分，有的则可能是激素的前体（如维生素D），当人体缺乏维生素时，会引起物质代谢失调，发生一类特殊疾病，称之为"维生素缺乏症"。维生素种类很多，目前了解的约有 30 多种，其中已知有近 20 种与人体健康和发育有关。通常按其溶解性分为脂溶性维生素和水溶性维生素两大类。脂溶性维生素不溶于水，而溶于脂肪及脂肪溶剂如苯、乙醚、氯仿等中，在食物中，常与脂类共同存在，故在肠道吸收时也与脂类吸收密切相关。重要的脂溶性维生素有维生素 A、维生素 D、维生素 E 和维生素 K，重要的水溶性维生素有维生素 $B_1$、维生素 $B_2$、维生素 $B_5$、维生素 $B_6$、维生素 $B_{12}$、维生素 C、泛酸、叶酸等。

### （五） 园艺产品的质地

质地评价常见于一些肉质型果实如苹果、梨、桃等，多以脆、绵、硬、软、细嫩、粗糙、致密、疏松等术语来形容质地好坏。一方面，对质地的评价不仅与人们的嗜好性有关，另一方面，质地的变化往往反映成熟度和品质的变化，故在园艺产品品质评价中也十分重要。园艺产品的质地主要决定于下面三方面的因素。

#### 1. 果胶物质的质和量

园艺产品组织中细胞间的结合力与果胶物质的质量和数量有密切的关系。果胶物质是一类成分比较复杂的多糖，根据其结合状况和理化性质分为三种类型。

（1） 原果胶　原果胶是可溶性果胶与纤维素缩合而成的高分子化合物，不溶于水，大量存在于未成熟的园艺产品中。在细胞间层与蛋白质和 Ca、Mg 等形成蛋白质-果胶-阳离子黏合剂，起连结细胞的作用，赋予未成熟的园艺产品组织较大的强度和致密度。

（2） 可溶性果胶　可溶性果胶的主要成分是半乳糖醛酸甲酯，以及少量半乳糖醛酸通过 1，4-糖苷键连接而成的长链高分子化合物，能溶于水。

（3） 果胶酸　果胶酸是由很多半乳糖醛酸通过 1，4-糖苷键连接而成的长链高分子化合物。果胶酸分子含游离的羧基，因此能与 Ca 或 Mg 生成不溶性的果胶酸钙或果胶酸镁沉淀，此反应常用于果胶的定量分析。在肉质果实成熟期间这一反应一直在起作用，引起原果胶不断降解，致使细胞间的结合力逐渐减弱，从而导致果实软化。

#### 2. 细胞壁构成物的机械强度

细胞壁由蛋白质、脂肪、木质素、纤维素和果胶等物质组成。果胶质在细胞壁中含量较多，尤以原果胶为甚，填充于纤维素组成的网状结构中，对维持细胞壁的结构和机械强度作用显著。纤维素是细胞壁中最主要的成分，构成细胞壁的支架，因此，质地坚硬与松软，粗糙与细嫩，与纤维素的含量尤其是纤维素的性质有很大的关系。例如，幼嫩的园艺产品，其细胞壁多为含水纤维素，老熟时，纤维素多角质化或木质化，故质地变得坚硬粗糙。

#### 3. 细胞的大小形状和紧张度

细胞壁的机械强度及细胞间的结合力，是以韧性和硬度表现出来的，而另一种质地特征即"脆"，则与细胞的紧张度关系最大。另一方面，细胞的大小和形状也是影响质地的因素,致密的组织中细胞小,细胞间隙小,多呈多面体形状;而粗糙的海绵状组织中细胞大,细胞间隙大,多呈球形或椭圆形。

### 三、采后生理对园艺产品贮运的影响

除盆花外,园艺产品包括水果、蔬菜和花卉,达到食用和观赏要求就得采收。采后产品脱离母体后失去了来自土壤和母体的营养和水分,成为一个依靠自身的贮藏物质进行生命活动的独立生命个体。采后生命活动与采前的新陈代谢有着必然的联系,又由于采后的生存环境发生了根本改变,而发生一系列不同于采前生命活动的变化,这些变化大多会对产品品质产生不利影响,导致体内化学物质变化,使产品品质败坏,降低或丧失商品性。因此,要保持产品品质,提高其耐藏性,必须先了解产品采后的生理变化,才能采取有效措施控制或减弱不利的生理生化变化,保持产品良好的品质。

#### (一) 呼吸生理

产品采收后,光合作用基本停止,但生命活动仍在继续,生命活动所需能量来自在主导地位的呼吸作用。然而,呼吸作用要消耗同化产物,引起产品品质败坏,因此,产品采后既要保持正常的呼吸作用,延缓衰老,又要控制呼吸作用,保持产品品质。

呼吸是一切动植物维持生命活动的重要生理过程之一,是生命存在的基本特征。呼吸作用是指在一系列酶的参与下,呼吸底物逐渐分解成简单物质,最终形成 $CO_2$ 和 $H_2O$,同时释放出能量的过程;是园艺产品采后主要的新陈代谢作用,是一个分解代谢过程。呼吸底物主要是糖、有机酸、脂肪等,最终代谢产物是二氧化碳和水。呼吸作用途径有多种,主要有糖酵解、三羧酸循环和磷酸戊糖途径等。呼吸作用与采后成熟衰老进程、贮藏寿命、货架寿命、采后品质变化都有密切的关系。

**1. 呼吸代谢的类型**

根据呼吸过程是否有 $O_2$ 的参与可将呼吸作用分为有氧呼吸和无氧呼吸两种类型。

(1) 有氧呼吸　是指生活细胞在 $O_2$ 的参与下,把某些复杂的有机物逐步分解为简单物质($CO_2$ 和 $H_2O$),同时释放出能量的过程。以葡萄糖作为呼吸底物为例,1mol 葡萄糖可释放能量 2817.7kJ,其中 46% 以生物形式(38 个 ATP)贮藏起来,为其他的代谢活动提供能量,剩余的 1544kJ 以热能形式释放到体外。可以简单表示为:

$$C_6H_{12}O_6 + 6O_2 \rightarrow 6CO_2 + 6H_2O + 2.82MJ$$

有氧呼吸的特点是有 $O_2$ 的参与,底物分解彻底,释放能量多。通常所讲的呼吸作用是指有氧呼吸。在呼吸过程中,一部分能量以热能形式释放,使贮藏环境温度升高,并有 $CO_2$ 积累,因此,在园艺产品采后贮藏过程中要加以注意。

**(2) 无氧呼吸** 一般指在无氧条件下，生活细胞降解为不彻底的氧化产物，同时释放出能量的过程。以葡萄糖作呼吸底物为例，可简单表示为：

$$C_6H_{12}O_6 \rightarrow 2C_2H_5OH + 2CO_2 + 87.9 kJ$$

无氧呼吸的特点：在无氧下进行；底物氧化降解不彻底，仍以有机物形式存在；释放的能量比有氧呼吸少。园艺产品采后在贮藏过程中，尤其是气调贮藏时，如果贮藏环境通气性不良，或控制的 $O_2$ 过低，均易发生无氧呼吸。一方面它提供的能量比有氧呼吸少，消耗的呼吸底物更多，使产品更快失去生命力；另一方面，无氧呼吸生成的有害物乙醛、酒精、乳酸和其他有毒物质会在细胞内积累，并且会输导到组织的其他部分，造成细胞死亡或腐烂。因此，在贮藏期间应防止产生无氧呼吸。

**2. 与呼吸作用相关的概念**

(1) **呼吸强度** 呼吸强度是用来衡量呼吸作用强弱的一个指标，也称呼吸速率，是指在一定温度下，一定量的产品进行呼吸作用时单位时间内吸收 $O_2$ 或放出 $CO_2$ 的量，单位是 mg（mL）/（kg·h）。呼吸强度大，说明呼吸旺盛，组织体内的营养物质消耗得快，加速其成熟衰老，产品寿命短，贮藏期就短。因此，利用各种措施使果品缓慢呼吸，才能延长贮藏期（表1–1）。

表1–1　　　不同温度下各种果蔬的呼吸强度　　　　　单位：mg $CO_2$/（kg·h）

| 产品 | 温度 | | | | | |
|---|---|---|---|---|---|---|
| | 0℃ | 4~5℃ | 10℃ | 15~16℃ | 20~21℃ | 25~27℃ |
| 夏苹果 | 3~6 | 5~11 | 14~20 | 18~31 | 20~41 | — |
| 秋苹果 | 2~4 | 5~7 | 7~10 | 9~20 | 15~25 | |
| 甘蓝 | 4~6 | 9~12 | 17~19 | 20~32 | 28~49 | 49~63 |
| 草莓 | 12~18 | 16~23 | 49~95 | 71~162 | 102~196 | 169~211 |
| 菠菜 | 19~22 | 35~58 | 82~138 | 134~223 | 172~287 | |
| 青香蕉 | — | — | — | 21~23 | 33~35 | |
| 熟香蕉 | — | — | 21~39 | 27~75 | 33~142 | 50~245 |
| 荔枝 | | | | | | 75~128 |

(2) **呼吸商** 呼吸商（RQ）也称为呼吸系数，是指产品呼吸过程中释放 $CO_2$ 和吸入 $O_2$ 的体积比，$RQ = V_{CO_2}/V_{O_2}$，呼吸商的大小与呼吸底物、呼吸类型（有氧、无氧）、贮藏环境条件有关。

RQ 值主要与呼吸类型有关。当发生无氧呼吸时，吸入的氧气少，$RQ > 1$，呼吸商越大，表明无氧呼吸所占比例越大。

RQ 值的大小与呼吸底物也有密切关系。

糖类为呼吸底物时，$RQ = 1$

$$C_6H_{12}O_6 + 6O_2 \longrightarrow 6CO_2 + 6H_2O, \quad RQ = 6/6 = 1.0$$

脂肪酸、蛋白质（富含氢）为呼吸底物时，RQ < 1

$$C_6H_{12}O_2 + 8O_2 \longrightarrow 6CO_2 + 6H_2O, \quad RQ = 6/8 = 0.75$$

有机酸（富含氧）为呼吸底物时，RQ > 1

$$C_4H_6O_5 + 3O_2 \longrightarrow 4CO_2 + 3H_2O, \quad RQ = 4/3 = 1.33$$

呼吸商的测量能对呼吸作用底物的类型提供某种线索。低的呼吸商可能意味着某种脂肪代谢，高的呼吸商意味着某种有机酸代谢。通过产品贮藏期间呼吸商的变化，可以了解被代谢的呼吸底物的类型发生了什么变化。

（3）呼吸温度系数（$Q_{10}$） 在生理温度范围内，温度升高10℃时呼吸速率与原来温度下呼吸速率的比值即为温度系数，用$Q_{10}$来表示。它能反映呼吸速率随温度而变化的程度，如一般果蔬园艺产品$Q_{10} = 2 \sim 2.5$，表示呼吸速率增加了$1 \sim 1.5$倍，该值越高，说明产品呼吸受温度影响越大。果蔬的$Q_{10}$值与温度、果蔬种类有关，在低温下$Q_{10}$较大，说明在低温下温度的波动对呼吸强度的影响更大。常见蔬菜的呼吸温度系数见表1-2，甜橙在不同温度范围的温度系数见表1-3。

表1-2　　　　常见蔬菜的呼吸温度系数

| 种类 | 温度 | | 种类 | 温度 | |
|---|---|---|---|---|---|
| | 0.5~10℃ | 10~24℃ | | 0.5~10℃ | 10~24℃ |
| 芦笋 | 3.5 | 2.5 | 胡萝卜 | 3.3 | 1.9 |
| 豌豆 | 3.9 | 2.0 | 莴苣 | 3.6 | 2.0 |
| 嫩夹菜豆 | 5.1 | 2.5 | 番茄 | 2.0 | 2.3 |
| 菠菜 | 3.2 | 2.6 | 黄瓜 | 4.2 | 1.9 |
| 辣椒 | 2.8 | 3.2 | 马铃薯 | 2.1 | 2.2 |

表1-3　　　　甜橙在不同温度范围的温度系数

| 温度范围/℃ | 温度系数 | 温度范围/℃ | 温度系数 |
|---|---|---|---|
| 0~10 | 2~5 | 17~27 | 1.6 |
| 5~15 | 2 | 22~32 | 1.3 |
| 11~21 | 1.8 | 28~32 | 1.2 |

$Q_{10}$反映了呼吸强度随温度变化的程度，$Q_{10}$越大说明呼吸强度受温度影响越大。$Q_{10}$受温度影响，果蔬产品的$Q_{10}$在低温下较大，因此果蔬采后应尽量降低贮运温度，并且要保持冷库温度的恒定。

（4）呼吸热　呼吸热是呼吸过程中产生的，除了维持生命活动以外而散发到环境中的那部分热量。当以葡萄糖为底物进行正常有氧呼吸时，每释放1mg

$CO_2$ 相应释放近似 10.68J 的热量。夏季，当大量产品采后堆积在一起或长途运输而缺少通风散热装置时，由于呼吸热无法散出，产品自身温度升高，进而又刺激了呼吸，放出更多的呼吸热，即可加速产品腐败变质。因此，贮藏中通常要尽快排除呼吸热，降低产品温度。但在北方寒冷季节，环境温度低于产品要求的温度时，产品利用自身释放的呼吸热进行保温，可防止冷害和冻害的发生。

（5）呼吸跃变　呼吸跃变主要存在于部分植物的果实成熟阶段。在果实发育过程中，呼吸强度随发育阶段不同而不同。

根据果实呼吸作用曲线的变化模式，可将园艺产品分为呼吸跃变型和非呼吸跃变型两类。

有一类果实从发育、成熟到衰老的过程中，其呼吸强度的变化模式是在果实发育定型之前呼吸强度不断下降，此后在成熟开始时，呼吸强度急剧上升，达到高峰后便转为下降，直到衰老死亡，这个呼吸强度急剧上升的过程称为呼吸跃变。此时，果实食用品质最佳，这类产品为跃变型果实。

不同种类的跃变果实呼吸高峰出现的时间和峰值不完全相同。产自热带和亚热带的果实，如油梨和香蕉，跃变顶峰的呼吸强度分别为跃变前的 3～5 倍和 10 倍，且跃变时间维持很短，很快完全成熟并衰老。产自温带的果实，如苹果、梨等，跃变顶峰的呼吸强度仅比跃变前增加 1 倍左右，但维持时间很长，此类果实比前类果实成熟得更缓慢，因而更耐贮藏。有些果实，如苹果，留在树上也可以出现呼吸跃变，但与采摘的苹果相比，呼吸跃变出现较晚，峰值较高；也有一些果实，如油梨，只有采后才能成熟和出现呼吸跃变，如果留在树上可维持不断生长而不能成熟，也不会出现呼吸跃变。一些没成年果实（如苹果、梨、桃等）采摘或脱落后，也可以发生短期的呼吸高峰。

跃变型园艺产品举例如下。

水果：苹果、梨、猕猴桃、桃、杏、李、柿、香蕉、无花果、芒果等。

蔬菜：番茄、西瓜、甜瓜等。

花卉：香石竹、满天星、月季、唐菖蒲、风铃草、金鱼草、蝴蝶兰等。

另一类没有呼吸高峰，呼吸强度在采后一直下降，被称为非跃变型果实。此类果实不能提早采收，需达到产品固有品质时采收，采后寿命的调节可通过抑制呼吸作用来实现。

某些非跃变型果实，如甜橙，幼果在采摘后也出现呼吸上升的现象，而长成的果实反而没有。此类果实呼吸上升并不伴有成熟过程，因此称为非跃变现象。

非跃变型园艺产品举例如下。

水果：柑橘、柠檬、菠萝、草莓、葡萄、荔枝等。

蔬菜：黄瓜、甜椒等。

花卉：菊花、千日红等。

**3. 影响呼吸作用的因素**

（1）种类和品种　不同种类和品种的产品，所利用的部分各不相同，包括根、茎、叶、花、果实、种子和变态器官,这些器官在组织结构和生理方面有很大差异,其采后的呼吸作用也有很大不同。蔬菜和花卉:生殖器官(花)>营养器官(叶茎)>贮藏器官(块根、块茎);水果:浆果(番茄、香蕉)>核果(桃、李)>仁果(苹果、梨)。同类产品:晚熟品种>早熟品种;夏季成熟品种>秋冬成熟品种;南方生长>北方生长。

园艺作物同一器官不同部位其呼吸强度也有差异(表1-4)。

表1-4 不同大小蕉柑及其果实不同部位的呼吸强度(20℃)　　单位:mg $CO_2$/(kg·h)

| 果实直径/cm | 果实部位 | | |
| --- | --- | --- | --- |
| | 全果 | 果皮 | 果肉 |
| 6.2~7.0 | 32.56 | 99.62 | 77.42 |
| 4.8~5.7 | 40.48 | 141.27 | 99.31 |
| 4.5~4.7 | 55.32 | 170.00 | 68.00 |

(2)成熟度　大多数园艺作物在生长的幼嫩阶段呼吸旺盛,呼吸强度较大,随着成熟度的增加,呼吸减弱。一般而言,处于生长发育过程中的植物组织、器官生理活动很旺盛,呼吸代谢也很强。生长期采收的叶菜类呼吸强度大;以嫩果供食的瓜果呼吸强度大;成熟的果蔬呼吸强度小。表皮保护组织如蜡质、角质加厚,代谢缓慢,呼吸较弱。跃变型果实,如苹果、梨、杏、桃、李、香蕉、猕猴桃、番茄,成熟时有一个明显的呼吸高峰,高峰过后果实就很快失去耐藏性,呼吸跃变的发生,意味着果实衰老的开始;非跃变型果实,成熟和衰老时呼吸作用一直缓慢减弱,不出现呼吸高峰,如柑橘类、葡萄、枣等。

(3)温度　呼吸作用是生物化学反应,对温度极为敏感。在一定的贮藏温度范围内,温度越低,水果、蔬菜的呼吸越弱,贮藏期越长。但过低也会影响组织正常的生理代谢,造成损伤。因此,在不破坏产品正常生理代谢的条件下,尽可能维持较低的贮藏温度,使其呼吸作用降至最低限度。此外,贮藏温度忽高忽低的波动也会刺激产品的呼吸作用,增加营养物质消耗,缩短贮藏期。因此,要尽量保持稳定且适宜的低温。

(4)湿度　湿度对呼吸的影响还缺乏系统深入的研究。从贮藏实践看,大白菜、菠菜、温州蜜柑中已经发现轻微失水有利于抑制呼吸。在相对湿度高于80%的条件下,产品呼吸基本不受影响。香蕉在相对湿度低于80%时,不产生呼吸跃变,不影响正常后熟。

(5)气体的分压　贮藏环境中影响园艺产品呼吸的气体主要是氧气、二氧化碳和乙烯。呼吸作用的过程主要是有生命的有机体吸入氧气、呼出二氧化碳的过程。因此,氧气分压和二氧化碳分压对园艺产品的呼吸强度有显著影响。氧气浓度高,呼吸强度也大;反之氧气浓度低,呼吸强度也低。

由于每种园艺产品对氧气分压的敏感度不同，所以应根据不同产品的生物学特性以及对氧气的要求确定氧气分压的高低。但要控制氧气分压的下限值，$O_2$浓度过低会导致无氧呼吸。空气中氧气浓度为21%，一般$O_2$浓度低于7%时对呼吸有抑制作用，当低于5%时可较大程度地降低呼吸强度，但低于2%时常会造成产品的缺氧呼吸。因此，贮藏中一般将$O_2$浓度保持在2%~5%，一些热带、亚热带产品需要在5%~9%。环境中$CO_2$增加也会减弱呼吸作用，推迟呼吸高峰出现，但浓度过高也可造成果蔬组织伤害，缩短贮藏期。不同产品对$CO_2$的忍受力差异很大，但大部分产品在$CO_2$浓度为1%~5%的条件下不会产生较大损伤。

空气中$CO_2$的浓度为0.03%，$CO_2$浓度越高，呼吸强度越低。近年来，高浓度$CO_2$在果蔬保鲜中已广泛应用，并取得良好效果。但$CO_2$的高浓度也是有极限的，浓度过高会导致异常代谢，产生生理障碍，常见的如果实出现不规则的褐斑，细胞内部积累乙醛和乙醇，进而使产品中毒死亡。

$O_2$与$CO_2$有拮抗作用，$CO_2$的毒害作用可因$O_2$浓度的提高而有所减轻，低$O_2$条件下$CO_2$毒害更为严重。高浓度$O_2$伴随高浓度$CO_2$时，对呼吸作用没有明显抑制作用；低$O_2$高$CO_2$不但可以降低呼吸强度，还能推迟果实的呼吸高峰，甚至使其不发生呼吸跃变。

乙烯在0.1mg/L以上时，就可刺激果实呼吸作用，还可使跃变型果实的呼吸高峰提前，促进产品衰老。因此，贮藏环境中应通过加强通风或采用乙烯吸收剂防止乙烯的作用。

（6）机械伤和病虫害 产品在采收、分级、包装、运输和贮藏过程中，常会受到挤压、振动、碰撞、摩擦、虫咬、病原微生物侵入等损伤，导致其呼吸强度增加以促进伤口愈合，并且损伤程度越高，呼吸越强。这种产品的组织在受到机械损伤时呼吸速率显著增高的现象称作愈伤呼吸或创伤呼吸，此时乙烯生成加快，贮藏期缩短。因此，要严格选择无伤害的水果蔬菜进行贮藏。

总之，用于贮藏的果蔬要选择耐贮性好的品种，在适宜的成熟度时进行采收，并选择无伤害的果实来贮藏。然后利用低温和调节气体的方法抑制产品的呼吸作用，减少营养物质消耗，以推迟衰老。但也要注意温度和氧气不能太低，二氧化碳不能过高，要保持其正常的生命活动，使其具有较强的耐贮性和抗病性。

### 4. 呼吸作用与园艺产品贮藏

呼吸作用是产品采后生命活动所需物质和能量的基本来源，然而呼吸作用又以消耗同化产物为前提。所以，呼吸作用对园艺产品既有积极作用又有消极作用。

一是积极作用：可以提高耐藏性和抗病性；提供生理活动所需能量；产生代谢中间产物，提升产品品质；呼吸的保卫反应提供能量和底物，促进伤口愈合，抑制病原菌感染；有利于分解、破坏微生物分泌的毒素。

二是消极作用：呼吸作用分解消耗有机物质，加速衰老；产生呼吸热，使产品体温升高,促进呼吸强度增大,同时会升高贮藏环境温度,改变气体成分,缩短贮藏寿命。

因此,在园艺产品贮藏过程中,在保证产品正常的呼吸代谢、正常发挥耐贮性和抗病性的基础上,应采取一切可能的措施降低呼吸强度,延长贮藏寿命。

### (二) 蒸腾生理

蒸腾作用是指植物水分以气态形式从体内向大气中散失的过程。与一般水分蒸发不同,蒸腾作用不仅受外界环境条件影响,而且还受本身调节作用的控制。

在植物的生长发育过程中,蒸腾作用是维持生命活动不可缺少的复杂的生理过程。除盆花外,其余产品采收后,脱离了母体,水分从培养基质向植株的传导被切断,水分从产品表面向大气的散失已失去原来积极的意义,反而会导致产品失水、失鲜。可见,蒸腾作用对采后的产品而言是一个消极的生理过程,对产品品质和贮藏特性会产生不利影响。

**1. 失重和失鲜**

(1) 失重　失重是指自然损耗,包括水分和干物质的损失。其中水分的损失是失重的主要原因,常用失重率来衡量(表 1-5、表 1-6)。失重是产品贮藏中量方面的损失。

$$失重率 = \frac{贮前质量 - 贮后质量}{贮前质量} \times 100\%$$

表 1-5　　　　　　部分蔬菜在贮藏中的失重率　　　　　单位:%

| 蔬菜种类 | 贮藏时间 | | |
| --- | --- | --- | --- |
| | 1d | 4d | 10d |
| 油菜 | 14 | 33 | — |
| 菠菜 | 24.2 | — | — |
| 莴苣 | 18.7 | — | — |
| 黄瓜 | 4.2 | 10.5 | 18.0 |
| 茄子 | 6.7 | 10.5 | — |
| 番茄 | — | 6.4 | 9.2 |
| 马铃薯 | 4.0 | 4.0 | 6.0 |
| 洋葱 | 1.0 | 4.0 | 4.0 |

(2) 失鲜　失鲜是产品品质的损失,表面光泽消失,形态萎蔫,失云外观饱满、新鲜和脆嫩的质地,甚至失去商品价值。许多果实失重超过5%(表 1-6)就引起失鲜。不同产品的失鲜具体表现不同,例如,叶菜类失水很容易造成萎蔫、变色、失去光泽;萝卜失水外表变化不大,内部容易出现糠心;苹果失鲜不十分严重时,外观表现不明显,但果肉变砂。

表1-6　　　　　　　　　部分水果在贮藏中的失重率

| 水果种类 | 温度/℃ | 相对湿度/% | 贮藏时间/周 | 失重率/% |
| --- | --- | --- | --- | --- |
| 香蕉 | 12.8~15.6 | 85~90 | 4 | 6.2 |
| 伏令夏橙 | 4.4~6.1 | 88~92 | 5~6 | 12.0 |
| 甜橙（暗柳） | 20 | 85 | 1 | 4.0 |
| 番石榴 | 8.3~10.0 | 85~90 | 2~5 | 14.0 |
| 荔枝 | 约30 | 80~85 | 1 | 15~20 |
| 芒果 | 7.2~10.0 | 85~90 | 2.5 | 6.2 |
| 菠萝 | 8.3~10.0 | 85~90 | 4~6 | 4.0 |

水分不仅是维持组织器官坚挺饱满的新鲜状态的重要因素，还是维持细胞内各种生物化学反应和代谢活动的重要介质。失水过多就会严重影响正常的代谢活动和生化反应，导致品质劣变。

所以减少蒸腾对于园艺产品的贮藏品质非常重要。

**2. 影响采后蒸腾作用的因素**

影响蒸腾的因素包括产品自身因素和环境因素两方面。

（1）自身因素　影响蒸腾的产品自身因素包括表面保护结构、细胞持水力和比表面积。

①表面保护结构：园艺产品表面失水的途径主要有两个，一个是气孔、皮孔等自然通道，另一个是通过表皮层。气孔是产品失水的最主要途径。表皮气孔发达的组织也容易蒸腾；根菜类和茄果类蔬菜无气孔，蒸腾作用就很少。表皮保护结构发达的产品不容易失水，如苹果、梨、李等水果表皮角质化或覆盖蜡质，蒸腾失水相对较慢。无角质和蜡质表皮的叶菜类和花卉蒸腾失水很快。

②细胞持水力：细胞持水力与可溶性固形物和亲水胶体的含量密切相关。可溶性固形物和亲水胶体的含量越高，细胞持水力越强，因此含水量越高的产品越容易蒸腾失水。此外，细胞间隙大，水分移动阻力小，也会加速失水。

③比表面积：指单位质量产品所具有的表面积（$cm^2/g$），比表面积越大蒸腾失水越多。在园艺产品中叶菜类和花瓣比表面积通常很大，因此最容易因蒸腾失水而萎蔫。

（2）环境因素　环境因素包括湿度、温度、空气流速、大气压力、光照等。

①空气湿度：空气湿度是影响园艺产品表面水分蒸腾的主要因素，通常用空气的相对湿度（RH）表示，即在一定温度下，空气实际所含的水蒸气量（绝对湿度）与饱和水蒸气量（饱和湿度）之比。新鲜园艺产品组织内的相对湿度都在99%以上，当贮藏在低于99%的环境中时会发生蒸腾作用。

②贮藏温度：当贮藏温度升高时，一方面空气饱和蒸气压提高，可以容纳更多的水蒸气，必然导致产品失水；另一方面产品本身水蒸气压也随温度升高而升

高，导致内部水蒸气压与环境水蒸气压差增大，也加速蒸腾。高温下，水分子移动加快，细胞液黏度下降，水分所受的束缚力减少，也有利于蒸发（表1-7）。

表 1-7　　　　　　　　不同种类的果蔬随温度变化的蒸腾特性

| 类型 | 蒸腾特性 | 水果 | 蔬菜 |
|---|---|---|---|
| A型 | 温度降低，蒸腾量急剧下降 | 柿子、橘子、西瓜、苹果、梨 | 马铃薯、甘薯、洋葱、南瓜、胡萝卜、甘蓝 |
| B型 | 温度降低，蒸腾量下降 | 无花果、葡萄、甜瓜、板栗、桃、枇杷 | 萝卜、菜花、番茄、豌豆 |
| C型 | 与温度关系不大，蒸腾强烈 | 草莓、樱桃 | 芹菜、芦笋、茄子、黄瓜、菠菜、蘑菇 |

③空气流速：空气流速越大，空气中水蒸气被带走得越快，空气绝对湿度越小，越有利于组织内部水分蒸发。

④光照：光照可以刺激气孔开放，促进气孔失水。大气压力越小，蒸腾作用越强。

防止园艺产品蒸腾失水只能通过控制环境条件来实现，针对不同的产品特性控制温度、湿度和空气流速，尽量减少蒸腾失水，但又不能出现结露现象。

**3. 抑制蒸腾失水的技术措施**

针对容易蒸腾失水的园艺产品，可采用各种贮藏技术手段防止水分散失。在贮藏实践中常采取下面几种措施。

（1）库内增湿　采用加湿设备或在空气中增加水分，提高贮藏库的相对湿度，降低湿度饱和差，减少产品水分散失。

（2）薄膜包装　将产品放入聚乙烯袋、塑料薄膜或包装纸中，增加产品外部小环境的湿度，减缓产品与周围气体交换，降低产品水分散失。

（3）打蜡涂被　采用安全的涂料、涂膜产品处理表面，切断产品内外气体交换，有效降低产品水分的散失，同时增加产品的商品价值，延长货架期。如进口苹果常采用打蜡的方式延长果品的贮藏期，并能提高光泽度，增加产品价值。

（4）产品预冷　产品采后入库前，进行预冷处理，消除大量田间热，使产品温度尽快接近库藏温度，减少蒸腾失水。

（5）药物处理　对于易发芽的块根、块茎、鳞茎等园艺产品，可采用化学保鲜措施，抑制产品发芽，提高商品性。如用 0.1mg/kg 萘乙酸甲酯（MENA）喷洒到休眠结束前的马铃薯上，具有理想的抑芽效果；青鲜素（MH）对洋葱、大蒜等鳞茎类蔬菜抑芽效果好，采收前2周用 0.25% 的青鲜素喷叶可以使 MH 转移到鳞茎中。

**4. 结露现象及其危害**

贮藏过程中产品表面常出现水珠凝结现象，称为"结露"，俗称"发汗"。

特别是用塑料薄膜帐或者袋包装贮藏时。这是由于产品蒸腾的水蒸气在密封的空气环境中不能扩散,超过了其饱和度,而在表面凝结成水珠。在相同的空气湿度下,温度下降到一定程度,空气湿度到达饱和状态,则会发生结露现象。堆藏的园艺产品,堆内部湿热空气运动到表面时,与冷空气接触,温度下降,部分水蒸气就会凝结于堆表面的原料上。结露现象极有利于腐败性微生物和病原菌传播和繁殖,特别有利于孢子萌发。

在园艺产品贮藏过程中,维持稳定的温度,适当通风,选取大小合适的堆放体积等措施可以有效避免结露现象的发生。

### (三) 成熟和衰老生理

#### 1. 成熟和衰老的概念

园艺作物的生长发育过程可分为三个主要阶段,即生长、成熟和衰老。这三个阶段没有明显的界限。成熟和衰老是产品寿命周期或个体发育的两个阶段。

狭义的成熟一般是指果实生长定形、细胞体积、质量增大等基本结束,出现本品种特征的生理状态,是果实特有的生理过程。成熟可分为成熟和完熟两个阶段。成熟是完熟的前期阶段,是指果实生长的最后阶段,在此阶段,果实完成了细胞、组织、器官分化发育的最后阶段,充分长成时达到生理成熟,也称为"绿熟"或"初熟",进入成熟阶段,果实出现品种的基本特征,达到可食用状态;完熟是成熟的最后阶段,是指果实停止生长后还要进行一系列生物化学变化,逐渐形成本产品固有的色、香、味和质地特征,然后达到最佳的食用阶段。例如,初熟的巴梨、猕猴桃果实虽然已完成发育达到生理成熟,但果实很硬,风味不佳,并没有达到理想的食用阶段,完熟时果肉变软,色香味达到最佳,才能食用。达到使用标准的完熟过程,既可以发生在植株上,也可以发生在采摘后。获得完熟的过程称为后熟。生理成熟的果实在采后可以自然后熟,达到食用品质,而未达到生理成熟的果实则不能后熟。

衰老是生长发育的最后阶段,是由合成代谢的生化过程转入分解代谢的过程,从而导致组织老化、细胞崩溃及整个器官死亡的过程。果实中最佳食用阶段以后的品质劣变或组织崩溃称为衰老。采后的果实逐步走向衰老和死亡,是一个不可逆的生理变化。根、茎、叶、花以及变态器官不涉及成熟现象,只有衰老问题。

#### 2. 园艺产品在成熟和衰老期的变化

园艺产品可以在不同的时期采收,有些是未成熟的,有些是成熟的。由于园艺产品采自作物的器官不同,在采后的成熟和衰老期所呈现的生理变化也不尽相同。

(1) 叶柄、花柄和果柄的脱落 一般来说,植物器官脱落之前必须形成离层。离层位于叶柄、花柄和果柄的基部,经横向分裂而形成几层细胞,其体积小,排列紧密,有浓稠的原生质和较多的淀粉粒,核大而突出,这就是离层。离层是叶柄等器官脱落的部位。叶柄等器官在脱落前，离层细胞衰退，变得中空而脆弱，果胶酶和纤维素酶活力增强，细胞壁的中层分解，细胞彼此离开，仅靠维管束与枝条相连，在重力或机械外力的作用下，维管束折断，于是叶柄、花柄和果柄脱落。叶柄等脱落后，暴露面木栓化，可减少微生物侵染以及水分蒸发。

有些作物不产生离层叶片照样脱落，如禾谷类作物；还有些作物既不产生离层也不脱落，如烟草。

（2）颜色的变化　蔬菜叶绿体内存在叶绿素。蔬菜采收后，叶绿体自身不能更新而被分解，叶绿素分子遭到破坏而使绿色消失，此时，其他色素如胡萝卜素、叶黄素等显示出来，蔬菜的颜色变为黄色、红色或其他颜色。要使贮藏的蔬菜保鲜保绿，必须采取防止叶绿素被破坏的措施。果实是变态叶，叶绿素消失与叶片衰老相同，有的是叶绿素遭到破坏，有的是在衰老时变成了有色体。成熟香蕉随着叶绿素消失，类胡萝卜素显露，从而呈现黄色。花色素苷为酚类物质，是构成另一类主要颜色的物质，它是水溶性的。果实中大量花色素苷是一些花色素糖基化的衍生物。花色素苷对 pH 敏感，在酸性条件下变红，在碱性条件下变蓝。花色素一般在成熟时大量合成。

（3）组织变软、发糠　部分产品采收后，随着时间延长，其组织出现变软发糠现象。在果菜类中尤为显著，如茄子、萝卜、黄瓜、番茄、蒜薹等。一般来讲，产品变软和发糠是经过一定时间贮藏后发生的。如过冬前刚采收的萝卜水分多，清脆鲜嫩；过冬后，萝卜切开没有多少水分，组织疏松，像软木塞一样，失去商品价值。

（4）种子和休眠芽的生长　园艺产品除了可食用部分，还有一些体积很小、所占比例极少的种子和休眠芽。这些幼小的器官对产品的保鲜起到关键的调节作用，是促进产品衰老的重要原因。产品采收后，衰老的组织中所含的有机物质大量向幼嫩部位和子代转移，转移越快，产品衰老也越快。因此，要保持产品的新鲜，防止有机物质的转移，努力使休眠芽和种子处于休眠状态十分重要。

（5）风味的变化　园艺产品达到一定的成熟度，就会出现特有的风味。而大多数产品由成熟到衰老过渡时会逐渐丧失其风味。例如，幼嫩的黄瓜，稍带有涩味并散发出浓郁的清香，当它向衰老过渡时，首先失去涩味，然后变甜，表皮逐渐脱绿变黄，到最后果肉发酸而失去食用价值，此时黄瓜种子达到成熟。采收时不含淀粉或淀粉含量较少的产品，如甜瓜和番茄，随着贮藏时间延长，含糖量逐渐减少。采收时淀粉含量高的产品，如苹果，采后淀粉水解，含糖量暂时增加，果实变甜，达到最佳食用阶段后，含糖量因呼吸作用消耗而下降。

（6）萎蔫　很多园艺产品组织内含水量高达 90%，叶菜类和鲜切花的挺直全靠细胞内水的膨胀压力，产品采后失水，就会导致产品萎蔫，使商品性能下降。

（7）果实软化　果实软化几乎是所有果实成熟的明显特征。引起果实软化的主要原因是细胞壁物质的降解。细胞壁是细胞的支撑物，果实软化是细胞壁结构变化、细胞总体结构破坏以及细胞物质在酶的作用下分解，导致细胞发生分离的必然结果。构成果实细胞壁的主要组分有纤维素、半纤维素、果胶物质和伸展蛋白，各组分之间通过共价键、氢键、离子键、疏水交互作用和无反应的随机填充组成细胞壁。在果实软化期间，果胶和半纤维素都发生了溶解和去聚化，被认为与细胞壁的松懈及降解有关。

（8）细胞膜的变化　产品采后劣变的重要原因是组织衰老或遭受环境胁迫时，细胞的膜结构和特性发生了改变。膜结构的变化导致代谢失调，最终导致产品死亡。研究发现，在细胞衰老的过程中，其膜脂的脂肪酸饱和程度逐渐升高，且脂肪酸链加长，使膜由液晶相转变为凝固相。在凝固相的膜中，磷脂尾部处于"冻结"状态，完全失去运动能力，膜变得刚硬，失去弹性，膜蛋白也不能运动。但环境胁迫严重时，处于冻结状态的膜丧失适应能力，产生渗漏，整个膜的选择性及功能受损，进而危及细胞生命。

（9）病菌感染　新鲜的产品抗病菌感染能力强。例如，切割新鲜的马铃薯块茎，在切面会很快形成木栓层以防止块茎组织干燥及被微生物侵染。然而随着贮藏时间的延长，病原菌侵染率直线上升，感病率高达80%，可见园艺产品贮藏时的病菌感染与产品的衰老程度密切相关。

### 3. 成熟和衰老的机制

关于成熟、衰老尤其是衰老的理论有很多，如衰老因子理论、营养亏缺理论以及激素调控理论等。在这些理论中，以激素调控理论最具理论基础，也最为研究者接受和应用。园艺产品在生长、发育、成熟、衰老过程中，生长素、赤霉素、细胞分裂素、脱落酸、乙烯五大植物激素的含量有规律地增加或减少，保持一种自然平衡状态，控制产品的成熟与衰老。生长素、赤霉素、细胞分裂素属于生长激素，能抑制产品的成熟与衰老；而脱落酸、乙烯属于衰老激素，能促进产品的成熟与衰老，其中乙烯对园艺产品的成熟作用最大。

乙烯的合成受基因控制。乙烯是一种重要的植物激素，空气中微量的乙烯就能影响植物生长发育的许多方面，对果实的成熟衰老也起着重要的调控作用。乙烯被认为是重要的植物衰老激素。

（1）乙烯提高园艺产品的呼吸强度　跃变型果实和非跃变型果实对乙烯的反应不同。乙烯促进跃变型果实呼吸高峰提早到来，并引发相应的成熟变化，在乙烯作用阈值以外，乙烯浓度提高对呼吸高峰的峰值没有显著影响。乙烯对跃变型果实呼吸作用的影响只有一次。非跃变型果实的呼吸强度也受乙烯的影响，施用外源乙烯时，在很大浓度范围内乙烯的浓度与呼吸强度呈正比，在果实的整个发育过程中呼吸强度对外源乙烯都有反应，每施用一次都有一个呼吸高峰。

（2）乙烯促进园艺产品成熟与衰老　这里讨论的主要是食用成熟。跃变型果实成熟时乙烯含量很低，在进入成熟和呼吸高峰出现之前开始升高，直至出现与呼吸高峰类似的乙烯高峰；非跃变型果实在整个发育过程中乙烯含量变化不大。

外源乙烯处理可以诱导和加速果实成熟，排除乙烯可以延迟果实成熟，同时乙烯生产抑制剂（氨基原氧基乙烯基甘氨酸、氨基氧乙酸）和乙烯作用拮抗物（$Ag^+$、$CO_2$、1-甲基环丙烯）处理可以抑制果实成熟。用气密性塑料袋包装绿熟香蕉，在袋内置高锰酸钾作乙烯吸收剂，可以延迟香蕉成熟。用减压贮藏提高乙烯扩散率降低果实内乙烯分压，也可以延迟果实成熟。高浓度$CO_2$可提高贮存品质和贮存寿命，$Ag^+$处理切花可大大延长切花寿命。

乙烯可促进器官脱落，$0.1 \sim 1 \mu L/L$乙烯喷施，大白菜和甘蓝可脱帮，玫瑰花瓣可脱落。乙烯还可促进切花提早凋萎。

（3）乙烯的生物合成与调控　乙烯对于园艺产品采后寿命延长是不利的，所以一直以来人们都在采取各种措施抑制乙烯合成或者抑制乙烯的作用。要达到抑制乙烯作用的目的，必须首先了解乙烯的生物合成途径及其影响因素。

乙烯生物合成途径：蛋氨酸（Met）→$S$-腺苷蛋氨酸（SAM）→1-氨基环丙烷-1-羧酸（ACC）→乙烯。SAM→ACC是乙烯合成的关键步骤，由ACC合成酶催化，氨基原氧基乙烯基甘氨酸（AVG）和氨基氧乙酸（AOA）对ACC合成酶的辅基有强烈的抑制作用。果蔬成熟、机械受伤、病源感染、吲哚乙酸（IAA）、乙烯本身都能刺激ACC合成酶的活力。ACC→乙烯由乙烯形成酶（EFE）或ACC氧化酶在有$O_2$参与下完成，乙烯合成酶是膜依赖性的，组织结构解体则停止乙烯合成。多胺、低氧、解偶联剂、自由基清除剂和某些金属离子（如$Co^{2+}$）都能抑制ACC转化成乙烯。

### （四）低温和气体伤害生理

园艺产品采后贮藏期间，遭受逆境时会引起生理失调、组织损伤和崩溃，产生一系列非病源菌引起的伤害，导致食用品质和贮藏性能下降或者丧失。采后逆境伤害主要是低温和气体伤害。

**1. 冷害及其调节**

（1）冷害症状　低温是抑制呼吸代谢、延长贮藏寿命最为有效的措施。但有些产品特别是热带、亚热带果实由于系统发育处于高温多湿的环境中，形成对低温的敏感性，即使在冰点以上的环境中贮藏也会发生代谢失调造成伤害，这种伤害称为冷害。冷害的症状：早期表面凹陷斑点，然后连成大块凹坑，这是由于皮下细胞坏死，失水干缩的结果；表皮和组织内部褐变，呈现棕色、褐色或黑色斑点或条纹，或者出现水渍状斑点。受冷害的产品不能正常后熟。冷害严重时，其细胞死亡、抗病性降低，容易感病死亡。

（2）冷胁迫下的生理变化　呼吸速率异常；细胞膜透性增加，电解质渗出率提高，通过膜透性可以预测冷害的程度；乙烯合成酶系统受到抑制或者破坏，严重者果实不能正常成熟。

(3）影响冷害的因素

①原料种类、品种：不同种类品种对低温的敏感性不同，黄瓜在1℃条件下为4d，桃2周，广东椪柑4~6℃为2个月发生冷害。原产地及生长期温度高的产品对冷害更敏感。

②贮藏环境条件：在冷害临界温度以下，温度越低冷害越严重，高湿环境（相对湿度接近100%时）可抑制表皮和皮下细胞崩溃，使冷害症状减轻。低湿加速症状的出现。对大多数产品，适当提高$CO_2$和降低$O_2$含量可以在一定程度上抑制冷害。

（4）冷害控制

①温度调节法：低温预贮存，即在稍高于临界温度的条件下放置几天，增加其抗寒性。

②逐渐降温法：在低温贮存前逐渐降低贮存温度缓慢到达贮藏要求的低温。这种方法对跃变型果实有效。

③间歇升温法：在产品还未发生不可逆伤害之前使产品升温到临界冷害温度以上，使其代谢恢复正常，再将温度降低到贮藏低温。这种温度变化不可太频繁。

④热处理法：贮存前在高温（30℃以上）处理几小时，有助于抑制冷害。

⑤增加湿度：减轻冷害症状。

⑥化学物质处理：氯化钙可减轻苹果、梨、鳄梨、番茄、秋葵的冷害。

## 2. 冻害

冻害是贮藏温度低于冰点温度时，由于结冰而产生的伤害。冻害后组织呈水渍状态，透明或半透明，有些呈灰白色或褐色。产品短时间受冻，细胞膜不至于损伤，缓慢升温还可能恢复正常，长时间受冻则会使细胞膜受损，品质劣变。所以低温贮存必须控制温度不要低于冰点温度。

## 3. 气体伤害

为了抑制产品新陈代谢、延缓衰老，贮藏环境常用低氧高二氧化碳条件。产品在贮藏过程中在不断吸入氧消耗二氧化碳，可能导致氧过低、二氧化碳过高的逆境，出现逆境气体伤害。贮藏环境氧浓度低于1%~2%时，许多产品产生无氧呼吸造成代谢失调。症状表现为局部塌陷，组织褐变、软化，不能正常成熟，产生异味。低氧伤害的临界浓度随温度升高而升高，并因原料类不同而异，菠菜1%，芦笋2.5%，豌豆、胡萝卜4%。

高浓度$CO_2$抑制线粒体活力和琥珀酸脱氢酶活力，引起琥珀酸积累，抑制三羧酸循环的正常进行，导致无氧呼吸，产生与低氧伤害类似的症状。导致伤害的最低$CO_2$浓度随种类品种而异：鸭梨1%，结球莴苣1%~2%，西蓝花、洋葱、蒜薹10%。

此外环境中乙烯、$NH_3$、$SO_2$等气体也会使园艺产品出现生理伤害。

防止气体伤害应经常检查并严格控制贮存环境中的气体成分。

### (五) 休眠生理

#### 1. 休眠

休眠（dormancy）是园艺植物的整体或某一部分生长暂时停顿的现象。一些块茎、鳞茎、球茎、根茎类蔬菜，在结束生长时，产品器官积累了大量的营养物质，原生质内部发生了剧烈的变化，新陈代谢明显降低，水分蒸腾减少，生命活动进入相对静止状态，这就是所谓的休眠。而水果和大部分蔬菜则不具有生理休眠特性。

休眠是植物在长期进化过程中形成的一种适应逆境生存条件的特性，以度过严寒、酷暑、干旱等不良条件而保存其生命力和繁殖力。对果蔬贮藏来说，休眠是一种有利的生理现象。

（1）休眠的类型　按照休眠的生理状态可分为被迫的和生理性的两种类型。

①生理休眠：是植物在长期的系统发育过程中形成的一种对环境条件季节性变化的生物学适应性，是产品内在因素引起的休眠，主要受基因的调控，即使给予适宜的条件仍然暂不萌发，要休眠一段时间。如产品刚收获后的一段时期。具有这种休眠特性的主要是一些植物的繁殖器官，如许多块茎、鳞茎、球茎和根茎蔬菜、花卉都具有这种休眠特性。这些组织一旦脱离休眠后，休眠器官内在的营养物质被迅速分解转移，以用于芽的生长，本身则萎缩干枯，品质急剧下降，直到完全失去食用价值。

②被迫休眠：由于不适宜的环境条件所造成的暂停发芽生长，如日照变短、温度下降等，当不适宜的条件改善后便可恢复萌发生长。

（2）休眠的历程　根据休眠的生理生化特点，可将休眠划分为如下三个历程：休眠前期（休眠诱导期）→生理休眠（深休眠期）→休眠后期，直至发芽。

①休眠前期：是休眠的准备阶段。不利于生长的外界环境，如秋季日照变短、气温下降等，会引发植物内部的变化，生长发育随之减缓，植物体逐渐进入休眠状态。此时产品器官已经形成，但刚收获新陈代谢还比较旺盛，伤口逐渐愈合，表皮角质层加厚，属于鳞茎类产品的外部鳞片变成膜质，水分蒸散下降，从生理上为休眠做准备。此时，产品如受到某些处理可以阻止下阶段的休眠而萌发生长或缩短第二阶段。蔬菜收获以后，为了适应新的环境，往往加厚自身的表皮和角质层，或形成膜质鳞片，以减少水分蒸腾和病菌侵入，并在伤口部分加速愈伤，形成木栓组织或周皮层，以增强对自身的保护。马铃薯的休眠前期为 2~5 周，在这一时期，若给予一定的处理，可以抑制进入生理休眠而开始萌芽或者缩短生理休眠期。

②深休眠（又称生理休眠期或真休眠）：植物生长完全进入"静止"状态，外层保护组织完全形成，即使给植物提供适宜生长的条件也不会打破休眠而进入

生长阶段。大多数植物多在原产地气候最不利生长的时期，如深冬或高温干旱期进入深休眠。产品的新陈代谢显著下降，外层保护组织完全形成，此时即使给予适宜的条件，也难以萌芽，是贮藏的安全期。这段时间的长短与产品的种类和品种、环境因素有关。如洋葱管状叶倒伏后仍留在田间不收，有可能因为鳞茎吸水而缩短生理休眠期；低温（0~5℃）处理也可解除洋葱休眠。

③休眠后期：是自发休眠的最后阶段。此时植物自身已进入逐渐复苏的阶段，呼吸作用加强，酶系统也发生了相应变化。后休眠往往与外界条件转好同步。果蔬度过生理休眠期后，产品开始萌芽，新陈代谢逐步恢复到生长期间的状态，呼吸作用加强，酶系统也发生变化。此时，生长条件不适宜，就生长缓慢，给予适宜的条件则迅速生长。实际贮藏中采取强制的办法，给予不利于生长的条件如温度、湿度控制和气调等手段可延长这一阶段的时间。因此，又称作强迫休眠期。

具有典型生理休眠的蔬菜有洋葱、大蒜、马铃薯、生姜等。大白菜、萝卜、莴苣、菜花及其他一些二年生蔬菜，不具生理休眠阶段，在贮藏中常因低温等因素抑制而处于强制休眠状态。低温可使这些蔬菜通过春化阶段，开春以后温度回升，就很容易发芽抽薹。

板栗采后有一定的休眠期，但在20℃和90%的相对湿度下，1个月左右便开始生根发芽，说明板栗的生理休眠时间较短，常温下很容易解除休眠；大蒜的休眠期为60~80d，一般夏季收获后，到9月中旬后芽开始萌发；马铃薯的休眠期为2~4个月；洋葱的休眠期为1.5~2.5个月。

多肉果实内的种子处于水分十分充足的环境中，但通常并不发芽，这是由于果汁的高渗透、有机酸和生长抑制物质的存在使其强制休眠。有研究指出，当果实中柠檬酸达1.0%、苹果酸达0.5%、酒石酸达0.2%时，就能抑制种子发芽。柑橘在长期贮藏后果实失水干枯，种子就会打破休眠在果实内发芽。种种事实说明，休眠是一种复杂的生理变化，必须根据产品的具体情况进行分析，掌握不同果蔬休眠的本质和规律，才能人为地对这一特性进行恰当地控制和利用。

**2. 采后生长与控制**

（1）采后生长现象及其对品质的影响　果蔬采收后由于中断了根系或母体水分和无机物的供给，一般看不到生长，但生长旺盛的分生组织能利用其他部分组织中的营养物质，进行旺盛的细胞分裂和延长生长，这会造成其品质下降，并缩短贮藏期，不利于贮藏。如芦笋是在生长初期采收的幼茎，其顶端有生长旺盛的生长点，贮藏中会继续伸长并木质化；蒜薹顶端薹苞膨大和气生鳞茎的形成，需要利用基部的营养物质，造成食用部位纤维化，甚至形成空洞；胡萝卜、萝卜收获后，在有利于生长的环境条件下抽茎时，由于利用了薄壁组织中的营养物质和水分，致使组织变糠，最后无法食用；蘑菇等食用菌采后开伞和轴伸长也是继续生长的一种，这些都将造成其品质下降。

（2）延缓采后生长的方法  产品采后生长与自身的物质运输有关，非生长部分组织中贮藏的有机物通过呼吸水解为简单物质，然后与水分一起运输到生长点，为生长合成新物质提供底物，同时呼吸作用释放的能量也为生长提供能量来源。因此，低温、气调等能延缓代谢和物质运输的措施可以抑制产品采后生长带来的品质下降。此外，将生长点去除也能抑制物质运输而保持品质，如蒜薹去掉茎苞后薹梗发空的现象减轻；胡萝卜去掉芽眼，减少了糠心，但形成的刀伤容易造成腐烂，实际应用时应根据具体情况采取措施。

有时也可以利用生长时的物质运输延长贮藏期。如菜花采收时保留 2~3 个叶片，贮藏期间外叶中积累养分并向花球转移而使其继续长大、充实或补充花球的物质消耗，保持品质。假植贮藏也是利用植物的生长缓慢吸收养分和水分，维持其生命活力，不同的是这些物质来源于土壤，而不是植物自身。

## 实操训练

# 实训一　测定园艺产品的呼吸强度（静置法）

### （一）实训目的
掌握园艺产品呼吸强度的测定方法。

### （二）实训原理
呼吸强度的测定通常是采用定量碱液吸收果蔬在一定时间内呼吸所释放出来的 $CO_2$，再用草酸滴定剩余的碱，即可计算出呼吸所释放出的 $CO_2$ 量，求出其呼吸强度，其单位为 mg $CO_2$/（kg·h）。

反应如下：

$$2NaOH + CO_2 \rightarrow Na_2CO_3 + H_2O$$
$$Na_2CO_3 + BaCl_2 \rightarrow BaCO_3 \downarrow + 2NaCl$$
$$2NaOH + H_2C_2O_4 \rightarrow Na_2C_2O_4 + 2H_2O$$

### （三）材料与用具
（1）实训材料　水果。

（2）试剂　0.4mol/L 氢氧化钠、0.3mol/L 草酸、饱和氯化钡溶液、酚酞指示剂。

（3）仪器　玻璃干燥器、滴定管架、铁夹、滴定管、三角瓶、烧杯、培养皿、10mL 移液管、洗耳球。

## （四） 实训步骤

（1）将装有 0.4mol/L NaOH 溶液的培养皿置于玻璃干燥器底部，放置隔板，放入水果，封盖，静置 1h 左右（每千克水果需 40mL NaOH 溶液）。

（2）取出培养皿，把 NaOH 溶液移入试剂瓶中（冲洗 3~5 次），每组吸取 10mL 至锥形瓶中，加饱和 $BaCl_2$ 溶液 2.5mL 和酚酞指示剂 1 滴，用 0.3mol/L 草酸溶液滴定，记录消耗的草酸溶液体积。每组 2 瓶。

（3）另吸取 0.4mol/L NaOH 溶液 10mL 至锥形瓶中，加饱和 $BaCl_2$ 溶液 2.5mL 和酚酞指示剂 1 滴，做空白滴定，记录消耗的草酸溶液体积。每组 1 瓶。

## （五） 结果与计算

（1）将消耗的草酸体积（mL）填入表 1-8。

表 1-8　　　　　　　　　呼吸强度的测定实验记录表

| 试管 | 空白 | 测定 1 | 测定 2 | 测定均值 |
|---|---|---|---|---|
| $H_2C_2O_4$ 溶液体积/mL | | | | |

（2）计算公式如下：

$$呼吸强度 = \frac{(V_0 - \bar{V}) \times c \times 44}{mh} \; [mg \; CO_2/(kg \cdot h)]$$

式中　$V_0$——空白滴定消耗草酸体积，mL

　　　$\bar{V}$——测定管消耗草酸体积均值，mL

　　　$c$——草酸溶液浓度，mol/L

　　　$m$——样品质量，kg

　　　$h$——测定时间，h

　　　44——$CO_2$ 摩尔质量，g/mol

## （六） 实训思考

为什么实训中所用氯化钡溶液必须是饱和的？

# 实训二　观察园艺产品的低温伤害

## （一） 实训目的

掌握园艺产品表面病害症状和风味变化的观察方法，并通过观察能识别几种常见果蔬冷害的症状。

## （二） 实训原理

冷害是果蔬在不适宜的低温条件下贮藏所出现的生理性病害，多发生在原产热带或夏季成熟的果蔬。果蔬遭受冷害后，乙烯释放量增多，出现反常呼吸，表面也出现一些病害症状。

### （三）材料与用具

柑橘、桃、杏、香蕉、青椒、黄瓜、绿番茄；冰箱、温度计。

### （四）操作方法

将黄瓜、青椒、绿番茄或未催熟的香蕉（任选2~3种），分成两组，一组贮藏于冰箱中，将温度调至6℃以下，贮藏10~15d，另一组贮藏于13~16℃，比较不同温度条件下的贮藏效果及冷害发生情况。将柑橘、桃、杏（任选1~2种）分为两组，一组贮藏在0℃以下一个月，另一组贮藏于8℃以上1个月，比较不同温度的贮藏效果及冷害发生情况。

### （五）观察记录

将观察结果填入表1-9，并比较不同温度条件下园艺产品的贮藏效果和冷害发生状况。

表1-9　　不同温度条件下园艺产品的贮藏效果和冷害发生状况记录表

| 产品名称 | 贮藏温度/℃ | 贮藏时间/d | 好果 | | 病果 | | 病害症状 | 风味 |
|---|---|---|---|---|---|---|---|---|
| | | | 个 | % | 个 | % | | |
| | | | | | | | | |
| | | | | | | | | |

### （六）实训思考

通过实训观察结果，思考如何防止园艺产品发生冷害，提高贮藏效果？

**项目思考**

1. 生物因素对园艺产品质量的影响有哪些？
2. 生态因素对园艺产品质量的影响有哪些？
3. 农业技术因素对园艺产品质量的影响有哪些？
4. 采后生理对园艺产品贮运的影响有哪些？

# 项目二　园艺产品商品化处理与运输

**知识目标**

1. 了解园艺产品商品化处理的目的和意义，以及采后运销的特点和方式。
2. 理解园艺产品采后商品化处理的主要流程及要点。
3. 掌握园艺产品成熟度的判别标准及不同采收方法对产品质量的影响。

**技能目标**

1. 会合理采收不同的园艺产品。
2. 能运用分级、预冷技术处理不同的园艺产品。
3. 能处理不同园艺产品的包装与运输。

**学习重点与难点**

重点：园艺产品的分级与预冷技术。
难点：园艺产品的化学药剂处理技术。

**必备知识**

## 一、园艺产品采收

采收是园艺产品生产的最后一个环节，也是园艺产品商品化处理和贮藏加工的关键性环节。园艺产品种类繁多，大小形状差异较大，成熟习性各不相同，因此采收时期和采后商品化处理在很大程度上影响园艺产品的产量、品质、贮藏效果和商品性能。

园艺产品采收的原则是适时与无伤。采收过早，园艺产品的大小、质量达不到标准而影响产量，色、香、味欠佳导致产品品质不好，贮藏过程中容易失去水分，容易发生生理病害；采收过晚，产品已经成熟衰老，不耐贮藏和运输。

园艺产品的采收适期主要由采收成熟度决定，其次要考虑产品的生理特点、采后用途、运输距离、贮藏时间和销售时间等。一般有呼吸高峰的果实要在呼跃变到来之前采收；就地销售、短距离运输的产品，可以适当晚采；长期贮藏、远距离运输的产品，应该适当早采。

### （一）采收成熟度的识别

园艺产品的采收应根据产品种类、用途而确定适宜的采收成熟度和采收期。识别园艺产品成熟度的方法主要有以下几种。

#### 1. 表面色泽

在成熟过程中，园艺产品的表面色泽会发生明显的变化。一般果实在成熟前果皮中含有大量的叶绿素，多呈现绿色，成熟时呈现出其特有的色泽。例如，甜橙果实在成熟时呈现出类胡萝卜素的颜色，血橙呈现出花青素的颜色；苹果、桃等的红色为花青素。因此，果皮的颜色可以作为判断果实成熟度的重要标志之一。

一些果菜类的蔬菜也常用色泽变化来判断其成熟度。黄瓜应在瓜皮深绿时采收，甜椒一般在绿熟时采收，茄子应在表皮明亮而有光泽时采收。远距离运输或贮藏的番茄，应在绿熟阶段（果顶呈奶油色）采收，就地销售的番茄可在着色期（果顶呈粉红色或红色）采收。

虽然表面色泽能反映园艺产品的成熟度，但颜色的变化经常受到气候特别是光照条件的影响，有些果实在成熟前也会显色，有的果实已经成熟却未显色。所以判断成熟度，不能全凭表面色泽。园艺产品采后色泽的变化可以通过感官观察，也可以采用颜色卡片通过感官比色来确定，利用色差仪和分光光度计对果实的成熟度进行判断更为客观。

#### 2. 坚实度和硬度

一般蔬菜测定坚实度。坚实度用来表示发育的状况。有一些蔬菜的坚实度大，表示发育良好、充分成熟或达到采收的质量标准。如番茄、辣椒等要在硬度较大、未过熟变软时采收，较耐贮藏；结球甘蓝、菜花应在叶球或花球充实坚硬、致密紧实时采收，品质好、耐贮藏。但有一些蔬菜的坚实度高表示其品质下降，如黄瓜、茄子、豌豆、菜豆、甜玉米等都应该在幼嫩时采收，莴笋、荠菜、芹菜应该在叶变得坚硬前采收。

对于其他果实，一般用质地和硬度表示。果实的硬度是指果肉抗压力的强弱，抗压力越强，果实的硬度就越大。果肉的硬度与细胞之间原果胶含量成正比。用手持硬度压力测定计在果实阴面中部去皮测定，其硬度大小以 $N/cm^2$ 来表示。通常未成熟的果实硬度较大，随着果实成熟度的提高，不溶性的原果胶逐渐分解为可溶性的果胶或果胶酸，达到一定成熟度时才变得柔软多汁。只有掌握适当的硬度，在最佳质地时采收，产品才能够耐贮藏和运输。如苹果、梨等果实都要求在一定硬度时采收，辽宁国光苹果的采收硬度一般为 $84.6N/cm^2$，烟台的青香蕉苹果采收硬度一般为 $124.6N/cm^2$，四川的金冠苹果采收硬度一般为 $66.8N/cm^2$。桃、李、杏的成熟度与硬度的关系也十分密切。

### 3. 生长期

不同品种的园艺产品从开花到成熟有一定的生长时期,如苹果早熟品种一般100d,中熟品种 100~140d,晚熟品种 140~175d。应用生长期来判断成熟度,有一定的地区差异,要根据树势、各地当年气候变化和管理经验等得出适合当地采收的平均生长期。

康乃馨、月季和菊花等切花的发育阶段在夏季,如在夏季采切则宜早,在冬季则宜晚,以保证它们在采后能正常发育。

### 4. 果梗与果枝脱离的难易

核果类和仁果类果实成熟时,果柄和果枝间形成离层,稍加振动,果实就会脱落,所以常根据其果梗与果枝脱离的难易程度来判断果实的成熟度。离层形成时,果实达到品质较好的成熟度,此时采收可以避免大量落果。但柑橘类的萼片与果实之间离层的形成比成熟期迟,不宜将果梗脱离的难易度作为其成熟的标志。

### 5. 成熟特征

不同的园艺产品在成熟过程中会表现出许多不同的特征。香蕉未成熟时果实的横切面呈多角形,充分成熟时为圆形;茄子、菜豆、丝瓜、黄瓜等应在种子膨大硬化之前采收,其食用和加工的品质才好;生姜、洋葱、大蒜、马铃薯等鳞茎、块茎类蔬菜应在地上部开始枯黄时采收;莴苣达到成熟时,茎顶与最高叶片尖端相平;南瓜表皮上霜且出现白粉蜡质,表皮组织硬化时达到成熟;冬瓜在表皮上茸毛消失,出现蜡质白粉时采收。

月季、菊花、康乃馨等一般在花蕾紧实阶段采切,而热带兰花、大丽花等应在花朵充分开放后采切。

### 6. 主要化学物质的含量

园艺产品在生长、成熟过程中,其主要的化学物质如糖、淀粉、有机酸、可溶性固形物含量都在发生着不同的变化,其含量变化情况,可以作为衡量产品品质和成熟度的标志。可溶性固形物中主要是糖分,其含量高标志着含糖量高、成熟度高。如红富士含糖量达到14%~17%时采收。总含糖量与总酸含量的比值称为"糖酸比",可溶性固形物与总酸的比值称为"固酸比",它们可以衡量果实的风味,也可以作为果实采收的依据。如四川甜橙采收时的糖酸比不低于10:1,苹果和梨糖酸比为30:1时采收,果实风味品质好。猕猴桃果实在果肉可溶性固形物含量6.5%~8.0%时采收较好。

淀粉也可以作为衡量成熟的标志。一般随着园艺产品的成熟,体内的淀粉不断转化为糖,使糖含量增高,但也有些产品的变化则正好相反。苹果成熟过程中,淀粉含量下降,含糖量上升;马铃薯、芋头、甘薯则应该在淀粉含量较高时采收,营养丰富、产量高、耐贮藏,加工淀粉时出粉率高。

此外,跃变型果实在开始成熟时乙烯含量急剧上升,根据这个原理,也可以通过测定果实中乙烯的含量来确定采收期。

园艺产品种类、品种繁多，成熟特性各异，在判断成熟度时，应该根据其特性综合考虑各种因素，确定产品的适宜采收期。

（二）采收方法的选择

园艺产品的采收方法可分为人工采收与机械采收两种。在发达国家，由于劳动力比较昂贵，在园艺产品生产中千方百计地研究用机械的方式代替人工进行采收作业。到目前为止，制造番茄酱的番茄、制造罐头的豌豆、酿酒用的葡萄等以加工为目的的园艺产品多进行机械采收，而以新鲜园艺产品的形式进行销售的产品，则以人工采收为主。

1. 人工采收

手摘、刀割、挖刨等属于人工采收方法。人工采收灵活性强、机械损伤小，可以任意挑选产品，准确地掌握成熟度和分次采收，且可减少机械损伤，保证产品的质量。作为鲜销和贮藏的园艺产品最好采用人工采收。常用的采收工具有采果剪、采果梯、采果袋、采果篮、采果筐等。采果袋完全用布做成；采果篮为用细柳条编制或钢板制成的无底半圆筐，筐底用布做成；采果筐用竹篾或柳条编制。

苹果和梨成熟时，果梗与枝条间产生离层，采收时以手掌将果实向上一托，果实即可自然脱落；采收香蕉时，先用刀切断假茎，再切断果轴；葡萄、柑橘、枇杷等果实的果柄与枝条不易脱离，需要用特制的圆头采果剪采收，柑橘还需采用一果二剪，剪平果柄；山楂、枣等小型果实，可摇动树枝使之脱落；核桃、板栗可采用竹竿打落。

采收切花要剪口光滑、刀口锋利，防止含糖汁液渗出而导致微生物侵染，引起茎的阻塞。切口最好为斜面，以增加花茎吸水面积。切割花茎的部位应尽可能使花茎长些，但对花茎基部木质化程度过高的木本切花，切割过低会导致茎部吸水能力下降，缩短切花寿命，切割的部位应选择靠近基部木质化程度适宜的地方。对于那些对乙烯敏感的切花，在田间可先置于清水中，转到分级后用银盐制剂作抗乙烯处理。对一品红等切口易流汁并在切口凝聚的种类，剪下花茎后应立即将茎端插入 80~90℃ 热水中浸渍数秒钟。

有一些切花在幼嫩蕾期采切则不能正常开放或容易枯萎。月季和非洲菊如采切过早，会频繁出现"弯颈"现象；飞燕草、乌头花等一些具穗状花序的切花，必须在花序基部 1~2 朵小花开放时采切，否则将出现花蕾不能正常开放的现象；雏菊和蓟等必须在花充分开放后才能采切。一般而言，越在花朵发育的后期采切，切花的瓶插寿命越短。

2. 机械采收

机械采收的主要优点是采收效率高，节省劳动力，降低采收成本。缺点在于机械采收不能进行选择，容易造成产品的损伤而影响产品的质量与耐贮性。机械采收主要用于加工的产品或能一次性采收，但对机械损伤不敏感的产品。机械采收主要有以下两种方法。

（1）振动法　适用采收那些在成熟时果梗与果枝之间形成离层的果实。一般先在树下布满柔软的帆布篷和传送带，以承接果实，再使用强风压或强力振动机械，迫使果实由离层脱落，并用滚筒自动将果实送到分级包装机内。

为了便于机械采收，现在广泛研究用乙烯利、抗坏血酸、萘乙酸、放线菌酮等果实脱落剂促使果柄松动，让果实容易脱落以提高采收效果。如在一些枣产区，采收前 5~7d，全树喷布一次 200~300mg/L 乙烯利水溶液，喷药后 3~5d，果柄离层细胞逐渐解体，果实极易脱落。

（2）台式机械　是利用自动升降式、悬挂式的机械采果平台辅助人工采收果实，提高了人工采收效率。

**3. 采收注意事项**

（1）避免损伤　采收人员采收时应剪平指甲，轻拿轻放，装果容器内要加上柔软的衬垫物，以免损伤产品。

（2）时间选择　采收时间应选择晴天的早晨露水干后和午后气温较低时进行，利于保持新鲜品质。避免雨天、浓雾、正午和露水未干的天气采收，因为果面水分多而容易造成损伤或受病菌侵染。

（3）做好准备　采收前 7~10d 要停止喷药灌水，清理田间杂物等；准备采收工具、包装容器、运输工具等。

（4）分期分批　同一植株上的果实由于花期或所处的光照和营养状况不同，成熟早晚略有差异，因此要按照"先下后上，先外后内"的原则进行，菜豆、番茄、黄瓜等要分期分批采收。

## 二、园艺产品采后商品化处理

### （一）园艺产品的分级

**1. 分级的目的**

分级是采后处理的第一步，可以使园艺产品商品化，是保证园艺产品质量、便于包装贮运、利于销售和食用的过程，可帮助栽培者和经营者使产品更符合市场的要求，获得较高的经济效益。通过挑选分级，剔除有病虫害和机械伤的产品，可减少贮藏中的损失，减轻病虫害的传播，同时将剔除的残次品及时加工处理，降低成本和减少浪费。

**2. 分级的方法**

园艺产品的分级方法有人工分级和机械分级两种。

（1）人工分级　主要是通过目测或借助分级板、分级圈，按产品的颜色、大小将产品分为若干等级。其优点是可以最大限度地减轻园艺产品的机械伤害，适用于各种园艺产品；但工作效率低，级别标准不严格，在对颜色进行判断时往往有较大的偏差。

(2) 机械分级　主要是通过计算机控制进行分级，最大优点是工作效率高，适用于不易受伤的园艺产品。美国的机械分级起步较早，采用全自动光电比色分级机，从果实的清洗、涂膜上蜡以及根据颜色、大小、营养成分进行分级等，全部自动化。我国部分地方在苹果、柑橘等水果上逐步采用了机械分级机。分级机械设备主要有果径大小自动分级机、果实质量自动分级机和颜色自动分级机。

### (二) 园艺产品的预冷

#### 1. 预冷的作用

预冷是将园艺产品在运输或贮藏之前进行适当降温处理，以除去产品田间热，迅速降低品温的一种措施。预冷具有较高的经济价值，通过预冷减少了贮藏和运输过程中制冷设备的能耗，减少了蓄冷剂用量，降低了运输费用。预冷温度因园艺产品的种类、品种而异，一般要求达到或者接近贮藏的适温水平。预冷最好在产地进行，而且越快越好。特别是那些组织娇嫩、营养价值高、采后寿命短以及具有呼吸跃变的产品，如果不快速预冷，很容易腐烂变质。

预冷的生理意义在于如下几点。

① 降低呼吸活性，延缓衰老进程。

② 减少水分损失，保持鲜度。

③ 抑制微生物生长，减少病害。

④ 降低乙烯对产品的危害。

#### 2. 预冷的方法

(1) 自然冷却　自然冷却是将采收的园艺产品放在阴凉通风的地方，让其自然降温。这种方法比较经济，冷却时间长，降温效果差，但简便易行，可散去部分田间热，是生产上经常采用的预冷方法之一。

(2) 水冷却　水冷却是将园艺产品浸在冷水中或者用冷水冲淋产品，使其降温。冷却水有 0~3℃ 的低温水和自来水两种。水冷却所需时间较短、成本低，其冷水流量与冷却速度成正比，一般在 20~50min 内就可使产品品温降低到规定的温度，并可减少产品水分损失，适用于很多切叶类作物的预冷。因冷却水是循环使用的，需要在冷却水中加入一些防腐药剂，防止冷却水对产品造成污染。

(3) 冰冷却　冰冷却是将冰块放在园艺产品上，冰融化后流到底部起降温作用。此法适合耐低温的园艺产品，常在运输过程中采用。

(4) 真空冷却　真空冷却是将园艺产品置于真空罐内，随着真空罐内的气压下降，水的沸点也相应下降，使产品表面的水在真空负压下蒸发而冷却降温。真空预冷机由真空罐、蒸汽喷射泵和压缩机三个部分组成。此法是所有冷却方式中冷却速度最快的，但设备造价高，能造成部分水分和芳香物质损失，主要用于叶菜类蔬菜的冷却。

(5) 强制冷风冷却　强制冷风冷却是将园艺产品放在预冷室内，利用制冷机制造冷气，通过鼓风机使冷空气经过包装容器的气孔，冷空气流经产品表面，将产品的热量带走，从而达到降温的目的。此法成本较低，使用方便，冷却效率较高，冷却所用时间比一般冷库预冷快，但比水冷却和真空冷却所用的时间长，适合大部分的园艺产品。

（6）冷库冷却　　冷库冷却是将园艺产品放在冷库中降温的一种冷却方式。预冷期间，库内要保证足够的湿度，垛之间、包装容器之间都应该留有适当的空隙，保证气流顺利通过，否则预冷效果不佳。冷库冷却降温速度较慢，但其操作简单，成本低廉。

**3. 预冷注意事项**

（1）预冷要及时　　在产地采收后必须尽快进行预冷处理。

（2）方法要得当　　根据园艺产品的形态、结构选用适宜的预冷方法。

（3）温度要适宜　　为了提高冷却效果，要及时冷却和快速冷却，冷却的最终温度应该在冷害温度以上，不能造成冷害和冻害，预冷温度以接近最适贮藏温度为宜。

（4）速度要适合　　预冷速度与多因素有关，制冷介质与产品接触的面积越大，冷却速度越快；产品与介质之间的温差和冷却速度成正比，温差越大冷却速度越快，温差越小，冷却速度越慢；介质的周转率、种类也会影响冷却速度。

（5）贮藏要适当　　园艺产品预冷后要在适宜的贮藏温度下及时贮运，否则达不到预冷的目的，还会加速腐烂变质。

**（三）园艺产品的化学药剂处理**

化学药剂防腐保鲜处理，目前已经成为国内外园艺产品商品化不可缺少的一个步骤。化学药剂处理可以延缓园艺产品采后衰老，减少贮藏病害，防止品质劣变，提高保鲜效果。

**1. 果蔬的化学药剂处理**

（1）植物生长调节剂处理　　常用的植物生长调节剂有生长素类、赤霉素、青鲜素和细胞分裂素类。生长素类主要有2,4-D（2,4-二氯苯氧乙酸）、吲哚乙酸（IAA）和萘乙酸（NAA）等，如柑橘采后用100~200mg/L的2,4-D处理，可延长贮藏寿命；赤霉素能抑制果蔬的呼吸强度，推迟呼吸高峰的到来；青鲜素可以抑制马铃薯、胡萝卜、萝卜、洋葱的发芽；细胞分裂素类常用的有苄基腺嘌呤（BA）和激动素（KT），如用5~20mg/L的苄基腺嘌呤处理花椰菜、菠菜等蔬菜，可明显延长它们的货架期。

（2）化学药剂防腐处理　　常用的化学防腐剂有山梨酸（2,4-己二烯酸）、异菌脲（扑海因）、仲丁胺、联苯、二溴四氯乙烷、苯并咪唑类、二氧化硫及其盐类。山梨酸毒性低，一般使用浓度为2%左右，可以破坏许多重要酶系统的作用，抑制酵母、霉菌、好气性细菌的生长；异菌脲可用于香蕉、柑橘等采后防腐处理；仲丁胺的化学名称为2-氨基丁烷，主要有橘腐净、克霉灵、保果灵等产品，对龙眼、番茄、柑橘、苹果、梨等果蔬的贮藏保鲜具有明显效果；联苯能强烈抑制灰霉病菌、绿霉病菌、青霉病菌、黑蒂腐病菌等多种病害，对柑橘类水果具有良好的防腐效果；二溴四氯乙烷，也称溴氯烷，对青霉菌、轮纹病菌、炭疽病菌均有杀伤效果；苯并咪唑类主要包括多菌灵、托布津、特克多、苯莱特等，它们对青霉、绿霉等真菌有良好的抑制效果；二氧化硫及其盐类对葡萄防霉效果显著。

（3）其他处理

①钙处理：钙在调节果蔬组织的呼吸作用、延缓衰老、防止生理病害等方面效果显著。钙处理常用的化学药剂有氯化钙、硝酸钙、过氧化钙和硬脂酸钙等。一般用3%~5%的钙盐溶液浸果，也可将钙盐制成片剂装入果箱。

②抗氧化剂处理：二苯胺（DPA）、乙氧基喹和丁基羟基茴香醚（BHA）等抗氧化剂具有较好的防病效果。

③复方卵磷脂保鲜剂处理：卵磷脂广泛存在于动植物体中，以卵磷脂为主配成的生物保鲜剂，可以作为治疗某些疾病的营养补助剂。

④壳聚糖处理：常温下用低浓度壳聚糖处理猕猴桃、苹果、黄瓜等可以明显减少腐烂，延缓衰老，保鲜效果良好。

2. 花卉的化学药剂（保鲜剂）处理

（1）花卉保鲜剂的主要成分和作用

①碳水化合物：碳水化合物是切花的主要营养源和能量来源。蔗糖是保鲜剂中使用最广泛的碳水化合物之一，在一些配方中还采用葡萄糖和果糖。常将蔗糖置于保鲜液中，分别对采收后贮藏前、贮藏后上市前、上市后观赏时的切花进行保鲜处理。不同阶段、不同切花种类和品种，蔗糖的使用浓度也不相同。最适糖浓度还与处理方法和时间长短有关，一般保鲜液中的糖浓度与处理切花的时间成反比。不同的切花保鲜液中其糖含量也不同，一般预处理液大于催花液，催花液大于瓶插液。

②杀菌剂：花瓶水中的微生物大量繁殖后可阻塞花茎导管，影响切花吸收水分，并产生乙烯和其他有毒物质，会加速切花衰老，缩短切花寿命。最常用的杀菌剂是$\beta$-羟基喹啉盐类，特别是$\beta$-羟基喹啉柠檬酸盐使用效果十分显著，它可以抑制酵母、细菌、真菌的生长。噻菌灵（TBZ）是一种广谱杀真菌剂，通常与一种杀细菌剂混用。把花茎插在1000~1500mg/kg硝酸银溶液中数分钟，就能有效地延长一些切花的采后寿命。

③乙烯抑制剂：硫代硫酸银（STS）是目前花卉业使用最广泛的最佳乙烯抑制剂。硫代硫酸银的生理毒性较硝酸银低，对花朵内的乙烯合成有高效的抑制作用，并使切花对外源乙烯作用不敏感，可有效地延长多种切花的瓶插寿命。硫代硫酸银通常以混合的悬浮液状态被使用，将其喷洒在植株表面或添加在保鲜液中。但硫代硫酸银浓度过高或处理时间过长会对花瓣和叶片造成损害。由于硫代

硫酸银是一种很不稳定的化合物，通常都是由花卉保鲜者自行制备，其存放时间最好不要超过4周。氨基原氧基乙烯基甘氨酸（AVG）和氨基氧乙酸（AOA）均可拮抗组织中乙烯的产生，但 AVG 非常昂贵，尚未在商业中应用。

④生长调节剂：许多植物激素均会对花卉的衰老产生不同的影响。细胞分裂素可降低切花对乙烯的敏感性，抑制乙烯产生，从而延长切花寿命；生长素很少用于花卉保鲜剂；赤霉素对切花的寿命无明显的影响；脱落酸一般被认为是很强的生长抑制剂和衰老的刺激因子。由于植物激素价格昂贵，生产中主要采用的是对花卉保鲜效果大致相同的植物生长物质，常用的有苄基腺嘌呤（BA）、激动素（KT）、萘乙酸（NAA）等。

⑤其他延长采后寿命的化合物：柠檬酸、酒石酸和苯甲酸等有机酸能够降低水溶液的 pH，促进花茎水分吸收和平衡，减少花茎的阻塞。放线酮、叠氮化钠和整形素等抑制剂，可以抑制呼吸作用和某些生化过程。钾盐、钙盐、铜盐和锌盐等能抑制水溶液中微生物的活动，控制切花的某些生化反应和代谢活动。

⑥水：水中含盐量是影响切花质量和瓶插寿命的一个非常重要的因子，不同切花种类对含盐量的敏感性不同。水中特殊离子的存在及浓度、酸碱性也影响切花瓶插寿命。一般最好采用去离子水或蒸馏水浸泡切花，尤其是配制各种保鲜液，去离子水不含有污染物，配制的保鲜剂活性较稳定。如果没有去离子水，也可用煮沸、冷却并过滤的自来水。煮过的水中气体含量比冷水少，更易被切花茎吸收和向上运输。热水处理对于轻微萎蔫的切花效果尤佳，38～40℃热水可促进切花吸收。

（2）切花保鲜剂的种类

①预处理液：即在切花采切分级后，贮藏运输或瓶插前进行处理的保鲜液。其主要目的是促进花枝吸水，补充外来糖源，防止微生物的危害，延长瓶插寿命。预处理液一般要用去离子水配制，其成分有糖、杀菌剂、活化剂和有机酸。预处理液浓度一般较高，其最适浓度为香石竹10%，月季、菊花2%～3%。

②催花液：促使花蕾期采收的切花开花所用的保鲜液。一般在出售前喷施，其成分与预处理液相似，所用蔗糖浓度为1.5%～2.0%，杀菌剂浓度200mg/L，有机酸浓度70～100mg/L。处理在高湿度条件下进行，时间比预处液处理长，有的鲜切花需要结合补光措施。掌握好花蕾发育阶段最适宜的采切时间十分重要，采切时花蕾过小，即使使用催花液处理，花蕾也不能开放或不能充分开放。

③瓶插液：在零售展示或瓶插观赏时使用的保鲜液。瓶插液配方随切花种类而异，主要有糖、有机酸和杀菌剂。已用硫代硫酸银处理过的切花，就不必再行处理。水仙花等鲜切花在瓶插过程中从茎端分泌有害物质，会产生毒害，每隔一段时间应该更换瓶插液。

（3）切花保鲜剂处理方法

①吸水或硬化：用去离子水配制含有杀菌剂和柠檬酸（但不加糖）的溶液，

pH4.5~5.0，装在塑料容器内，先在室温下把切花浸在38~44℃热水中，呈斜面再剪截，后插在深10~15cm的同一温度的上述水溶液中，浸泡几个小时，继续插在水溶液中移至冷室中过夜。目的是使萎蔫的切花恢复细胞膨压。

②茎端浸渗：把茎末端浸在浓度约1000mg/L硝酸银溶液中5~10min，可防止切花茎端导管被微生物生长或茎自身腐烂引起阻塞而吸水困难，延长香石竹、菊花等切花的采后寿命。

③脉冲和填充：切花脉冲处理常用的化合物有糖类、杀菌剂（硝酸银或8-羟基喹啉柠檬酸盐）、硫代硫酸银、细胞激动素、赤霉素。把花茎下部置于含有较高浓度的糖和杀菌剂溶液（又称为脉冲液）中数小时至2d。目的是为切花补充外来糖源，对长期贮藏或远距离运输的切花作用更大。但脉冲液浓度过高，处理时间过长，处理时温度过高，均会导致花朵和叶片的伤害。把切花茎端插入20℃的硫代硫酸银溶液中处理20min，可有效抑制切花中乙烯的产生和作用。对于乙烯敏感的香石竹、百合等切花进入国际市场之前，都要求进行硫代硫酸银处理，但只进行一次。

### （四）园艺产品的包装

#### 1. 包装目的

包装是园艺产品标准化、商品化，确保安全运输和贮藏的重要措施。园艺产品含水量高，保护组织差，容易受到机械损伤和微生物侵染，采后的呼吸作用又会产生热量。因此，园艺产品采后容易腐烂，降低商品价值和食用质量。良好的包装可以保证产品的安全运输和贮藏，减少产品间的摩擦、碰撞、挤压造成的机械损伤，阻止水分丧失，防止产品受到尘土与微生物等不利因素的污染，缓冲环境温度急剧变化引起的不良影响，以便在运输和上市过程中保持产品的质量和良好的稳定性。

#### 2. 包装容器

包装容器应该具有美观、清洁、无异味、无有害化学物质、内壁光滑、质量轻、成本低、便于取材、易于回收及处理等特点。

果蔬的包装容器主要有纸箱、木箱、塑料箱、筐类、麻袋和网袋等。为了减少机械损伤，在果蔬包装过程中，经常还在果蔬表面包纸或在包装箱内加填一些衬垫物及使用抗压托盘。花卉常用的包装材料有纤维板箱、木箱、加固胶合板箱、板条箱、纸箱、塑料袋、塑料盘、泡沫箱等。

包装是商品的一部分，是贸易的辅助手段，为市场交易提供标准规格单位，免去销售过程中的产品过称或逐个计数；将产品包装在一起，组成一个较小的集体便于操作；合理的包装有利于充分利用仓储工作空间和合理堆码。

#### 3. 包装方法

（1）定位包装法　如苹果、梨用纸箱包装时，果实的排列方式有直线式和对角线式两种。果蔬在包装容器内有一定的排列形式，既可防止它们在容器内滚动和相互碰撞，又能使产品通风换气，并充分利用容器的空间。用筐包装时，常采用同心圆式排列。马铃薯、洋葱、大蒜等蔬菜常采用散装的方式等。

（2）制模放置法　将果实逐个放在固定的位置上，使每个包装能有最紧密的排列和最大的净质量，包装的容量可按果实个数计量。

（3）鲜切花的包装过程：①捆扎成束，我国鲜切花通常10枝、12枝、20枝或更多枝扎成一束。②以报纸、耐湿纸或塑料袋包裹，箱中衬以聚乙烯膜或抗湿纸以保持箱内的高湿度。③花朵应靠近两头，分层交替放置于包装箱内，层间应放纸衬垫，每箱应装满；但也不可过紧。④需要湿藏的鲜切花如月季、百合等，可以在箱底固定盛有保鲜液的容器，将切花垂直插入，或直接插入塑料桶中。湿藏的包装箱外必须有保持包装箱垂直向上的标识。⑤乙烯敏感型的切花，需要在包装箱内放入乙烯吸收剂。⑥水仙、唐菖蒲等切花包装和贮运需要垂直放置，以防止重力引起的尖部弯曲。

### 4. 包装注意事项

①包装应在冷凉的条件下进行，避免风吹、日晒和雨淋。

②包装时应轻拿轻放，装量要适度，防止过满或过少而造成损伤。

③不耐压的果蔬包装时，包装容器内应填加衬垫物，减少产品的摩擦和碰撞。

④易失水的产品应在包装容器内加衬塑料薄膜等。

⑤果蔬销售小包装可在批发或零售环节中进行，销售包装上应标明质量、品名、价格和日期。

⑥花卉包装的标签和发货清单必须易于识别，写清楚生产者、种类、品种或花色等必要信息。

## （五）其他处理方法

### 1. 清洗

清洗的目的是除去园艺产品表面的污物和农药残留以及杀菌防腐。最简单的方法是用水喷淋。去除污物常用1%稀盐酸加1%石油醚，浸洗1~3min；或200~500mg/L的高锰酸钾溶液，清洗2~10min。

### 2. 愈伤

愈伤是指采后给园艺产品提供高温、高湿和良好通风的条件，使其轻微伤口愈合的过程。园艺产品特别是块根、块茎、鳞茎类蔬菜，在采收的过程中常会造成一些机械损伤，容易引起腐烂。

园艺产品种类不同，其愈伤能力也不同。不同产品愈伤时的条件要求也有差异，如洋葱、大蒜等愈伤时要求较低的湿度；马铃薯愈伤的最适宜条件为温度21~27℃，相对湿度90%~95%；甘薯温度32~35℃，相对湿度85%~90%；大多数园艺产品愈伤的适宜条件为温度25~30℃，相对湿度90%~95%。

### 3. 晾晒

园艺产品含水量较高，对于大多数产品而言，在采后贮藏过程中应尽量减少其失水，以保持其新鲜品质，提高耐贮性。但是对于某些果蔬在贮前进行适当晾晒，反而可以减少贮藏中病害的发生，延长贮藏期。如葱蒜类、大白菜、哈密瓜等采后进行适当晾晒，贮藏期延长；柑橘特别是宽皮橘类，适当晾晒可明显减轻枯水病的发生。但晾晒过度，会降低耐贮性。

### 4. 催熟

番茄、猕猴桃、香蕉、菠萝、柑橘、柿子等园艺产品，采收时成熟度往往不一致，为了使产品以最佳成熟度和风味品质提前上市，需要对其进行人工处理，促进其后熟，这就是催熟。用来催熟的园艺产品必须达到生理成熟，催熟时一般要求较高的温度（21～25℃）、相对湿度（85%～90%）和充足的$O_2$，催熟环境应该有良好的气密性，还要有适宜的催熟剂。

此外，催熟室内的气体成分对催熟效果也有影响，二氧化碳的累积会抑制催熟效果，因此催熟室要注意通风。乙烯是应用最普遍的果蔬催熟剂，乙醇、熏香等也能促使果蔬成熟。

### 5. 脱涩

柿果等含有较多的单宁物质，完熟以前有强烈的涩味而不能食用，单宁存在于果肉细胞中，食用时部分单宁所在细胞破裂，可溶性单宁流出，与口舌黏膜上的蛋白质结合，产生收敛性涩味，因此必须经过脱涩处理才能上市。

柿果的脱涩机理就是将体内可溶性的单宁物质，通过与乙醛缩合变为不溶性单宁类物质的过程。影响脱涩的因素有品种、成熟度、处理温度、脱涩剂的浓度等因素。品种不同，柿果所含单宁的量不同，脱涩速度不同；温度高，果实呼吸作用强，产生乙醇、乙醛类物质多，脱涩快；在一定浓度范围内，果实脱涩随着脱涩剂浓度的升高而加快。

### 6. 涂膜处理

园艺产品的表面有一层天然的蜡质保护层，往往在采后处理或清洗时受到破坏。涂膜即在园艺产品表面人工涂一层薄膜。涂膜可抑制果实气体交换、降低呼吸作用、延缓后熟、减缓代谢、保持硬度、减少水分散失，抑制病原微生物的侵入，改善果蔬外观，提高商品价值。

常用的涂膜剂种类很多，大多数都是以食用石蜡和巴西棕榈蜡作为基础原料。食用石蜡可以很好地控制失水，而巴西棕榈蜡能使果实产生诱人的光泽。还可以在涂膜中加入化学防腐剂，起防止水分蒸发和抑菌等作用。

涂膜的方法有浸涂法、刷涂法和喷涂法。涂膜处理分为人工涂膜和机械涂膜两种。二者相比，机械涂蜡效率高、涂抹均匀，果面光洁度好，果面蜡层硬度易于控制。

涂膜注意事项：①涂膜要厚薄均匀适当，过厚会影响呼吸，导致呼吸代谢失调，引起生理病害，腐烂变质。②一般情况下只是对短期贮运的果蔬或上市之前进行涂膜处理，否则会给产品的品质带来不良影响。

## 三、园艺产品商品化运输

园艺产品的运输可分为陆路运输、水路运输和空中运输。运输是动态贮藏，运输过程中产品的振动程度，环境中的温度、湿度和空气成分都会对运输效果产生重要影响。因此，园艺产品对运输的整体要求是成本低、投资少、速度快、运量大，受环境和季节的影响小。在实现运输现代化的过程中，如何发挥各种运输方式的优势，综合利用各种运输方式的长处，做到合理运输则具有重要意义。

### （一）运输原则

**1. 快装快运**

园艺产品采后是活体，仍然在进行新陈代谢，不断消耗体内的营养物质，容易积聚热量，必须快装快运，以保持新鲜品质。

**2. 轻装轻卸**

园艺产品含水量高（65%~96%），表面保护组织差，很容易受到机械损伤，具有易腐性，从生产到销售要经过多次集装和分配，一定要轻装轻卸。

**3. 防热防冻**

温度过高，呼吸强度增高，产品衰老加快；温度过低，产品容易产生冷害和冻害。故应注意防热防冻。

### （二）运输工具

**1. 公路运输**

公路运输是我国最常用的短途运输方式，其灵活性强、速度快，但劳动生产率低、成本高、运量小、耗能大。主要有各种大小的汽车、拖拉机等。在发达国家由于高速公路网遍及各地，汽车性能好，组织服务规范，因而公路运输在园艺产品运输中占有相当的地位。

**2. 水路运输**

利用各种轮船进行水路运输，运载量大、行驶平稳、成本低、耗能少，尤其是海运，是最便宜的运输方式。我国幅员辽阔、江河纵横，海岸线长，江河湖海之滨多为新鲜水果、蔬菜盛产之地，因此水路运输是园艺产品运输的重要途径，以冷藏船为代表的水路运输是园艺产品出口的重要运输渠道。

**3. 铁路运输**

铁路运输的特点是运输量大，速度快，连续性强，适合于长途运输。目前约占我国园艺产品运输的30%，运价低，受季节性变化的影响小。铁路运输中一般采用普通篷车、无冷源保温车、冷藏车、集装箱四种。其中集装箱是当今世界上发展非常迅速的一种运输工具，其抗压强度大，能反复使用，可机械化装卸，产品不易受伤害。集装箱按功能可分为普通集装箱、冷藏集装箱、冷藏气调集装箱、冷藏减压集装箱等。

#### 4. 航空运输

航空运输的特点是运输中振动小、产品损伤小、速度快，平均送达速度比铁路高 6~7 倍，比水运高 29 倍；但其成本高、装载量小，适合经济价值高、急需特供、鲜度下降快的高档园艺产品运输。

### （三）运输时的注意事项

#### 1. 注意温度

在长途运输中，运输沿线的外界气温有很大差别。要视具体情况先用冷藏运输，在途中的适宜区段采用不制冷的保温运输或通风运输，当在严寒地段降温超过允许范围时，要采用加温防寒运输，确保货物温度的稳定。使用机械冷藏车运输时，在途中每隔一定时间做好温度记录。铁路运输规定记录温度的时间间隔为 2h，每隔 6h 填写一次冷藏车作业单。

#### 2. 注意通风

通风的目的在于排除园艺产品运输途中释放的水分、二氧化碳、乙烯等气体，保证产品不受有害气体的伤害，同时释放热量，帮助调节车内温度。寒冷季节一般不进行通风，尤其当外界温度低于零下 10℃ 时停止一切通风，以免冻坏产品；热季通风应在夜间或清晨进行，否则不宜通风或需要进行空气的预冷。为调节温度而通风时应根据货物温度确定通风量，外界气温过低时应在白天作业且通风要缓慢，以免冻坏产品。

果蔬运输时最好使用冷链系统，最大限度地保持果蔬品质。运输工具要彻底消毒，快装快运，堆码稳当，注意通风，避免挤压。花卉运输时切花应无虫害和螨类，如果切花上有虫害，可用内吸式杀虫剂或杀螨剂处理；对灰霉病敏感的切花应在采前或采后立即喷布杀菌剂，以防止该病在运输过程中发生；运输前用杀菌剂、抗乙烯剂和生长调节剂的保鲜剂作短时脉冲处理，这样有益于包装运输的切花。

**实操训练**

## 实训三　测定果实的硬度

### （一）实训目的

学会果实硬度的测定方法。

## （二）测定原理

质地是果蔬的重要属性之一，它不仅与产品的食用品质密切相关，而且是判断许多果蔬贮藏性与贮藏效果的重要指标，果蔬硬度是判断质地的主要指标。果实硬度是指果实单位面积（$A$）承受测力弹簧的压力（$N$），它们的比值定义为果实硬度（$P$，$P = N/A$）。测定果实的硬度，目前多用硬度计法。

## （三）材料与工具

测定材料为苹果、梨等有一定硬度的果蔬。

硬度计：外壳是一个带有隙缝的圆筒，沿隙缝安有游标。隙缝两侧画有刻度，圆筒内装有轴，其一端顶有一个弹簧，另一端旋有压头，当压头受力时，弹簧压缩，带动光标，从光标所指的刻度读出果实的硬度读数。压头有两种，截面积有所不同，大的为 $1cm^2$，小的为 $0.5cm^2$。目前国内常用的果肉硬度测量仪有两种：一种是长筒式 HP–30 型，也称泰勒硬度计；另一种是圆盘式 GY–1 型硬度计。

## （四）实训步骤

（1）指针复原　测量前转动表盘，使驱动指针与表盘的第一条刻度线对齐（GY–1 型的为刻度线 2，GY–2 型和 GY–3 型的为刻度线 0.5）。

（2）去皮　将果实待测部分的果皮削掉。

（3）对准部位　硬度计压头与削去果皮的果肉相接触，且与果实切面垂直。

（4）加压　左手紧握果实，右手持硬度计，缓缓增加压力，直到果肉切面达压头的刻度线为止。

（5）读数　这时游标尺随压力增加而移动，它所指的数值即表示 $1cm^2$（或 $0.5cm^2$）上的压力。每个果实测相对应的 2~4 个点，结果取平均值。

## （五）注意事项

（1）测定果实硬度，最好是测定果肉的硬度，因为果皮的影响往往掩盖了果内的真实硬度。

（2）加压时，用力要均匀，不可转动加压，也不能用猛力压入。

（3）探头必须与果面垂直，不要倾斜压入。

（4）果实的各个部位硬度不同，所以，测定各处的果实硬度时，必须采用同一部位，减少部位间的误差。

## （六）实训思考

（1）本次实训中你最大的收获是什么？

（2）还可以用哪些方法测定果实硬度？

# 实训四　催熟与脱涩果实

## （一）实训目的
学会果实的催熟与脱涩方法。

## （二）实训原理
某些果蔬由于自身的生理特性，不能在植株上正常成熟；有的为了提早上市，需要早采，采收后进行催熟。果蔬催熟是采取一些人工措施，并配合适宜的温度，以提高酶活力，增强果蔬的呼吸作用，促进其成熟过程。

## （三）材料与工具
涩柿、香蕉、番茄（由绿转白）、酒精、乙烯利、石灰、温水、温箱、聚乙烯薄膜袋（0.08mm）、干燥器、温度计等。

## （四）实训步骤
（1）涩柿脱涩

①温水脱涩：取柿子 10~20 个，放入小盆中，加入 45℃ 温水淹没柿子，上压竹篦不使其露出水面，将小盆置于温箱中，将温度调至 40℃，经 16h 取出，用小刀削下柿子果顶，品尝有无涩味，如有涩味可继续处理。

②石灰水脱涩：用清水 50kg，加石灰水 1.5kg，搅匀后稍加澄清，吸取上层清液，将柿子淹没其中，经 4~7d 取出，观察脱涩效果及脆度。

③自然降氧脱涩：将柿子放于 0.08mm 厚聚乙烯薄膜袋内，封口，将袋子放于 22~25℃ 的环境中，经 5d 后，解袋观察脱涩效果、腐烂程度及脆度。

④乙烯利脱涩：将乙烯利配成 500mg/kg 的水溶液，将果实浸于溶液中，取出自行晾干，置于果筐（箱）中密封，于 20~25℃ 条件下放置 4~6d，观察脱涩效果。

（2）香蕉催熟

①乙烯利催熟：将乙烯利配成 1000~2000mg/kg 的水溶液，取香蕉 5~10kg，将香蕉浸于溶液中，取出自行晾干，置于果筐（箱）中密封，于 20~25℃ 条件下 3~4d 观察脱涩及色泽变化。

②对照：用同样成熟的香蕉 5~10kg，不加处理，置于同样的温度条件下，观察脱涩及色泽变化。

（3）番茄催熟

①酒精催熟：番茄于转白期采收，用酒精喷洒果面，放于果箱中密封，于 20~24℃ 环境中观察其色泽变化。

②乙烯利催熟：将番茄喷上 500~800mg/kg 的乙烯利水溶液，用塑料薄膜密封，于 20~24℃ 环境中观察其色泽变化。

③对照：用同样成熟的番茄，不加处理，置于同样的温度条件下，观察其色泽变化。

## 实训五　商品化处理果实

（一）实训目的

学会果蔬采收后商品化处理的主要方法。

（二）测定原理

果蔬采后进行商品化处理，可以改善果蔬的感官品质、提高其耐藏性和商品价值。

（三）材料与工具

苹果、柑橘、葡萄、分级板、天平、包装纸、包装盒、包装箱、恒温干燥箱、清洗盆、小型喷雾器、刷子、1% 稀盐酸、洗洁精、吗啉脂肪酸盐果蜡（CFW 果蜡）或 0.5%~1.0% 高碳脂肪酸蔗糖酯、亚硫酸钠、硅胶粉剂。

（四）实训步骤

（1）分级　将苹果、柑橘进行严格挑选，将病虫害、腐烂果剔除，然后根据颜色和大小分级。苹果分级从直径 65~90mm，每相差 5mm 为一个等级；柑橘分级从直径 50~85mm，每相差 5mm 为一个等级。葡萄将其果穗中的烂、小、绿粒摘除，根据果穗紧实度、成熟度、有无病虫害和机械伤、能否表现出本品种固有的颜色和风味等，将其分为三级。

（2）清洗　用 1% 的稀盐酸和洗洁精分别对苹果和柑橘进行清洗，最后用清水将其冲洗干净，放入恒温干燥箱烘干（温度 40~50℃）。

（3）涂膜上蜡　采用 0.5%~1.0% 的高碳脂肪酸蔗糖酯或吗啉脂肪酸盐果蜡进行涂膜处理，可将涂膜剂装入喷雾器喷涂果面，或用刷子刷涂果面，也可直接将果实浸入涂膜剂液中浸染 30s，然后晾干。

（4）包装　涂膜处理后的苹果和柑橘分别进行单果包纸，再装箱；经过挑选分级的葡萄，装入有垫物的纸箱中，同时按果重的 0.2% 称取亚硫酸钠、0.6% 称取硅胶粉剂，然后混合，分成若干个纸包，放入葡萄箱的不同部位，放入冷库贮藏。

（五）实训思考

总结本次实训的成功和不足之处各是什么。

> 项目思考

1. 简述园艺产品成熟度的识别方法。
2. 园艺产品在采收过程中应注意哪些问题？
3. 简述园艺产品采后商品化处理的主要方法和流程。
4. 保鲜防腐剂的种类有哪些？如何使用？
5. 园艺产品运输中应注意哪些事项？

# 项目三　园艺产品的贮藏方式

### 知识目标

1. 掌握园艺产品贮藏的主要方式，了解各种贮藏的基本设施。
2. 熟悉简易贮藏、机械冷藏和气调贮藏的基本原理。
3. 掌握简易贮藏、机械冷藏和气调贮藏的贮藏特性、贮藏条件、操作管理及病害防治。
4. 掌握主要园艺产品对贮藏环境的温度、湿度、气体成分的要求，学会典型园艺产品贮藏保鲜的最适宜方法。

### 技能目标

1. 学会常见园艺产品的贮藏保鲜方法。
2. 能够根据园艺产品的贮藏特性，设计一个合理的贮藏实施方案。
3. 能够对园艺产品贮藏环境中的温度、湿度及 $O_2$、$CO_2$ 的含量进行测定。

### 学习重点与难点

重点：简易贮藏、机械冷藏和气调贮藏等贮藏方法的原理、特点和管理技术；典型园艺产品的贮藏技术要点。

难点：各种贮藏库的管理技术。

### 必备知识

各种园艺产品的贮藏方式依据贮藏场所的特点可分为简易贮藏、冷藏和气调贮藏等。无论哪种贮藏方式，其原理都是利用综合措施使园艺产品的呼吸、后熟和衰老过程延缓并防止微生物侵染，从而达到长期贮藏的目的。

## 一、园艺产品的简易贮藏

简易贮藏是利用自然低温来维持和调节适宜温度的一种贮藏方法。其特点是：结构简单，成本低廉，可因地制宜进行建造，是我国许多水果和蔬菜产区最广泛和普遍采用的贮藏方式之一。简易贮藏主要包括堆藏、沟藏（埋藏）、窖藏和通风库贮藏4种形式，另有冻藏、假植贮藏等。

### （一）堆藏

#### 1. 堆藏的方法

堆藏是将园艺产品直接堆放在地面上或浅沟里，或在荫棚下堆成圆形或长条形的堆（垛），然后在堆（垛）上进行覆盖的一种简易的短期贮藏方式。堆藏是在田间或空地上的临时性贮藏场所，所用覆盖物可因地制宜、就地取材，比如用土、秸秆等覆盖，以便维持垛内的适宜湿度，保持产品的水分，防止产品受热、受冻和风吹、雨淋。堆藏适用于较温暖地区的越冬贮藏，在寒冷地区可作秋冬之际的短期贮藏。

#### 2. 堆藏的结构和特点

堆藏应选择在地势平坦高燥、地下水位低、交通便利的地方进行。堆的高度和宽度可以根据气候特点、产品种类及用途而定，一般堆藏马铃薯和洋葱等蔬菜的堆高为2m，堆宽为1.5~2m，堆中间每1.5~2m设一个通风道，堆的长度不限，可视产品的多少而定，但也不宜太长，否则不利于操作管理。一般情况下，蔬菜的堆不能太宽太高，否则不易通风散热，较宽的堆必须设置底部通风道。菜堆一般堆成脊形顶，以防止倒塌，洋葱和大蒜等不易倒塌的可堆成长方形、平顶。

堆的方向在东北地区一般为南北延长，以便减少冬天的迎风面，使堆两侧受到的直射阳光较一致，堆内部各处的温度比较均匀。但是在冬季不太冷的华北地区，堆的方向则多采用东西方向延长，以便增大北风的迎风面，加强产品入贮初期的降温效果。根据气候变化情况，表面用土壤、芦苇席、秸秆、稻草等覆盖，维持适宜的温湿度，保持产品的水分。当气温过高或过低时，增减覆盖层的厚度。

由于堆藏的产品全部或大部分在地面上，受气温的影响很大，所以秋季容易降温，而冬季保温却较困难，在使用上有一定的局限性。

### （二）沟藏

#### 1. 沟藏的方法

沟藏也称埋藏，是在露天地上挖贮藏沟，其大小和深浅主要根据当地的地形条件、气候条件、园艺产品（主要是果蔬产品）的种类及贮量而定，下沟时间是以两三片叶稍微受冻的程度为宜，将果蔬产品堆放其中，再用土壤覆盖，利用土壤的保温、保湿性进行贮藏的一种方式。

#### 2. 沟藏的结构和特点

沟藏法以选择地势平坦干燥、土质坚实、地下水位较低、排水良好、交通方便的地方挖沟为宜，沟的方向在寒冷地区应南北长，温暖地区应东西长。沟深0.8~1.5m，寒冷地区宜深，温暖地区宜浅；沟宽1.0~1.2m，沟底要平整；长度因贮量和地形而定,一般不超过 30m。在沙质地挖沟时,需挖成倒梯形,以防倒塌。

在雨雪较多的地区,应沿沟的两侧设置排水沟。贮藏开始时盖薄土,天气转冷时增加覆盖层的厚度保温,当春季气温回升时结束贮藏。萝卜沟藏示意见图 3-1。

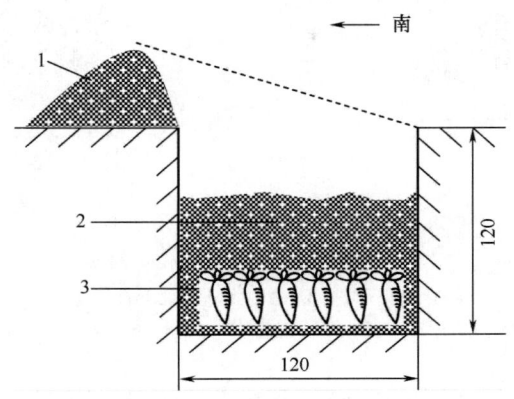

图 3-1 萝卜沟藏示意图(单位:cm)
1—土堆 2—覆土 3—萝卜

### (三)窖藏

窖藏是在沟藏的基础上发展起来的一种贮藏方式。与沟藏相比,其优点是可以自由进出和检查贮藏情况,它既能利用变化缓慢的土温,又可以利用简单的通风设备来调节窖内的温度和湿度,适用于贮藏多种园艺产品,贮藏效果较好。

**1. 窖藏的类型**

窖藏可分为棚窖、井窖和窑窖三种类型。

**2. 窖藏的设计**

(1)棚窖 棚窖分为地下式和半地下式两种,其形式和结构,因地区气候条件和贮藏产品而大同小异。较寒冷的地区多采用地下式,窖深 2.0~3.0m,温暖或地下水位较低的地方,多采用半地下式,入土深 1.5m。棚窖的宽度不一,宽度为 2.5~3.0m 的称作"条窖",4.0~6.0m 的称作"方窖"。窖的长度不限,视贮藏量而定,一般为 20~50m。窖顶用木料、竹竿等作横梁,有的在横梁下面立支柱,上面铺成捆的秸秆,再覆土踏实。棚窖内的温湿度是通过通风换气来调节的,因此建窖时需设天窗,在窖顶上开设若干个窖口(天窗),供贮藏产品出入和通风之用。大型的棚窖常在两端或一侧开设窖门,以便于贮藏产品出入库和贮藏初期的通风降温,也有的不另设窖门,将天窗兼作窖门用,见图 3-2。在北方常用于贮藏苹果、梨、马铃薯、萝卜、大白菜等产品。

(2)井窖 井窖多建在水位较低、土质黏重坚实的西北黄土高原地区。井

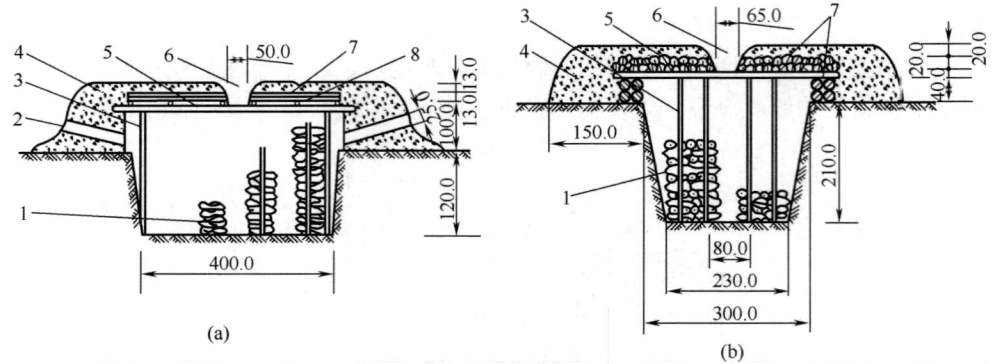

图 3-2 棚窖示意（单位：cm）
（a）半地下式（北京）　（b）地下式（沈阳）
1—大白菜　2—气孔　3—支柱　4—覆土　5—横梁　6—天窗　7—秫秸　8—檩木

窖的窖身深入地下，在选好的地块向下挖成直径约 1m 的井筒，深度一般为 3~4m，再从井底向周围挖一个或多个底宽 1~2m 的窖洞，井筒口应围土并做盖，四周挖排水沟（图 3-3）。井窖能充分利用土壤的弱导热性和干燥土壤的绝缘作用，保持适宜的温湿条件。室内室外都可以建窖，室内窖贮藏初期，窖温较高，腐烂严重；但开春后，窖内温度回升慢，适宜长期贮藏；而室外窖正好相反，适宜短期贮藏。

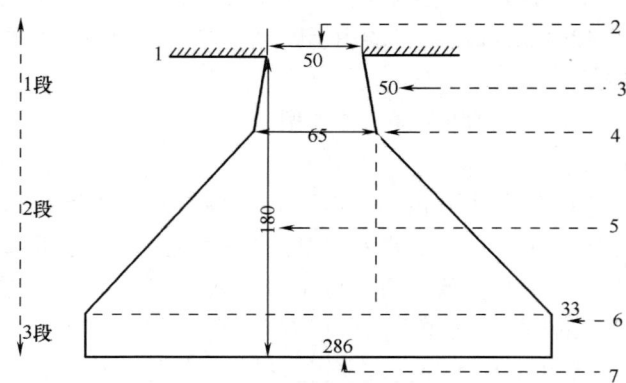

图 3-3 南充井窖示意（单位：cm）
1—地平面　2—窖口　3—窖颈　4—窖颈下口　5—全窖深度　6—窖底直径　7—窖底

（3）窑窖　窑窖即土窑洞，多建在丘陵山坡迎风处，要求土质坚实，可作为永久性的贮藏场所，是我国北方广泛应用的一种贮藏方式。窑窖通常由窑门、窑身和通风筒三部分组成，见图 3-4。

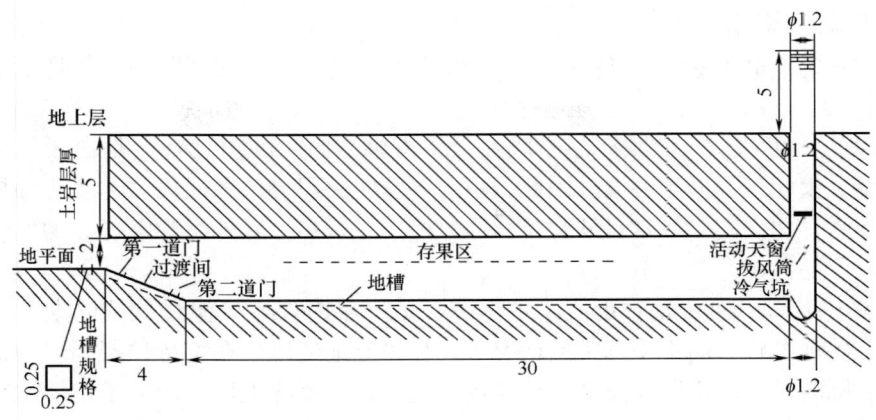

图 3-4　窑窖横剖面结构示意（单位：m）

①窑门：窑门是窑洞前端较窄的部分，高约 3m，与窑身高度保持一致，门宽 1.2~2.0m，门道长 4~6m。为了进出库方便，门道可适当加宽。门道前后分别设门，第一道门要做成实门，关闭时能阻止窑洞内外空气的对流，以防受热和遭冻；第二道门前要设棉门帘，以加强隔热保温效果。两道门的过渡间要设计成斜下坡，形成 1m 的坡度，在两道门的最高处分别留一个长约 50cm、宽约 40cm 的小气窗，以便在窑门关闭时热空气排出。

②窑身：窑身是贮藏园艺产品的部分。窑身长为 30~60m，过短则窑温波动较大，过长则窑洞前后温差增大，管理不便。窑身宽为 2.6~3.2m，窑身高度要与窑门一致，一般为 3.0~3.2m。窑身的横断面要筑成尖拱形，两侧直立墙面高为 1.5m。这样的结构使得窑洞较为坚固，洞内的热空气便于上升集中于窑顶而排放。窑顶土层厚度要求在 5m 以上，这样才能有效地减少地面温度变化对窑温的影响。

③通风筒：窑洞的通风筒（拔风筒）设于窑洞的最后部，从窑底向上垂直通向地面。筒的下部直径为 1.0~1.2m，上部直径为 0.8~1.0m，高度不低于 10.0m。通风筒地面出口处应筑起高约 5m 的砖筒。在通风筒下部与窑身连通的部位设一活动天窗，用以控制通风量。通风筒的作用主要是促使窑洞内外热冷空气流的对流，达到通风降温的目的。

**3. 窑藏的管理**

产品在入窑前，先要对空窑体尤其是旧窑进行彻底地清洁并消毒杀菌处理，原因是贮藏窑内存在着大量的有害微生物，易导致贮藏的产品发生侵染性病害。首先，要做到不在窑内随便扔果皮果核，清除有害微生物生存的条件。其次，在产品全部出库后或入库前，对窑体和贮藏所用的工具和设施进行彻底的消毒处理。一般采用熏蒸法，即每 1m³ 用硫黄 10~15g 点燃发烟熏蒸或喷洒 1% 的甲醛溶液，密闭 2~3d，开门通风后即可入贮。贮藏用具用 0.5% 的漂白粉溶液浸泡

0.5h 后晒干备用。

贮藏的产品经挑选、防腐保鲜、预冷后入库。整个贮藏期的管理分三个阶段。

(1) 入窖初期　贮藏产品一般在秋季入窖，此时的温度特点是白天气温高于窖温，夜间气温低于窖温。因此，白天要及时关闭窖口和通风筒，防止外界热空气侵入；而夜间要经常打开窖口和通风筒，尽量多导入外界冷空气，加速降低窖内及产品温度。

(2) 贮藏中期　此时正值严冬季节，是一年内外界气温最低的时期。这期间要在保证贮藏产品不受冻害的情况下，尽可能地通风，在维持贮藏要求的适宜低温的同时进一步不断地降低窖体四周的土温，加厚冷土层，使冷量积蓄在窖体内。蓄冷量越大，则窖体保持低温时间越长，越能延长产品的贮藏时间。

(3) 贮藏后期　贮藏后期的春季，窖外温度逐步回升，为了保持窖内的低温环境，管理措施是：在外温高于窖温时紧闭窖门和通风筒，尽量避免或减少窖门的开启，减少窖内冷量流失；当有寒流或低温出现时，抓住时机通风，既可以降温，又可以排除窖内的有害气体。

### (四) 通风库贮藏

通风库贮藏是在棚窖的基础上演变而成的，也是利用自然昼夜温差，通过通风换气设备，导入库外冷空气，排除库内热空气、乙烯等不良气体，控制库内比较稳定、适宜的贮藏温度的一种贮藏方式，是砖、木、水泥结构的固定式贮藏设施，建造时设置了完善的通风系统和绝缘设施，因此降温和保温效果比棚窖大大提高。通风贮藏库是依靠自然条件来调节库内温度的，因此在使用上受到一定的限制。

#### 1. 通风库的类型

通风库分为地上式、半地上式、地下式和改良式四种类型。地上式通风库的库身全部建在地面上，库温受外界气温的影响较大，适合地下水位较高的地方。半地上式通风库的库身一部分在地面以下，一部分在地面以上，库温既受气温的影响，又受地温的影响，一般建在地下水位较低的地方。地下式通风库的库身全部建在地面以下，仅库顶露出地面，故库温主要受地温影响较大，保温性能好，但降温效果差，适合在冬季酷寒和地下水位低的地方。改良式通风库的库身建在地面以上，采用石头墙、水泥地面、钢筋水泥库顶。因其隔热性能好，温度与湿度比较稳定，变化幅度小，多数时间内库温可以保持在4℃左右，相对湿度可调到85%~95%。还可以在贮藏库上加盖住房，既可节约资金与土地，又能提高贮藏库的隔热保温性能。

目前，人们又发明了一种新型的贮藏库——控温式通风库，它是将改良通风库和机械制冷相结合，利用水作为热量中间交换体，克服了温度过低造成农产品冷害和相对湿度过低造成贮藏的产品失水严重的缺点。该库型3月份前可以充分利用自然冷风保持库房的低温高湿，3月份后利用机械制冷通风设施适当降低库温至10℃左右，并保持较高的湿度；比冷库大大节省能源消耗和降低成本，后期又能保持比改良通风库低得多的库温，是一种既能节省能源，又能保持适当贮藏低温的库型。

**2. 通风库的设计**

（1）库址及结构设计　通风贮藏库要求建筑在地势高燥的地方，最高地下水位要低于库底1m以上，四周通风良好，水电畅通，交通便利。通风库的建造方位要能够很好地利用自然气流，在我国北方贮藏库的方向以南北向为宜，这样可以减少迎风面，避免库温过低；在南方则以东西向为宜，这样可以减少阳光的直射对库温的影响，也有利于增大迎风面。

通风库多建成长方形，库长30~50m，宽9~12m，库内高度3.5~4.5m。贮量大的地方可按一定的排列方式建成一个通风库群。在北方较寒冷的地区建造大型的通风库群，通常是将全部库房分成两排，中间设中央走廊，库房的方向与走廊相垂直，库门开向走廊。中央走廊有顶及气窗，宽度为6~8m，两端设双重门（如图3-5）。中央走廊主要起缓冲作用，防止冬季寒风直接吹入库房内使库温急剧下降。库群中的各个库房也可单独向外界开门而不设共同走廊，视不同地区冬季的温度而定。如图3-5所示，库群中的每一个库房之间的排列方式有两种：分列式和连接式。分列式排列为每个库房都是一个独立的贮藏单元，库房间有一定的距离，每个库房都可以在两侧的库墙上开设通风口以提高通风效果，但建筑成本高。连接式排列是相邻库房之间共用一道侧墙，既降低了建筑成本，又缩小了占地面积；但每个库房不能在侧墙上开通风口。

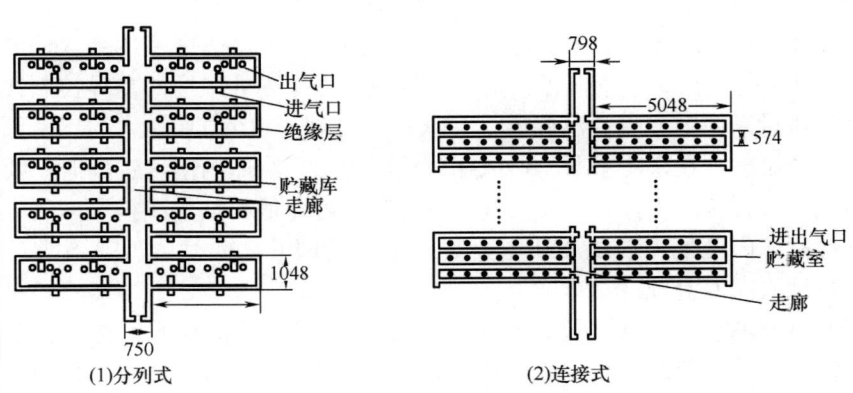

图3-5　通风库示意（单位：cm）

（2）隔热结构　为了维持库内稳定的贮藏温度，减少外界温度变动对贮藏温度的影响，通风库要有良好的隔热结构。通风库的隔热结构是指在库顶、库底、库墙、库门等部分敷设隔热材料，构成隔热层。库墙的建造一般采用夹层墙，即在两层砖墙之间填加刨木花、稻壳、炉渣等材料作隔热层，也可在库墙内侧贴软木板、聚氨酯泡沫塑料板等高效隔热材料。无论采用哪种方式，都要防止隔热层受潮发霉。常见的防潮措施有涂沥青防潮、挂油毡防潮和塑料薄膜防潮等。库门一般是在两层木板间填加锯末、蛭石等制成。库顶有人字形库顶、平顶和拱形顶三种形式。选用建筑材料时，要选择具有良好隔热性能的材料。隔热性能用热导率 [kJ/ (m·h·℃)] 来表示，即隔热材料厚度为1m，库内外温差为1℃，在1h内通过 $1m^2$ 表面积所传导的热量（kJ）。热导率小，隔热性能则越好。

（3）通风系统　通风贮藏库是以导入冷空气、排出热空气来降低库温的，库内贮藏的果蔬产品呼吸释放的 $CO_2$ 和乙烯都要靠良好的通风系统来及时排除。因此，通风设施在通风贮藏库的结构上是非常重要的组成部分，它直接影响着通风库的贮藏效果。通风系统主要指进气设施和排气设施，进气设施设置在库墙底部，并安装在主风方向的方位上；排气设施设置在库房上部或库顶，并伸出库顶1m以上，这样可以使进、排气口形成最大的垂直距离。

贮藏容量在500t以下的贮藏库，每50t应配有通风面积 $0.5m^2$。总通风面积一定时，气口小而多的系统比气口大而少的系统具有更好的通风效果，一般气口适宜大小为（25cm×25cm）~（40cm×40cm），气口的间隔距离为5~6m。

3. 通风库的使用与管理

（1）入贮准备　在产品入库之前及贮藏结束之后，贮藏库都须进行清扫、通风及消毒处理。消毒方法可用硫黄熏蒸法，每 $1m^3$ 容积用硫黄10g，加锯末搅拌，点燃发烟密闭熏蒸2~3d后，打开库门和通风系统彻底排除二氧化硫；也可用紫外线灯消毒或用0.3%多菌灵、退菌特喷洒消毒。

（2）温度湿度控制　入库初期主要是迅速降温。由于田间热及呼吸热，库内温度较高，此时应将门、窗及进气口、排气口打开，最大限度地导入外界冷空气，排除库内热空气，迅速降温。贮藏中期应根据库内外温度的差异控制通风的时间和通风量来调节库内的温湿度。春秋季节可利用夜间的最低气温进行通风，以降低库内温度。在寒冷季节，通风库以保温为主。当库内湿度过高时，要适当通风换气，进行排湿工作；当库内湿度过低时，可在地面洒水或挂湿麻袋、湿草帘，以提高库内湿度。贮藏后期主要是防止温度回升，此时管理上不宜过多通风，尽量延缓库温上升。

（3）质量检查　贮藏初期，产品腐烂较多，应经常检查腐烂情况，及时清除腐烂物；贮藏中期，产品腐烂相对较少，检查腐烂的次数应减少，以免影响库温和相对湿度的稳定；贮藏后期，库温回升，导致腐烂加重，应加强对腐烂和品质变化情况的检查，适时结束贮藏，减少损失。

（五）冻藏

冻藏是利用外界低温，使一些耐低温的蔬菜在贮藏期间始终保持在适度的冻结状态下的一种简易贮藏方法。冻藏是我国北方贮藏蔬菜的一种方式，适于菠菜、芫荽、芹菜等耐寒性较强的绿叶类蔬菜。

冻藏一般选择田间地头搭设荫障，也可选择在房屋、围墙、阳畦的风障北侧挖设埋藏沟。冻藏蔬菜要求适当晚播，植株健壮，并尽量在地面开始冻结时收获。收获时把蔬菜连根收获，去掉黄叶、烂叶，整理好后扎成捆，根朝上倒放在避阳的地方预贮，散去田间热。预贮时应稍加覆盖，以减少水分蒸发。待蔬菜体温降至0℃左右时，把成捆的蔬菜倒放在埋藏沟内（深约20cm），覆盖一层薄土，土厚以刚盖住蔬菜为度，不使蔬菜直接遭受冷风的吹袭。利用逐渐下降的气温，使蔬菜自然冻结。整个贮藏期保持冻结状态，无需特殊管理。有的地方在埋藏沟的底部挖上通气道，与沟外相通，蔬菜中部设高粱秆，使空气由通气道进入，经高粱秆排出。这种冻藏法有利于迅速降低蔬菜温度。

冻藏蔬菜一经冻结，便要求维持冻结状态直至取用为止。一冻一化不但会降低蔬菜的品质，还极易引起腐烂。冻结后切忌随意移动，避免造成机械损伤。解冻食用时，应放在1~2℃的温度下，缓慢解冻，虽需时间较长，但仍可恢复到新鲜的状态，并具有较好的品质。

（六）假植贮藏

假植贮藏是将田间生长着的植株体连根收获，密集地种植在田间沟或地窖内，利用外界低温维持植株处在极其微弱的生长状态的一种贮藏方法。假植贮藏的蔬菜虽处于极微弱的生长状态，但仍能从土壤中吸收少量的水分和养料，能较长期地保持蔬菜的新鲜品质，并随时可供应市场。

假植贮藏主要适用于较耐寒的蔬菜，如芹菜、莴苣、菜花、油菜、甘蓝等，在植株体已经长成，产品器官达到一定成熟度时，需要待气温降低后再收获。收获时应尽量保持植株体的完整性。贮藏时以单株或成簇形式摆放，但只能假植一层，不能堆积，株间应留出适当的空隙，以便通风换气。覆盖物与产品要有一定的空隙层，避免接触，影响贮藏。土壤干燥时，应及时灌水，以补充土壤水分的不足。民间生姜贮藏中的"浇姜法"就是一种典型的假植贮藏。

## 二、园艺产品的机械冷藏

机械冷藏是在具有良好隔热性能的贮藏场所内，利用机械制冷的手段将库内的热空气传送到库外，使库内维持适宜的温湿度，从而延长产品贮藏寿命的一种贮藏方式。它不受气候条件的影响，可终年维持库内需要的温湿度，是目前应用最广泛的园艺产品贮藏方式。

（一）机械制冷原理

机械冷藏的原理是借助机械制冷系统将冷藏库内的热量移出库外，使库内温度保持在适宜于产品贮藏的低温范围内。机械制冷是利用气化温度很低的制冷剂气化，来吸收贮藏环境中的热量，使库温迅速下降，再通过压缩机的作用，使之变为高压气体后冷凝降温，形成液体后循环的过程。

### 1. 制冷系统

整个制冷系统是冷藏库最重要的设备，是由制冷机械组成的一个密封循环系统，一般由蒸发器、压缩机、冷凝器和调节阀（膨胀阀）四部分组成（图3-6）。

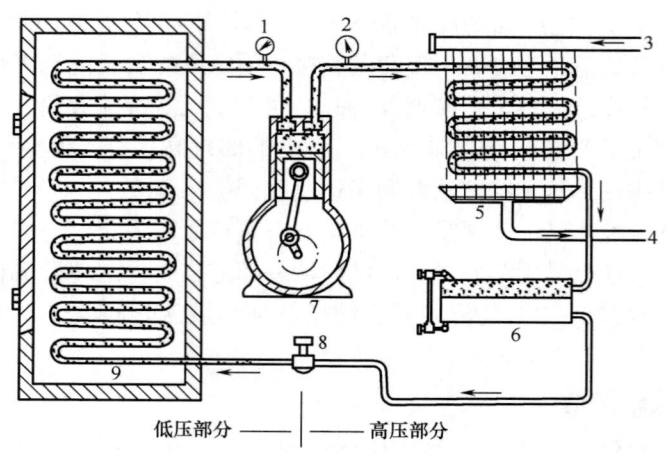

图3-6　制冷机工作原理示意（直接冷却系统）
1—回路压力　2—开始压力　3—冷凝水入口　4—冷凝水出口　5—冷凝器
6—贮液（制冷剂）器　7—压缩机　8—调节阀　9—蒸发器

蒸发器设在库内，由一定容积的盘管组成，盘管内含有制冷剂，制冷剂沸点一般较低（低于零度）。当系统工作时，库内的热量通过蒸发器管壁传递给制冷剂，制冷剂吸收热量，由液体蒸发成气体，这些气体被压缩机抽空并压缩成高温高压气体，此高温高压气体通过冷凝器放出热量冷凝成高压液体，高压液体经过调节阀减压后又进入库内盘管中蒸发，通过管壁继续吸收库内热量蒸发成气体。整个过程是利用制冷剂在库内气化吸热及在库外冷凝放热完成的。这个过程只要周而复始地进行下去，库内的热量就会不断地被制冷剂吸收并带出库外，使库温不断下降达到并保持在所要求的温度。在整个制冷系统中，压缩机起着心脏的作用，是冷冻机的主体部分。目前常用的是活塞式压缩机，压缩机通过活塞运动吸进来自蒸发器的气态制冷剂，将制冷剂压缩成为高压状态而进入冷凝器中。

### 2. 制冷剂

制冷系统运行时，库内的热量靠制冷剂来吸收。制冷剂在常温下为气态，且易于液化，利用它从液态吸热气化而实现制冷的目的。理想的制冷剂要具备沸点低、冷凝点低、对金属无腐蚀作用、不易燃烧、不爆炸、无刺激性、无毒、无味、易于检测、价格低廉等特点。常用制冷剂的物理特性见表3-1。

表 3-1 常用制冷剂的物理性能

| 制冷剂 | 化学分子式 | 正常蒸发温度/℃ | 临界温度/℃ | 临界压力/mPa | 临界比体积/($m^3$/kg) | 凝固温度/℃ | $c_P/c_V$ | 爆炸浓度极限/% |
|---|---|---|---|---|---|---|---|---|
| 氨 | $NH_3$ | -33.40 | 132.4 | 11.5 | 4.130 | -77.7 | 1.30 | 16~25 |
| 二氧化硫 | $SO_2$ | -10.08 | 157.2 | 8.1 | 1.920 | -75.2 | 1.26 | |
| 二氧化碳 | $CO_2$ | -78.90 | 31.0 | 7.5 | 2.160 | -56.6 | 1.3 | 不爆 |
| 一氯甲烷 | $CH_3Cl$ | -23.74 | 143.1 | 6.8 | 2.700 | -97.6 | 1.2 | 8.1~17.2 |
| 二氯甲烷 | $CH_2Cl_2$ | 40.00 | 239.0 | 6.5 | | -96.7 | 1.10 | 12~15.6 |
| 氟利昂-11 | $CFCl_3$ | 23.70 | 198.0 | 4.5 | 1.805 | -111.0 | 1.13 | 不爆 |
| 氟利昂-12 | $CF_2Cl_2$ | -29.80 | 111.5 | 4.1 | 1.800 | -155.0 | 1.14 | |
| 氟利昂-22 | $CHF_2Cl$ | -40.80 | 96.0 | 5.0 | 1.905 | -160.0 | 1.12 | 不爆 |
| 四氟乙烷 | $CH_2FCF_3$ | -26.1 | 101.1 | 4.1 | 0.002 | -103.0 | | |
| 二氟乙烷 | $CH_3CHF_2$ | -24.7 | 113.5 | 4.6 | | | | |
| 三氟甲烷 | $CHF_3$ | -84.4 | 26.1 | 4.8 | | -82.1 | | |
| 乙烷 | $C_2H_6$ | -88.60 | 32.3 | 5.0 | 4.700 | -155.0 | | |
| 丙烷 | $C_3H_8$ | -42.77 | 86.8 | 4.3 | | -160.0 | | |
| 水 | $H_2O$ | 100 | | | | 0 | | |
| 空气 | | -194.44 | | | | -187.1 | | |

\* $c_P$ 表示恒压；$c_V$ 表示恒容。

在压缩式制冷机中广泛使用的制冷剂是氨、氟利昂和烃类。氨主要用于大型、中型压缩冷冻机，其潜热比其他制冷剂高。但氨有毒，若空气中氨含量达0.5%（体积分数）时，人在其中停留0.5h就会引起严重中毒，甚至危及生命；若空气中氨含量超过16%，会发生爆炸性燃烧。此外，氨的比体积较大，其含水量不能超过0.2%，且对钢及其合金有腐蚀作用。

氟利昂-12（R12）是氟利昂制冷剂中应用较多的一种。R12具有较好的热力学性能，冷藏压力较低，采用风冷或自然冷凝压力0.8~1.2kPa；其标准蒸发温度为-29.8℃，用于中型、小型活塞式压缩机可获得-70℃的低温。氟利昂-22（R22）也是氟利昂制冷剂中应用较多的一种，主要用于小型制冷设备。R22的热力学性能与氨相近，正常蒸发温度为-40.8℃，通常冷凝压力不超过1.6mPa。R22不燃、不爆，使用中比氨安全可靠。R22的单位容积比R12高约60%，其低温时单位容积制冷量和饱和压力均高于R12和氨。但是氟利昂对臭氧层有破坏作用，目前已限制使用。

二氟乙烷、三氟甲烷和四氟乙烷是目前国际公认的替代R12和R22的新型环保制冷剂。这三类制冷剂都是不含氯的氟代烷非共沸混合制冷剂，无色气体，不破坏大气臭氧层，具有清洁、低毒、不燃、制冷效果好等特点。

### （二） 冷却方式

机械冷藏库的冷却方式有直接冷却、盐水冷却和鼓风冷却三种方式。

#### 1. 直接冷却

直接冷却又称直接蒸发，即将蒸发器直接安装在冷库中，利用制冷剂的蒸发降低库内温度。直接冷却的优点是冷却迅速，降温低。缺点是蒸发器上容易结霜，需经常除霜，否则将会影响蒸发器的冷却效果；库内温度不均匀，接近蒸发器处温度较低，远处则温度较高；此外，不断地降低库内温度的同时，冷藏库内的湿热气冷凝到蒸发器上结成霜，造成库内空气湿度比较低。

#### 2. 盐水冷却

盐水冷却是将蒸发器安装在冷库外的盐水池内，将盐水冷却后再输入安装在冷库内墙壁上的冷却管道，不断循环而降低库内温度。常用的盐水主要有氯化钠和氯化钙，20%的氯化钠水溶液可降至 $-16.5℃$，20%的氯化钙溶液则可降至 $-23℃$。盐水冷却方式可避免有毒及有臭味的制冷剂在库内泄漏而损害贮藏的产品和管理人员，但氯化钠和氯化钙溶液对金属都有腐蚀作用，并且由于盐水的存在，有相当数量的冷被消耗，以至于要求制冷剂必须在较低的温度下蒸发，这样就增加了耗电量。

#### 3. 鼓风冷却

鼓风冷却是将蒸发器安装在空气冷却器（室）内，借助鼓风机的作用，将贮藏库内的空气抽吸进入空气冷却器内而降温，再将已冷却的空气通过鼓风机送入贮藏库内，如此循环降低库温。鼓风冷却系统冷却迅速，库内温度、湿度较为均匀一致，并能在空气冷却的同时调节空气湿度。

### （三） 冷库设计

冷库可分为土建式冷库、装配式冷库和夹套式冷库等。

土建式冷库的墙、柱、楼板等主体采用钢筋混凝土结构，冷库墙内侧镶贴隔热层（或墙外侧贴绝热层）；当隔热层采用松散材料时，墙体则采用内夹隔热层的双层结构。

装配式冷库是在墙及屋顶面采用金属夹心隔热板进行保温隔热。这种夹心板通常采用两块薄金属板作框架，中间灌注聚氨酯泡沫塑料或聚苯乙烯泡沫塑料而成，具有安装简便、建造工期短及适应性强等优点，但保温效果较差。

夹套式冷藏库主要用于减少产品冷藏期间的干耗和保持库内温、湿度稳定。其在内墙与隔热层之间增加了一个内夹套结构，由设在冷库外的冷风机将冷风送入夹套中不断循环，将外部围护结构传入的热量带走，使热量难以侵入库内，因此库内温度均匀、稳定，而且食品干耗小，适宜用来冷藏非包装的水果和蔬菜，可以有效地防止食品表面干裂和皱缩等变质现象。

通常冷藏库要求有良好的隔热性、防潮性及抽气系统和一定的湿度环境。

### 1. 冷库的建筑设计

冷库以冷藏室为主体，另外还配有预冷间、加工间、休息间及工具存放间等各种附属用房。由于库外环境温度随自然界气温的变化，经常处于周期性波动（昼夜交替，季节交替）之中，加上冷藏库生产作业的需要，库门时常开启，货物时常进出，导致库内外就经常有热湿交换发生。因此，冷库在建筑设计上的主要方面是设法减少热流入库，实现保冷的目的。

冷藏室的隔热门应自动启闭，并在库房入口设空气幕，以减少开门时外界暖流侵入；平顶上设空气冷却器；各冷藏室有公共走廊连通，兼作缓冲间。园艺产品在冷藏库内贮藏一定时间后易积累二氧化碳、乙烯等不利贮藏的气体，库内需安装良好的排气系统，以便经常换入新鲜空气。建库时还要求库内配置喷雾器，以提高库内湿度，防止园艺产品失水；同时绝热层的适当位置设置隔气层或防水、防潮层。冷库的地面要有一定的强度以承受堆积产品和搬运车辆的压力，采用软木板作隔热材料时，其上下需敷设 7～8cm 厚度的水泥地面和地基，地基下层铺放煤渣石子以利排水。

### 2. 冷库的隔热

隔热层的设置主要是为减少热流入库，阻止冷库内外热量交换。隔热层应选择隔热性能好（热导率小）、造价低廉的隔热材料，还应具有质轻、防湿、防腐、防虫、耐冻、无毒、无异味、不变形等特性。隔热层要设在防潮层内侧，隔热层内侧再涂抹上一层水泥面或其他保护材料。隔热材料的敷设应当使绝缘层成为一个完整连续的整体，防止外界热的传入及水汽的累积。

隔热层的材料、厚度、施工技术等对冷藏库的隔热性能有重要的影响，选用优质的隔热材料和增加隔热层厚度是提高围护结构隔热性能的有效措施。

优质的隔热材料有：①软木，密度小、热导率小、无毒、难燃，但价格高，主要用于楼板、地面、设备和管道的隔热处理，及冻融循环频繁的部位；②自熄聚苯乙烯泡沫塑料，质轻、隔热性能好、吸水性小、耐低温、耐酸碱，可用于冷库墙壁、设备、管道的隔热层；③硬质聚氨酯泡沫塑料，质轻、强度高、吸水率低、热导率小、有自熄性、耐低温，且施工效率高，所形成的隔热层没有接缝，是一种比较好的冷库隔热材料，但价格偏高；④阻燃聚乙烯泡沫塑料，质轻、热导率小、尺寸稳定、防水性能好，是一种有良好发展前途的隔热材料；⑤海泡石（憎水性复合硅酸盐）保温涂料，是新开发的国家级新产品，该保温涂料是一种膏状体，干燥成形后为灰白色封闭网状结构物，热导率小，吸潮率低，抗老化、抗化学腐蚀、阻燃性能较好，是一种较有发展前途的新产品，目前应用于管道保温及围护结构隔热，效果良好。

隔热材料厚度的要求，一般以软木板的厚度为标准，通常墙壁适宜的厚度为 10cm 左右，地板为 5cm 左右，库顶由于日光照射可适当增加隔热材料的厚度。

隔热层的施工方法有三种形式。一是在现场敷设隔热层。二是采用预制隔热嵌板。预制隔热嵌板的两面是镀锌铁（钢）板或铝合金板，中间夹着一层隔热材料，隔热材料大多用硬质聚氨酯泡沫塑料。隔热嵌板固定于承重结构上，嵌板接缝一般采用灌注发泡聚氨酯来密封。三是在现场喷涂聚氨酯，将异氰酸和聚醚两种材料同时喷涂于墙面，两者立即发生化学反应而发泡，形成所需要厚度的隔热层。此方法可形成一个整体的隔热层，无接缝，且施工速度快。

**3. 冷库的防潮**

由于冷藏库的库内外温差较大，很容易在围护结构的内外侧存在水蒸气分压差。库外空气中的水蒸气将不断通过围护结构向库内渗透，水蒸气遇冷将在材料的孔隙中凝结成水或冻结成冰，使隔热材料受潮而降低甚至丧失隔热性能。为此，必须在外围护结构中进行防潮处理，以减少或隔绝水蒸气的渗透，确保隔热材料不受潮。防潮处理主要是在外墙、屋顶、地坪等外围护结构中正确设置隔气层。隔气层应设置在温度较高的一侧，这样可防止温度较高、水蒸气分压较大一侧的空气向围护结构内渗透。施工时应注意将整个围护结构的隔气层连在一起，不得间断或脱干，这样隔气层才能起到有效的防潮作用。

冷库中常采用石油沥青、油毛毡等作隔气防潮材料。目前，有些冷库不专设隔气层。由于新建冷库的保温多采用聚氨酯现场发泡施工的办法，聚氨酯本身防水性能好，可以不专设隔气层。但随时间的延长，聚氨酯隔热层会逐步老化和受潮，热阻降低。为避免和延缓聚氨酯受潮，有效的方法是在隔热层的热侧作密封处理，相当于形成隔气层。简单的办法是对聚氨酯的现场发泡工艺提出具体的规范，利用聚氨酯现场发泡的表面光滑、坚韧且密封效果好的特点，要求现场发泡时先在墙面上发出薄薄的一层，要求表面光滑无孔隙，然后在此基础上分层发泡，人为地形成多个密封层，有助于延长聚氨酯的寿命。实践证明，冷库围护结构绝热层设计的成功与失败，主要取决于其隔气层是否能有效地防止水蒸气的渗入和通过。

### （四）冷库管理

**1. 消毒**

园艺产品腐烂的重要原因是冷藏库内有害菌类污染，因此在冷藏库使用前必须进行全面的消毒。常用的消毒方法有以下几种。

（1）乳酸消毒　将浓度为80%~90%的乳酸和水等量混合，按每$1m^3$库容用1mL乳酸的比例，将混合液倒入瓷盆内于电炉上加热，待溶液蒸发完毕，关闭电炉，关闭库门熏蒸6~24h，通风换气，即可使用。

（2）过氧乙酸消毒　将20%的过氧乙酸按每$1m^3$库容用5~10mL的比例，放入容器内于电炉上加热促使其挥发熏蒸，或按以上比例配成1%的水溶液全面喷雾。因过氧乙酸有腐蚀性，使用时应注意对器械、冷风机和人体的防护。

（3）漂白粉消毒　将含有效氯25%~30%的漂白粉配成10%的溶液，按每

$1m^3$ 库容用 40mL 上清液的量喷雾。使用时注意防护，用后库房必须通风换气除味。

（4）福尔马林消毒　按每 $1m^3$ 库容用 15mL 福尔马林溶液的比例，将福尔马林放入适量高锰酸钾或生石灰中，稍加适量水，待发生气体时，将库门密闭熏蒸 6~12h。开库通风换气后，方可使用库房。

（5）硫黄熏蒸消毒　用量为每 $1m^3$ 库容用硫黄 5~10g，拌入适量锯末，置于陶瓷器皿中点燃发烟密闭熏蒸 24~48h 后，彻底通风换气。

此外，库内所有用具用 0.5% 的漂白粉溶液或 2%~5% 硫酸铜溶液浸泡、刷洗、晾干后备用。

### 2. 入库

园艺产品刚收获时由于田间热较高，进入冷藏库之前必须先进行预冷，在较短时间内快速冷却到最适贮藏温度，否则会引起严重的腐烂败坏。进入冷库的产品应先用适当的容器包装，再移入库内按一定的方式堆放，尽量避免散贮方式。库内产品堆放的总要求是"三离一隙"。"三离"指的是离墙、离地面、离天花板。离墙是指产品堆垛距离墙约 20cm；离地是指产品不能直接堆放在地面上，要架起一定的高度，使空气能在垛下形成循环，利于产品各部位散热；离天花板是指产品堆放的高度，距离天花板应留约 80cm 的空间。"一隙"是指产品垛与垛之间及堆垛内应留适当空隙。"三离一隙"的目的是为了使库内的空气流通，以利降温和保证库内温度分布均匀。

### 3. 温度管理

温度是决定新鲜产品机械冷藏成败的关键。产品入库后应尽快冷却到适宜的贮藏温度，延迟入库时间或冷库温度下降缓慢，不能及时达到贮藏温度，都会明显缩短产品的贮藏寿命。入库后在整个贮藏期应尽量维持贮藏库内的温度稳定。温度波动过大，贮藏环境中的水分会发生过饱和和结露现象，造成产品失水加重。液态水的出现有利于微生物的活动和繁殖，易导致病害发生，腐烂增加。

园艺产品的种类和品种不同，其适宜的贮藏温度也有差别。如各种花卉的贮藏温度就存在很大差异。一般来说，起源于热带及亚热带的花卉适宜的冷藏温度分别为 7~15℃ 和 4~7℃，起源于温带的花卉适宜的冷藏温度为 0~1℃。常见的切花如月季、菊花、香石竹、唐菖蒲的贮藏温度都在这一低温范围内。在相对湿度 85%~90%、温度 0℃ 时，菊花切花可保鲜 30d，2℃ 保鲜 14d。

各种水果和蔬菜的适宜贮藏温度也有很大差异。适合 0℃ 左右贮藏的果蔬有绝大部分根茎类、叶菜类蔬菜和水果，如白菜、菠菜、胡萝卜、苹果、葡萄等；适合 10℃ 左右贮藏的果蔬有番茄、黄瓜、菜椒、苦瓜、荔枝等；适合 10℃ 以上贮藏的果蔬有香蕉、柠檬等，低温贮藏容易使之变黑、腐烂。如果贮藏温度高于最适温度，将会加快后熟衰老过程，缩短贮藏期；如果贮藏温度低于最适温度，将导致冷害和冻害的发生。冷藏库的温度要求分布均匀，可在库内不同的位置安放温度计，以便观察和记载冷藏库内各部分的温度情况，避免局部产品受害。

**4. 湿度管理**

贮藏园艺产品的相对湿度要求在85%~95%。在制冷系统运行期间，湿空气与蒸发管接触时，蒸发器很容易结霜，而经常性的冲霜会使冷藏库内湿度不断降低，常低于贮藏果蔬对湿度的要求。因此，贮藏园艺产品时要经常检查库内的相对湿度，采用地面洒水和安装喷雾设备或自动湿度调节器的措施来调节库内的空气相对湿度。

一些冷藏库出现相对湿度偏高，这主要是由于冷藏库管理不善，产品出入频繁，以致库外含有绝对湿度较高的暖空气进入库房，在较低温度下形成较高的相对湿度，甚至达到"露点"，而出现"发汗"现象，解决这一问题的方法在于改善管理。

**5. 通风换气管理**

园艺产品在贮藏期间会释放出许多有害物质，如$CO_2$、乙烯等，当这些物质积累到一定浓度后，会使贮藏产品受到伤害。因此，冷藏库必须要适度通风换气，既保证库内温度均匀分布，又降低库内积累的$CO_2$和乙烯等气体的浓度，避免贮藏产品受伤害。一般选择在气温较低的早晨进行通风，雨天、雾天等外界湿度过大时不宜通风，以免引起库内温度、湿度发生较大的波动，在通风换气的同时应开动制冷机以减缓库内温度、湿度的升高。

### 三、园艺产品的气调贮藏

气调贮藏是指通过调整和控制贮藏环境的气体成分和比例以及环境的温度和湿度来延长贮藏产品的寿命和货架期的一种贮藏方式，是目前国际上园艺产品保鲜的现代化贮藏手段。

**（一）气调贮藏的原理与特点**

气调贮藏的原理是在维持园艺产品的正常生命活动的前提下，通过各种调节方式得到不同于正常大气组成的调节气体，以此来抑制贮藏产品本身引起产品劣变的生理生化过程或抑制作用于贮藏产品的微生物活动过程。

鲜果采收后仍是一个有生命的活体，在贮藏过程中仍然进行着正常的以呼吸作用为主导的新陈代谢活动，主要表现为果实消耗$O_2$，同时释放出一定量的$CO_2$和热量。在环境气体成分中，$CO_2$和由果实释放出的乙烯对果实的呼吸作用具有重大影响，降低贮藏环境中的$O_2$浓度和适当提高$CO_2$浓度可以抑制果实的呼吸作用，从而延缓果实的成熟、衰老，延长果实的贮藏期。气调贮藏能在适宜的低温条件下通过改变贮藏环境的气体成分、相对湿度，最大程度地创造果蔬贮藏的最佳环境，其效果表现在以下方面：气调贮藏营造的低氧（一般$O_2$含量为1%~5%）、适当$CO_2$浓度能有效地抑制呼吸作用，减少果蔬中营养物质的损耗，以抑制其对果蔬的催熟作用，延缓后熟和衰老过程；增加环境气体中的相对湿度，以降低果蔬的蒸腾作用，较低的温度和低氧、高二氧化碳能够抑制果实乙烯的合成和削弱乙烯对果实成熟衰老的促进作用，从而减轻或避免某些生理病害的发生，延长果蔬贮藏保鲜的时间。

气调贮藏按其调节气体的方法不同可分为人工气调贮藏和自发气调贮藏。人为调节 $O_2$ 和 $CO_2$ 含量指标的方式称为人工气调贮藏（controlled atmosphere storage，简称 CA 贮藏）；而将产品置于密封的容器中依靠其呼吸代谢来改变贮藏环境的气体组成，基本不进行人工调节的气调贮藏称为自发气调贮藏或限气贮藏（modified atmosphere storage，简称 MA 贮藏）。

### （二）气调贮藏的条件

气调贮藏多用于园艺产品的长期贮藏。因此，无论是外观或内在品质都必须保证原料产品的高质量，才能获得高质量的贮藏产品，取得较高的经济效益。入贮的产品要在最适宜的时期采收，不能过早或过晚，这是获得良好贮藏效果的基本保证。另外，只有呼吸跃变型果蔬采取气调贮藏才能取得显著效果。园艺产品的贮藏寿命除受贮藏品种本身的遗传特性影响外，还受环境因素的影响。气调贮藏是在一定温度条件下进行的，在控制空气中的 $O_2$ 和 $CO_2$ 含量的同时，还要控制贮藏的温度，并且使三者得到适当的配合。

#### 1. 温度

对延缓呼吸、延长产品贮藏寿命作用最大的因素是温度，应根据贮藏产品的种类和品种来确定适宜的贮藏温度。原则上应在保证贮藏产品正常代谢不受干扰破坏的前提下，尽量降低温度，并力求保持其稳定。特别是在接近 0℃ 的范围，温度稍微波动都会对呼吸产生刺激作用，果蔬的气调贮藏中，选择的温度通常要比普通空气冷藏温度高 1～3℃，这是因为这些植物组织在 0℃ 附近的低温下对 $CO_2$ 很敏感，容易发生 $CO_2$ 伤害，在稍高的温度下，这种伤害就可以避免。例如，苹果在常规冷藏的适宜温度是 0℃，如果用 0℃ 再加以高 $CO_2$ 和低 $O_2$ 的气调贮藏，则苹果会出现 $CO_2$ 伤害等病症；如在气调贮藏时，其贮藏温度提高到 3℃ 左右，就可以避免 $CO_2$ 伤害。

#### 2. 气体含量

（1）氧含量　对于新鲜果蔬，低氧浓度有利于延长果蔬的保存期，低氧还能延缓叶绿素的分解作用。气调贮藏中，$O_2$ 浓度一般以能维持正常的生理活性、不发生缺氧（无氧）呼吸为底限，但应不低于其临界需氧量。引起多数果蔬无氧呼吸的临界氧气浓度为 2%～2.5%。

（2）$CO_2$ 含量　提高 $CO_2$ 浓度对于果蔬一般会产生下列效应：降低导致成熟的合成反应（蛋白质、色素的合成）；抑制某些酶的活性（如琥珀酸脱氢酶、细胞色素氧化酶），延长贮藏期；还可减少挥发性物质的产生；干扰有机酸的代谢；减弱果胶物质的分解；抑制叶绿素的合成和果实的脱绿；改变各种糖的比例。刚采摘的苹果大多对高 $CO_2$ 和低 $O_2$ 的忍耐性较强，在气调贮藏前给以高浓度 $CO_2$ 处理,有助于加强气调贮藏的效果。高浓度的 $CO_2$ 还可以明显抑制腐败微生物的生长,且抑菌效果会随 $CO_2$ 浓度的升高而增强。将采后的果实放在 12~20℃ 环境下,$CO_2$ 浓度维持 90%,经 1~2d 可杀死所有的介壳虫,而对苹果没有损伤。但 $CO_2$ 浓度过高(超过 15%),也会产生不良效应。一般水果气调的 $CO_2$ 水平应控制在 2%~3%,蔬菜的应控制在 2.5%~5.5%。$CO_2$ 的最有效浓度取决于不同种类的园艺产品对 $CO_2$ 的敏感性,以及其他因素的相互关系。

(3) $O_2$、$CO_2$ 和温度的互作效应 由于果蔬的呼吸作用会随时改变已经形成了的 $O_2$ 和 $CO_2$ 浓度比例,同时,各种果蔬在一定的温度条件下都有一个能承受的 $O_2$ 浓度下限和 $CO_2$ 浓度上限,因此,在气调贮藏中,选择和控制合适的气体配合比例及温度是气调操作管理中的关键点。不同的园艺产品都有各自最佳的贮藏条件组合(表 3-2),但这种最佳组合不是一成不变的。当某一条件因素发生改变时,可以通过调整其他因素来弥补由这一因素的改变所造成的不良影响。

表 3-2 部分园艺产品的气调贮藏条件

| 种类 | $O_2$量/% | $CO_2$量/% | 温度/℃ | 备注 |
| --- | --- | --- | --- | --- |
| 元帅苹果 | 2~3 | 1~2 | -1~0 | 德国斯托尔 |
|  | 5.0 | 2.5 | 0 | 澳大利亚 |
| 金冠苹果 | 2~3 | 1~2 | -1~0 | 美国 |
|  | 2~3 | 3~5 | 3 | 法国 |
| 巴梨 | 4~5 | 7~8 | 0 | 日本 |
|  | 0.5~1 | 5 | 0 | 美国 |
| 柿 | 2 | 8 | 0 | 日本 |
| 桃 | 3~5 | 7~9 | 0~2 | 日本 |
| 香蕉 | 5~10 | 5~10 | 12~14 | 日本 |
| 草莓 | 10 | 5~10 | 0 | 日本 |
| 番茄(绿) | 2~4 | 0~5 | 10~13 | 北京 |
|  | 2~4 | 5~6 | 12~15 | 新疆 |
| 菜椒 | 3~6 | 3~6 | 7~9 | 沈阳 |
|  | 2~5 | 2~8 | 10~12 | 新疆 |
| 蒜薹 | 2~3 | 0~3 | 0 | 沈阳 |
|  | 2~5 | 2~5 | 0 | 北京 |
|  | 1~5 | 0~5 | 0 | 美国 |

(4) 乙烯含量 乙烯是果蔬在成熟和后熟过程中自身产生并释放出来的一种气体,是一种促进呼吸、加快后熟的植物激素,对采后贮藏的果蔬有催熟作

用。在对乙烯敏感的水果贮藏中，应将乙烯去除。因此，果蔬贮藏中既要设法抑制乙烯产生，又要消除贮藏库内乙烯积累。低氧可以抑制乙烯的生成。$CO_2$是乙烯的类似酶反应的竞争抑制剂，通过降低贮藏环境中的$O_2$浓度，提高$CO_2$浓度，能达到减少乙烯生成量、降低乙烯作用的目的。对贮藏库内积累的乙烯，有效的脱除方法为化学除乙烯法、空气氧化去除法和臭氧除乙烯法。化学除乙烯法是在清洗装置中充填乙烯吸收剂，常用的乙烯吸收剂是将饱和高锰酸钾溶液吸附在碎砖块、蛭石或沸石分子筛等多孔材料上，乙烯与高锰酸钾接触，因氧化而被去除。该方法简单，费用极低；但除乙烯效率低，且高锰酸钾为强氧化剂，会灼伤皮肤。空气氧化去除法是利用乙烯在催化剂和高温条件下与氧气反应生成二氧化碳和水的原理去除乙烯。目前，较为先进的臭氧除乙烯技术正逐步取代高温催化型乙烯机，该技术最大的优势是在低温状态下工作，不会引起库温的波动。

#### 3. 相对湿度

气调库的相对湿度是影响贮藏效果的另一因素，维持较高的相对湿度，可以降低果实与周围大气之间的蒸气压力差，从而减少贮藏产品的水分损失。气调贮藏库的相对湿度比冷藏库高，一般在90%~93%，增加湿度是气调贮藏库普遍需要采取的措施。理想的气调加湿途径是充分增大制冷剂的蒸发面积，这样可保持气调库中较大的相对湿度。另一个增湿的方法是设置加湿器，该设备有离心式、超声式等结构，目前使用较多的是超声波加湿器，它利用高频振荡原理将水雾化，然后送入库内增加空气湿度。

### （三）人工气调贮藏的方法

人工气调贮藏（CA贮藏）是指在相对密闭的环境和冷藏的基础上，根据贮藏产品的需要，采用机械气调设备，人为地调节贮藏环境中气体成分的浓度并保持稳定的一种贮藏方法，由于$O_2$和$CO_2$的比例能够严格控制（$O_2$含量2%~5%，$CO_2$含量3%以上），而且能做到与贮藏温度密切配合，因而贮藏效果好。

#### 1. 气调库

气调库是在传统冷藏库的基础上发展起来的，因此，一方面，它同样要求传统冷藏库所具有的良好的隔热性、防潮性。气调贮藏库一般采用预制隔热嵌板建造库房。嵌板两面是表面呈凹凸状的金属薄板（镀锌钢板、镀锌铁板或铝合金板等），中间是隔热材料聚苯乙烯泡沫塑料，采用合成的热固性黏合剂，将金属薄板牢固地粘结在聚苯乙烯泡沫塑料板上。嵌板用铝制呈工字形的构件从内外两面连接，在构件内表面涂满可塑性的丁基玛琋酯，使接口完全、永久地密封。在墙脚、墙角与天花板墙角等转角处，皆用直角形铝制构件连接，并用特制的铆钉固定。这种预制隔热嵌板，既可以隔热防潮，又可以作为隔气层。

另一方面气调库体具有自身的特点，最主要的就是要求库体具有气密性，减少与外界气体的交换，以利于人为调节库内气体成分。库内壁喷涂泡沫聚氨酯（聚氨基甲酸酯），可获得优良的气密结构并兼有良好的保温性能，在现代气调库建筑中广泛使用。喷涂5.0~7.6cm厚的泡沫聚氨酯可相当于10cm厚聚苯乙烯的保温效果。在喷涂前应先在墙面上涂一层沥青，然后分层喷涂，每层厚度约为1.2cm，直至喷涂达到所要求的厚度。库门要求既要保温，又要密封。现代化库房都使用机械操作，库门很大，不容易做到密封。常用的做法是设一道门或设两道门，第一道门是保温门，第二道门是密封门，并且在门上设观察窗和手洞，方便观察和从库内取样。

另外要考虑安全性，由于气调库是一种密闭式冷库，当库内温度降低时，其气体压力也随之降低，库内外两侧就形成了气压差。此外，在气调设备运行以及气调库气密试验过程中，都会在围护结构的两侧形成压力差。若不把压力差及时消除或控制在一定的范围内，将对围护结构产生危害。为保证库房的气密性，可设置气压袋。气压袋常做成一个软质不透气的聚乙烯袋子，体积约为贮藏容积的1%~2%，设在贮藏室的外面，用管子与贮藏室相通。贮藏室内气压发生变化时，气压袋会膨胀或收缩，因而可以始终维持贮藏室内外气压基本平衡。但这种设备体积大，占地多，现多改用水封栓，保持10mm厚的水封层，贮藏库内外气压差超过98.1Pa（10mm水柱）时便起自动调节作用（图3-7）。

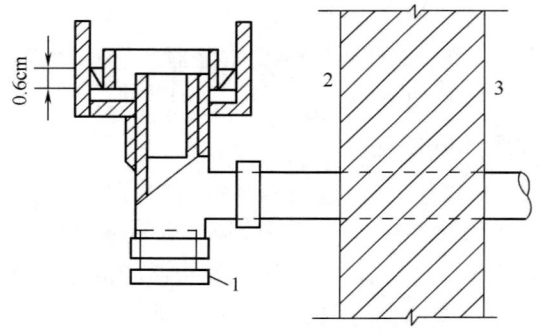

图3-7 水封装置
1—帽子 2—库外 3—库内

### 2. 调气设备

调气设备是气调贮藏中最主要的设备，库内气体调节主要通过调气设备来完成。调气设备主要包括制氮设备、$CO_2$清除装置、乙烯脱除装置。调节气体的主要设备是制氮机，有燃烧式、碳分子筛式和中空纤维膜制氮机。其中，中空纤维膜制氮机利用中空纤维膜，对不同大小的分子，进行有选择性的分离，将压缩空气中的氮与氧分离，达到气调的目的。由于其技术性能优越，产品质量可靠，价格低廉，已被广泛选用。园艺产品气调贮藏时须不断地排除气调库内积累过多的$CO_2$，常用的$CO_2$消除系统有NaOH洗涤器、消石灰吸收器、活性炭吸收器等。此外，贮藏产品自身释放的某些挥发性物质，如乙烯和芳香酯类，在库内积累也会产生有害影响,乙烯可采用饱和高锰酸钾溶液或溴化活性炭除去。

除了上述主要设备外,为了获得满意的贮藏效果,往往还需要一些其他的设备,主要包括:①湿度调节系统,对于多数园艺产品来说,气调冷藏库会出现相对湿度过低的情况,因此需要加湿器;②气体循环系统,主要是使贮藏库内各部位的温度和气体成分趋于更加均匀一致;③$O_2$和$CO_2$分析及记录仪器,贮藏期间要经常测定空气中$O_2$和$CO_2$的含量,以便及时予以调整。

### 3. 气调贮藏库的管理

贮藏期间的管理主要是指在整个贮藏过程中调节控制好库内的温度、相对湿度、气体成分和乙烯含量。

(1) 同一贮藏库内应入贮相同品种、相同成熟度的产品。如果一个品种不能充满贮藏库,要以其他品种补足时,也应贮入相同采收期和对贮藏条件有相同要求的品种。决不允许将不同种类、不同品种的产品混放在同一贮藏库内,以免释放的乙烯及其他有害气体相互作用而影响贮藏品质。

(2) 果蔬入库时不宜一次装载完毕,因果蔬释放的田间热和呼吸热,加上冷库门长时间开放引入外界的大量热气会使库温升高并在很长时间内降不下来,影响贮藏效果。因此,要分批入库,每次入库量不应超过库容的20%,库温上升不应超过3℃。对已经通过预冷处理的果蔬,可以酌情增加每次的入库数量。

(3) 贮藏产品应合理堆码,以利于气体流通。要达到均匀降温的目的,产品与墙壁、产品与地面之间需留出20~30cm的空气通道,产品与库顶之间所留空间一般应在80cm以上(视库容大小和结构而定),此外,产品的垛与垛之间也应留出一定的间隙,以利通风降温。堆垛的行向应与空气流通方向一致。如果库容量不大,也可以不分垛。每垛当中,箱与箱之间要留有1.5~2cm宽的间隙。堆码时还应离开蒸发器约2m的距离,因蒸发器附近的湿度过低常会产生低温伤害。堆码时除留出必要的通风和通道之外,应尽可能地将库内装满,减少库内气体的自由空间,从而加快气调速度,缩短气调时间,使贮藏产品在尽可能短的时间内进入气调贮藏状态。

(4) 随时注意库内温度、湿度、氧气与二氧化碳含量的变化,并维持这些指标在规定范围内,同时要注意预防冷害、二氧化碳中毒、缺氧与霉变等。当进入气调状态后,尽量避免频繁开门进出货,最好一次或短期内分批出完。

### (四) 自发气调贮藏的方法

随着塑料薄膜被大规模使用,气调贮藏进一步发展形成了现代自发气调贮藏技术。自发气调贮藏(MA)是利用果实自身呼吸与薄膜的选择透气性产生一定的气调环境,采用具有特定透气性的薄膜包装采后果蔬,依靠果蔬自身消耗$O_2$、产生$CO_2$的特性,降低包装袋内$O_2$浓度,同时维持袋内一定的$CO_2$浓度,既起到了气调作用又避免了建造气调库的高昂费用。自发气调贮藏的投资少,操作简便,适合各类瓜果的中小量贮藏和包装销售,其优越性已为世界范围内大量研究和应用所证明,成为许多国家主要的园艺产品贮藏保鲜手段。

采用自发气调贮藏进行果蔬贮藏一般同时存在两个过程:①果蔬的生理生化作用(包括产品内或附着于产品表面的微生物的活动)导致其与包装层内气体之间的气体交换过程;②包装层内气体与包装层外大气之间的气体交换过程。这两种交换过程使得自发气调包装成为一个动态系统。在一定条件下,这种动态系统可以实现动态平衡,即产品与包装内气体的交换速率与包装内气体通过包装层与大气的交换速率相等。

目前常用的塑料薄膜是符合卫生标准的聚乙烯、聚氯乙烯和聚丙烯塑料,这些塑料透水性低、透气性高、无毒。采用塑料薄膜进行包装,不仅能够延缓产品衰老、减轻生理病害、降低腐烂率、减少病虫害,还可以防止机械损伤,提高其商品性。

### 1. 塑料大帐密闭贮藏

塑料大帐密闭贮藏也称大帐法,是将园艺产品堆垛的周围用塑料薄膜封闭进行贮藏的方法。塑料薄膜一般选用 0.12mm 厚的无毒聚氯乙烯薄膜或 0.075~0.2mm 厚的聚乙烯塑料薄膜。具体做法是先在贮藏库地上垫上衬底薄膜,其上摆放垫木,然后将园艺产品用通气的容器盛装,码成垛,容器之间留一定的通气孔隙。码好的垛用塑料薄膜帐罩住,帐子和垫底薄膜的四边互相重叠卷起并埋入垛四周的土中,或用土、砖等压紧,也可以用活动贮藏架在装架后整架封闭(图3-8)。调节气体的方法有自然降氧、人工降氧和人为供二氧化碳自然降氧。

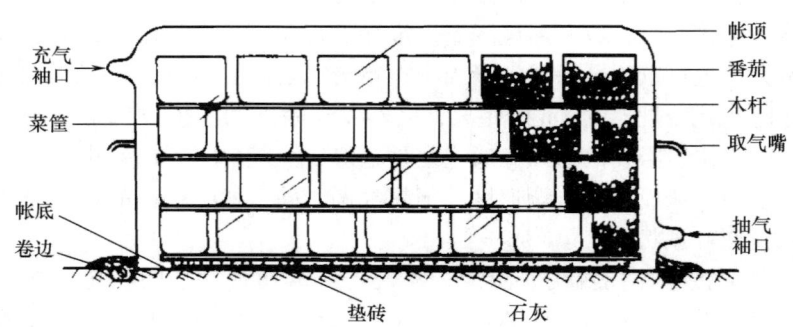

图 3-8 塑料薄膜大帐密闭贮藏示意

在塑料帐的两端设置袖口(用塑料薄膜制成),供充气及垛内气体循环时插入管道之用。为使器壁的凝结水不侵蚀贮藏产品,应设法使封闭帐悬空,不使之贴紧产品。帐顶可做成屋脊形,避免凝结水滴到产品上。因呼吸热帐内的温度比库温高0.1~1℃,帐内的湿度接近饱和,塑料膜内侧常有一些凝结水珠,有利于病菌的活动。封闭容器内四周的温度因受库温的影响而较低,中部的温度则较高,这就会发生内部气体的对流,其结果是较暖的气体流至冷处,降温至露点以下,便析出部分水气形成凝结水,这种气体再流至暖处,温度升高,饱和差增大，因而又会加强产品的蒸腾作用。这种温、湿度的交替变动，就像有一台无形的抽水机，不断地把产品中的水抽出来变成凝结水。也可能并不发生空气对流，而由于温度较高处的水气分压较大，该处的水气会向低温处扩散，同样导致高温处的产品脱水而低温处的产品凝水。所以薄膜封闭贮藏时，一方面是帐（袋）内部湿度很高，另一方面产品仍然有较明显的脱水现象。解决这一问题的关键在于力求库温保持稳定，尽量减小封闭帐（袋）内外的温差。

2. 薄膜袋密闭贮藏

薄膜袋密闭贮藏也称袋封法，是将产品装在塑料薄膜袋内，扎紧袋口或热合密封的一种简易气调贮藏法。定期放风的塑料袋用 0.06~0.08mm 厚的聚乙烯薄膜作封闭袋，定期检查袋内的气体组成，当达到规定的 $O_2$ 下限或 $CO_2$ 上限时，打开袋口进行放风，再扎口封闭继续贮藏；不放风的塑料袋，薄膜厚度为 0.03~0.05mm，有比较好的透气性，在不长的时间内可维持适宜的 $O_2$ 和 $CO_2$ 浓度，适用于短期贮藏、长途运输或零售。近年开发的保鲜袋具有一定的透气性和吸湿性，可完全达到园艺产品所要求的贮藏条件，适宜袋封法。

3. 硅橡胶窗气调贮藏

该贮藏法是将果蔬贮藏在镶有硅橡胶窗的聚乙烯薄膜袋内，利用硅橡胶特有的透气性，使密封袋内过量的二氧化碳通过硅窗透出去，自动调节气体组成的一种贮藏方法。硅橡胶是一种有机硅高分子聚合物，具有特殊的透气性。硅橡胶薄膜对 $CO_2$ 的透过率是同厚度聚乙烯膜的 200~300 倍，是聚氯乙烯膜的 20000 倍。而且，硅橡胶膜对气体具有选择性透性，其对 $N_2$、$O_2$ 和 $CO_2$ 的透气性比例为 1:2:12，同时对乙烯和一些芳香物质也有较大的透气性。利用硅橡胶膜特有的透气性能，使密封袋（帐）中过量的二氧化碳通过硅窗透出去，园艺产品呼吸过程中所需的氧气可从硅窗中缓慢透入，这样就可保持适宜的氧气和氮气浓度，创造有利的气调贮藏条件。

硅橡胶窗面积的大小决定于园艺产品的种类、成熟度、贮藏数量、贮藏温度和所要求的气体。根据果蔬的质量和呼吸强度，硅橡胶窗的面积可用经验公式计算：

$$硅橡胶窗面积 = \frac{果蔬质量 \times 释放的二氧化碳量}{硅橡胶二氧化碳的渗透系数 \times 预期的二氧化碳浓度}$$

**实操训练**

# 实训六　测定园艺产品贮藏环境中的氧气和二氧化碳

（一）　实训目的

学会使用奥氏气体分析仪，掌握用奥氏气体分析仪对贮藏环境中 $O_2$ 和 $CO_2$ 进行测定的方法。

### (二) 测定原理

采后的果蔬仍是一个有生命的活体，在贮藏中仍然不断地进行呼吸作用，这必然影响到贮藏环境中 $O_2$ 和 $CO_2$ 的含量，如果 $O_2$ 过低或 $CO_2$ 过高，或者二者比例失调，会破坏园艺产品的正常生理代谢，缩短贮藏寿命。特别是在调节气体成分贮藏中，要随时掌握贮藏环境中 $O_2$ 和 $CO_2$ 含量的变化，使二者比例适宜。

测定 $O_2$ 和 $CO_2$ 的方法有化学吸收法与物理化学测定法。前者是用奥氏气体分析仪或改良奥氏气体分析仪，以 KOH 溶液吸收 $CO_2$，以焦性没食子酸碱性溶液吸收 $O_2$，从而测出它们的含量。后者是应用 $O_2$ 和 $CO_2$ 测试仪表进行测定。本实训介绍奥氏气体分析仪的使用操作方法，利用此方法可测定各种果蔬的呼吸系数。

### (三) 材料与工具

(1) 实训材料 苹果、梨、香蕉、番茄、黄瓜等各种水果蔬菜；2kg 塑料薄膜袋、胶管、铁夹等。

(2) 试剂 氢氧化钾、焦性没食子酸、甲基橙、氯化钠、盐酸、液体石蜡等。

①氧吸收剂的配制 称取 30g 焦性没食子酸和 30g 氢氧化钾，分别溶解于 70mL 蒸馏水中，冷却后将焦性没食子酸溶液倒入氢氧化钾溶液中，再加蒸馏水至 200mL，即为焦性没食子酸碱性溶液。

②二氧化碳吸收剂的配制 称取氢氧化钾 60g，溶于 140mL 蒸馏水中，定容至 200mL，配成浓度为 30% 的氢氧化钾溶液。

③指示液的配制 在调节瓶中，装入 200mL 80% 的氯化钠溶液，滴入 2~3 滴 0.1~1.0mol/L 的盐酸溶液，再滴加 2 滴 1% 甲基橙指示剂，形成玫瑰红色的指示液。当碱液从吸收瓶中不慎进入量气筒内，会使指示液呈碱性反应，溶液由红色变为黄色。

(3) 仪器 奥氏气体分析仪，其结构如图 3-9 所示，由梳形管、吸气球、量气筒、调节瓶、磨口三通活塞、取气囊组成。梳形管是带有几个磨口活塞的梳形连通管，通过磨口活塞与几个吸收瓶相连；左端为取样孔，套上胶管即与欲测气样相连；其右端与带刻度的量气筒连接，量气筒底部用胶管与调节瓶相连，瓶内装有蒸馏水，由于调节瓶的升降造成瓶内水位的变动而形成不同的水压，使气样被吸入或排出，或被压进吸气球管使气样与吸收剂反应。

三通磨口活塞是一个带有"┳"形通孔的磨口活塞，转动活塞 7 改变"┳"形通孔的位置呈"┻"状、"┠"状、"┨"状，起着取气、排气或关闭的作用。活塞 5、6 的通气孔呈"═"状，则切断气体与吸收瓶的接触；呈"‖"状，使气体先后进出吸收瓶,洗涤 $CO_2$ 或 $O_2$。

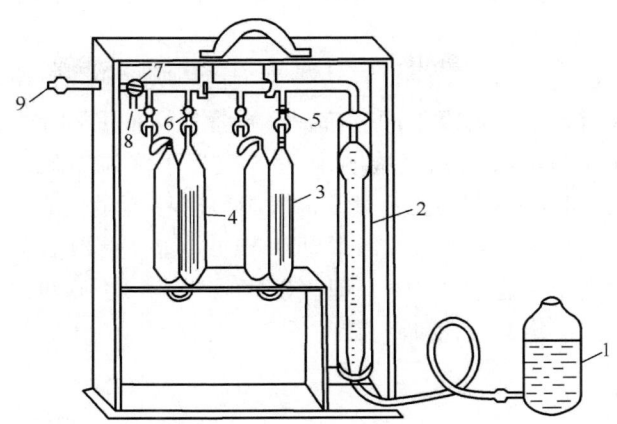

图 3-9  奥氏气体分析仪示意图
1—调节瓶  2—量气筒  3、4—吸收瓶  5、6—二通磨口活塞
7—三通磨口活塞  8—排气口  9—取样孔

### (四) 实训步骤

(1) 清洗与调整  将仪器的所有玻璃部分洗净,磨口活塞涂凡士林,并按图 3-9 安装好。在各吸收瓶中注入吸收剂。吸收瓶 3 注入 $CO_2$ 吸收剂,吸收瓶 4 注入 $O_2$ 吸收剂。吸收剂不宜装得太多,一般装到吸收瓶的 1/2 (与后面容器相通) 即可。后面的容器加少许液体石蜡(液面上有一薄层),使吸收剂呈密封状态。调节瓶中装入指示液,并将取样孔接上待测气样。

将所有的磨口活塞关闭,使吸收瓶与梳形管不相通。转动活塞 7 呈 "⊢" 状并高举调节瓶,排出量气筒中的空气,以后转动 7 呈 "⊣" 状,关闭取气孔和排气口,然后打开活塞 5 并下降调节瓶,当管 3 中的吸收剂上升到管口顶部时立即关闭活塞 5,使液面停止于刻度线上,然后打开活塞 6 同样使管 4 中的吸收液面到达刻度线上。

(2) 洗气  右手举起调节瓶同时用左手将 7 转至 "⊢" 状,尽量排除量气筒内的空气,使指示液到达刻度 100 时为止,迅速转动 7 呈 "⊥" 状,同时下降调节瓶吸进气样,待水面降到量气筒底部时立即转动 7 回到 "⊢" 状,再举起调节瓶,将吸进的气样排出,如此操作 2~3 次,目的是用气样冲洗仪器内原有的空气,以保证进入量气筒内气样的纯度。

(3) 取样  洗气后转 7 呈 "⊥" 状并降低调节瓶,使液面准确达到零位,并将调节瓶移近量气筒,要求调节瓶与量气筒中两液面在同一水平线上并在刻度零处。然后将 7 转至 "⊢" 状,封闭所有通道,再举起调节瓶并观察量气筒的液面,如果液面不断上升,说明有漏气,要检查各连接处及磨口活塞,堵塞后重新取样。若液面在稍有上升后停止在一定位置上不再上升,说明不漏气,可以开始测定。

(4) 测定　测定 $CO_2$ 含量时,转动活塞 5 接通吸收瓶 3,举起调节瓶把气样尽量压入吸收瓶 3 中,再降下调节瓶,重新将气样抽回到量气筒,这样上下举动调节瓶使气样与吸收剂充分接触,4~5 次后下降调节瓶,待吸收剂上升到原来刻度线位置时,立即关闭活塞 5,把调节瓶移近量气筒,在两液面平衡时记录读数。重新打开活塞 5,来回举动调节瓶,如上操作,再进行第二次读数,若两次读数误差不超过 0.3%,即表明吸收完全。否则再进行如上操作直至读数相同为止。测定 $O_2$ 含量时,转动活塞 6 接通管 4,用同样的方法测出 $O_2$ 含量。

(5) 计算

$$CO_2 含量 = 100 \times \frac{V_1 - V_2}{V_1} (\%)$$

$$O_2 含量 = 100 \times \frac{V_2 - V_3}{V_1} (\%)$$

式中　　$V_1$ ——量气筒初始体积,mL
　　　　$V_2$ ——测定 $CO_2$ 时残留气体体积,mL
　　　　$V_3$ ——测定 $O_2$ 时残留气体体积,mL

## (五) 注意事项

(1) 举起调节瓶时量气筒内液面不得超过刻度 100 处,否则蒸馏水会流入梳形管,甚至进入到吸收瓶内,不但影响测定的准确性,还会冲淡吸收剂而造成误差。液面也不能过低,应以吸收瓶中吸收剂不超出活塞为准,否则吸收剂流入梳形管时要重新洗涤仪器才能使用。

(2) 举起调节瓶时动作不宜太快,以免气样因受压力大冲过吸收剂成气泡状而漏出,一旦发生这种现象,要重新测定。

(3) 先测 $CO_2$ 然后测 $O_2$。

(4) 焦性没食子酸碱性溶液在 15~20℃ 时吸收 $O_2$ 的效能最大,吸收效果随温度下降而减弱,0℃ 时几乎完全丧失吸收能力。因此,测定的室温一定要在 15℃ 以上。

(5) 多次举调节瓶读数不相等时,说明吸收剂的吸收能力减弱,需重新配制吸收剂。吸收剂为强碱溶液,使用时应注意安全。

## (六) 实训思考

(1) 贮藏环境气体成分测定的原理是什么?如何测定?

(2) 贮藏环境气体成分测定应注意哪几个问题?

## 实训七　参观调查当地主要园艺产品贮藏库

### （一）实训目的

了解当地主要园艺产品贮藏库的种类、贮量、贮藏方法、管理技术、贮藏效益等。

### （二）材料与用具

笔记本、笔、尺子、温度计、湿度计等。

### （三）实训指导

（1）调查提纲的拟订

①贮藏库的布局与结构　库的排列与库间距离；工作间与走廊的布置及其面积；库房的容积。

②建筑材料　隔热材料（库顶、地面、四周墙）的厚度；防潮隔热层的处理（材料、处理方法和部位）。

③主要设备：

制冷系统：冷冻机的型号、规格、制冷剂、制冷量、制冷方式（风机和排管）；制冷次数和每次时间；冲霜方法、次数。

气调系统：库房气密材料、方式；密封门的处理；降氧机型号、性能、工作原理；氧气、二氧化碳和乙烯气体的调整和处理。

温湿度控制系统：仪表的型号和性能及其自动化程度。

其他设备：照明、加湿及其覆盖、防火用具等。

④贮藏管理经验：

对原料的要求：种类、产品、产地；质量要求（收获时期、成熟度、等级）；产品的包装用具和包装方法。

管理措施：库房的清洁与消毒；入库前的处理（预冷、挑选、分级）；入库后的堆码方式（方向、高度、距离、形式、堆的大小、衬垫物等）；贮藏数量占库容积的百分数；库内温度、湿度和气体成分的控制措施，检查制度，管理制度以及特殊的经验；出库的时间和方法。

⑤存在问题及解决办法。

⑥经济效益分析：贮藏量、进价、贮藏时期、销售价、毛利、纯利。

（2）实训要求

①遵守参观单位的规章制度和参观要求，按照调查提纲尽量多地完成调查内容。

②遵守交通安全和生产安全。

③做好笔记，积极询问，认真思考，补充资料，完善报告。
④对调查报告的内容、格式、字数、交报告的时间提出要求。

（四）实践训练

（1）模仿创新　按照老师的指导，编写一个调查提纲；调查提纲的形式可以采取问题式提纲或表格式提纲（表3-3）。例如：

①贮藏的品种有哪些？
②贮藏库的容量有多大？
③贮藏的时期有多长？
④贮藏的环境条件如何控制？
⑤贮藏中存在哪些问题？

表3-3　　　　　　当地主要贮藏设施性能指标调查

| 贮藏方式 | 贮藏种类 | 库址选择 | 建筑材料 | 通风系统 | 贮藏容量 | 贮藏品种 | 贮藏效果 |
| --- | --- | --- | --- | --- | --- | --- | --- |
| 简易贮藏 | | | | | | | |
| 机械冷藏 | | | | | | | |
| 气调贮藏 | | | | | | | |
| 其他贮藏 | | | | | | | |
| 辅助措施 | | | | | | | |

最后将调查的内容整理成调查报告，分析该贮藏库存在的问题，提出改进建议。

（2）讨论评价　老师认真阅读每个学生的调查提纲，并提出修改建议；根据学生在参观过程中的表现，提示学生抓住重点问题询问；老师对学生在实训过程中的表现和调查报告质量进行小结，师生共同总结实训的收获体会。

（五）实训思考

（1）本次实训你最大的收获是什么？
（2）本次实训你成功的方面？不足的方面？如何改进？

> 项目思考

1. 园艺产品的贮藏方式主要有哪些？各自依据的原理是什么？
2. 机械制冷的原理是什么？有哪几种冷却方式？各有什么优缺点？

3. 气调贮藏的原理是什么？气调贮藏的方式有哪些？如何管理？
4. 园艺产品在贮藏时，应如何进行堆码？
5. 果蔬入贮前，如何对库房进行消毒？

# 园艺产品加工

# 项目四 园艺产品加工基础知识

**知识目标**

1. 了解园艺产品加工的种类和特点。
2. 了解园艺产品对水质的要求。
3. 了解园艺产品对原料种类和品种的要求。
4. 掌握园艺产品加工用水的处理方法。
5. 掌握园艺产品中常用食品添加剂的使用原理和方法。
6. 掌握园艺产品原料的预处理及热烫处理、硬化处理、护色处理的方法。

**技能目标**

1. 能运用果蔬产品的特点,掌握果蔬产品加工工艺的基本技能。
2. 能灵活运用所学知识解决产品加工中出现的问题。
3. 能正确处理园艺产品加工用水。
4. 能在园艺产品加工中正确使用食品添加剂。
5. 能采用正确的方法对园艺产品加工原料进行预处理。

**学习重点与难点**

重点:园艺产品加工的原理和方法;园艺产品加工原料的选择和处理。

难点:园艺产品加工的原理和方法。

**必备知识**

## 一、园艺加工品的类别与加工原理

### (一)园艺加工品的类别

依据保藏原理和加工工艺,可将园艺加工品分为罐制品、干制品、汁制品、糖制品、腌制品、酿造制品、速冻制品、鲜切制品和果蔬脆片等。

#### 1. 罐制品

糖水水果罐头、清渍蔬菜罐头,以及罐装、袋装、罐头形式包装的其他加工品。

2. 干制品

经自然干燥或人工干燥（脱水），使含水量减少到微生物难以利用的程度（10%～20%），以长期保藏的加工品，如红枣、黄花菜、玉兰片等，其密度大，便于运输和携带。

3. 汁制品

从果蔬中直接压榨或提取而得，分为原汁饮料和果蔬汁饮料，营养价值高，易被人体吸收，有的还具有医疗效果。

4. 糖制品

利用食糖的渗透和脱水作用，经加热、糖制使其含糖浓度达65%以上的加工品，分为果脯蜜饯和果酱两类。产品特点是高糖高酸。

5. 腌制品

（1）定义　新鲜蔬菜经过部分脱水或不经脱水，利用食盐、醋、酱等原料浸渍而成的产品。

（2）举例　主要产品有榨菜、酱菜、泡菜、酸菜、糖醋菜、咸荚等。如东北酸菜、四川泡菜、北京八宝菜、南方梅干菜、南京糖醋萝卜、涪陵榨菜等。

（3）特点　高盐渗透，分发酵性和非发酵性两类。发展方向为低盐、增酸、适甜。具有独特的色香味和组织形态，具有一定的营养价值和食用价值，能增进食欲，可开发功能性食品。

6. 酿造制品

利用有益微生物抑制有害微生物制得的加工品，如果汁（果浆）经酒精发酵酿制成的含醇饮料。其营养丰富、酒精度数低。

7. 速冻制品

−30℃下快速冷冻后于−20～−18℃保藏的制品，营养和质量能够最大限度地保存。主要有速冻蒜薹、速冻青椒、速冻豆角、速冻葡萄、速冻草莓等。

8. 鲜切制品

保鲜方法：微量热处理、控制pH，应用抗氧化剂浸渍或各种方法结合使用。特点是可即食即用，但货架期短，必须冷藏流通。

9. 果蔬脆片

果蔬脆片采用真空油炸技术（微波膨化技术）或速冻技术制成。主要有苹果脆片、胡萝卜脆片、香蕉脆片、南瓜脆片、洋葱脆片、甘薯脆片、爆豌豆等。

特点：营养高，不含化学添加剂和防腐剂，极少破坏果蔬维生素，是21世纪极有发展前途的休闲食品。

（二）园艺加工品败坏的原因

园艺产品的变质、变味、变色等一系列现象统称为败坏。

造成园艺产品败坏的原因很多。原料自采收起，经过运输、预处理、加工、成品贮运和销售，直至使用前，所处的环境条件都有可能是引起食品败坏的直接或间接原因。

**1. 生物学因素**

生物学因素主要指微生物活动引起的园艺产品败坏。

（1）特点　微生物的特点是种类多，生长繁殖快，代谢能力强，且分布极广。微生物大量存在于空气、水和土壤中，附着在食品原料、加工用具、容器和工作人员身上。这些环节是加工中微生物的主要来源。

因此在保藏过程中首要的问题是控制污染。尤其是原料经加工处理后，生命活动停止，失去天然的抗病性与耐贮性，而加工及成品保藏过程中存在大量微生物污染源，那么这时对微生物的控制就成了产品保藏的关键。

（2）影响微生物生长发育的主要因素

①pH：霉菌和酵母菌一般能在酸性环境下生长发育，在pH4.0以下其生长活动会受到抑制（图4-1）。

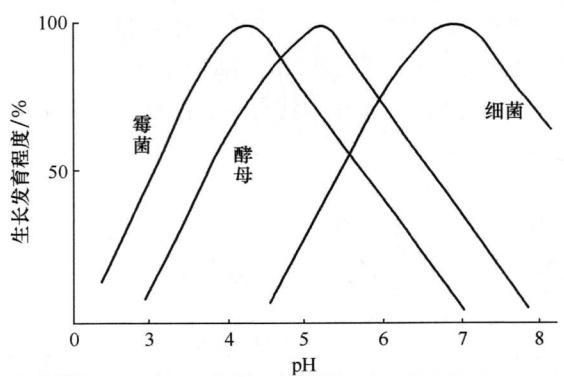

图4-1　微生物生长发育程度与pH的关系

②氧气：微生物可分为好氧性微生物、微需氧微生物、兼性厌氧微生物、厌氧性微生物。好氧性微生物的生长发育需要有空气（$O_2$），无氧则不能生长发育，包括产膜酵母、霉菌和部分细菌；微需氧微生物仅需少量的氧就能生长，如乳酸杆菌；兼性厌氧微生物在有氧和无氧的环境中都能生长，如大多数的酵母菌、细菌中的葡萄球菌等；厌氧性微生物如肉毒梭状芽孢杆菌，在无氧的非酸性环境生长发育并产毒，引起食物中毒。

③水分：微生物生长发育需要自由水分。干制品由于脱去了有效水分，能防止细菌、酵母菌和霉菌的生长。不同的微生物，其生长发育所要求的最低水分活度（$A_w$）也不同，如图4-2所示。

因此，可通过添加大量糖或多元醇使水分活度降至0.85以下并包装，可防

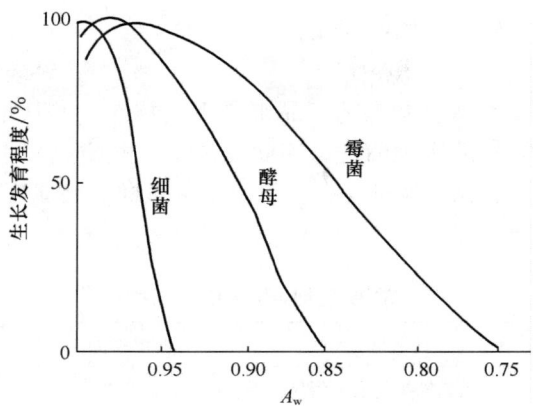

图 4-2 微生物生长发育与水分活度的关系

止酵母菌和霉菌的生长。

糖藏、盐藏，即利用其高浓度时具有较高的渗透压降低水分活度，从而抑制微生物的生长。

④营养成分：大部分园艺产品含有足够的营养提供微生物生长，尤其是含有足量的发酵基质碳水化合物和蛋白质。糖在低浓度时不能抑制微生物的生长活动，所以，传统的糖制品要达到较长的贮藏期，一般要求糖的浓度在65%以上。

⑤温度：适宜的温度可以促进微生物的生长发育，不适宜的温度能减弱其生命活动甚至引起不正常生长或促使其死亡。

根据微生物适应生长的温度范围，可将其分为嗜冷菌、低温菌、嗜温菌和嗜热菌四个类群（表4-1）。

表 4-1　　　　　　　不同类群微生物的生长温度　　　　　　　单位：℃

| 细菌种类 | 最低生长温度 | 最适生长温度 | 最高生长温度 |
| --- | --- | --- | --- |
| 嗜热菌 | 30~40 | 50~70 | 70~90 |
| 嗜温菌 | 5~15 | 30~45 | 45~55 |
| 低温菌 | -5~5 | 25~30 | 30~35 |
| 嗜冷菌 | -10~-5 | 12~15 | 15~25 |

20~30℃条件下，各种微生物都有可能引起产品腐败变质，因其体内富含分解各种有机物质的酶类，在酶的作用下分解蛋白质、脂肪及碳水化合物，可使其感官性能改变，营养价值降低，甚至引起腐败变质，完全失去价值。

（3）微生物活动引起食品败坏的特征

①外观：生霉、产气、变味、浑浊、腐败、酸败等。

②质量：失去食用价值，有的病原微生物还会致病，有的产毒菌甚至产毒。

③速度:个体发生,败坏速度快。

### 2. 化学因素

(1) 酶的作用　绝大多数园艺产品来源于生物界,尤其是鲜活和生鲜食品,体内存在具有催化活性的多种酶类,因此在加工和贮藏过程中,由于酶的作用,特别是氧化酶类、水解酶类的催化,会发生多种多样的酶促反应,造成园艺产品色香味和质地的变化(表4-2)。

表4-2　　　　　　　　　常见酶的种类及催化作用

| 酶 | 酶的作用 |
| --- | --- |
| 多酚氧化酶 | 催化酚类物质的氧化,再生成褐色聚合物 |
| 聚半乳糖酶 | 催化果胶中聚半乳糖醛酸残基之间相连的糖苷键 |
| 果胶甲酯酶 | 催化果胶中半乳糖醛酸酯的脱酯作用 |
| 脂肪氧合酶 | 催化脂肪氧化,导致异味 |
| 抗坏血酸酶 | 催化抗坏血酸氧化,导致营养物质的损失 |
| 叶绿素酶 | 催化植醇从叶绿素中移去 |

(2) 非酶作用

①美拉德反应:这是广泛存在于食品工业中的一种非酶褐变反应,是羰基化合物(还原糖类)和氨基化合物(氨基酸和蛋白质)间的反应,经过复杂的历程后最终生成棕色甚至是黑色的大分子物质类黑精或称拟黑素,所以该反应又称羰氨反应。

②焦糖化反应:糖类尤其是单糖在没有氨基化合物存在的情况下,加热到熔点以上的高温(一般是140~170℃以上)时,因糖发生脱水与降解,也会发生褐变反应,这种反应称为焦糖化反应。

焦糖化反应在酸、碱条件下均可进行,但速度不同,如在pH8时要比pH5.9时快10倍。糖在强热的情况下生成两类物质:一类是糖的脱水产物,即焦糖或酱色;另一类是裂解产物,即一些挥发性的醛类、酮类物质,它们进一步缩合、聚合,最终形成深色物质。

③抗坏血酸氧化:维生素C能抗坏血病,故又称抗坏血酸,是广泛存在于新鲜水果、蔬菜及许多生物体中的一种重要的维生素,作为一种高活性物质,它参与许多新陈代谢过程。

抗坏血酸自动氧化分解为糖醛和二氧化碳的反应,在很大程度上依赖于pH及抗坏血酸的浓度。在pH为2.0~3.5范围内,特别是pH接近2时更易发生褐变。

近几年在植物衰老和逆境等自由基伤害理论的研究中,维生素C作为生物体内对自由基伤害产生的相应保护系统成员之一,更引起了人们的研究兴趣。因此对维生素 C 含量的测定，可作为抗衰老及抗逆境的重要生理指标，同时对鉴别果树品质优劣、选育良种都具有重要意义。

④氧化还原反应：$Fe + H_2S \rightarrow FeS + H_2$，含硫高的原料如胱氨酸和半胱氨酸，加热时分解，产生硫化氢，如禽蛋类罐头；微生物活动可产生 $H_2S$。

⑤氧化反应：脂肪酸自动氧化、类胡萝卜素氧化等。

⑥置换反应：$Fe + 2H^+ \rightarrow Fe^{2+} + H_2$，可使产品产生金属味；引起罐壁腐蚀，进而造成产品败坏。

⑦沉淀：多与 $Ca^{2+}$ 有关，最常见的如水。但柑橘罐头经常见到的白色沉淀为橙皮苷沉淀；芦笋罐头的沉淀则为芦丁。

⑧变色：如 $Fe^{3+}$ 遇酚类物质变色。像桃、苹果、藕、绿茶加工中应特别注意；金属离子与花色素反应，颜色变深。

因此，在防止了有害微生物活动的前提下，有效地防止化学败坏就成了食品质量保持的关键。

**3. 物理因素**

物理因素通常是通过引起化学反应或改变了产品的保存环境而导致微生物活动而引起败坏的。物理败坏的症状与其引起的相应的化学败坏或生物败坏有关，有的失去使用价值，有的仅丧失其商品价值。

（1）温度的影响

①温度影响化学反应的速度和程度。

②温度与微生物活动有关。

③温度升高后，可能引起某些产品质量的降低。

④温度影响到果品、蔬菜的呼吸强度。

（2）光的影响

①引起果蔬加工品的褪色，如光解叶绿素、花青素等。

②促进营养物质损失，如维生素、类胡萝卜素等。

③光可催化过氧化物的形成，使食品成分氧化，导致异味产生。

④引起温度升高。

（3）压力的影响　压力的变化对罐头类食品影响较大。例如，杀菌时由于压力的剧烈变化，引起"跳盖"现象，使容器密封性降低，造成了微生物侵染的机会，产生败坏；压力变化时可使罐头产生物理性胀罐（假胀）。

（4）湿度的影响　湿度过大，干制品易吸水返潮，糖制品也会因吸潮而引起表面糖浓度降低，降低了抑制微生物的效应，引起败坏；湿度过小，糖制品会因失水而引起表面糖浓度增大，产生返砂现象。

**4. 物理化学因素**

有些产品为胶体不稳定体系，由于物理化学或胶体化学变化的原因，导致解体，或出现质量败坏症状。如乳及乳饮料、果汁、果肉饮料等食品。物化因素引起的败坏不会失去食用价值,但感官质量下降,丧失商品价值。所以,对于带电颗粒,存在着吸附、沉淀的必然过程,在加工过程中,对于一些热力学不稳定体系,如果颗粒分散或乳化得不好,则会在保质期内产生沉淀,引起败坏。颗粒越小,稳定性越好,一般颗粒直径应在 $1\sim100\mu m$ 范围内,才会保持较长的稳定期。

引起败坏的各种因素并非孤立的,而常常是彼此影响、互相联系的。尽管如此,在某一特定条件下,必然有一主导原因,只有查清这些败坏的原因,才能采取相应措施,保证产品长期保存,所以,在加工和保存过程中,要做到:①防止和消灭有害微生物的活动;②延缓和阻止不利化学变化的发生;③创造适宜的加工品保存环境。

### (三) 园艺加工原理和方法

#### 1. 低温处理

食品的腐败变质,主要是由于微生物的生命活动和食品中的酶所催化的生物化学反应所造成的。

动物性食品没有生命力,故不能控制引起食品变质的酶的作用,也不能抵抗引起食品腐败的微生物的作用,因此,腐败微生物一旦染上去,很快就会繁殖起来,造成食品腐败。

如果把动物性食品放在低温条件下,则微生物和酶对食品的作用就变得很微小了。当食品在 $-18℃$ 冻结时,生成的冰结晶可使微生物细胞受到破坏,微生物丧失活力而不能繁殖,酶的反应受到严重抑制,食品的化学变化就会变慢,因此它就可以较长时间贮藏而不会腐败变质。

#### 2. 干制原理

果品蔬菜干制,目的在于将果蔬中的水分减少,而将可溶性物质的浓度提高到微生物不能利用的程度,同时,果蔬中所含酶的活力也受到抑制,产品能够长期保存。

(1) 果蔬组织内部的水分状态及性质  果蔬的含水量很高,一般为 $70\%\sim90\%$。果蔬中的水分是以游离水、胶体结合水和化合水三种不同的状态存在的。

①游离水:以游离状态存在于果蔬组织中,是充满在毛细管中的水分,所以也称为毛细管水。游离水是主要的水分状态,它占果蔬含水量的70%左右,如马铃薯总含水量为81.5%,游离水就占64.0%,结合水仅占17.5%;苹果总含水量为88.7%,其中游离水占64.6%,结合水占24.1%。游离水的特点是能溶解糖、酸等多种物质,流动性大,借毛细管和渗透作用可以向外或向内迁移,所以干燥时排出的主要是游离水。

②胶体结合水:由于胶体和水的作用及膨胀的结果,围绕着胶粒形成一层水膜,水分与其结合成为胶体状态。胶体结合水对那些在游离水中易溶解的物质不表现溶剂作用,干燥时除非在高温下才能排出部分胶体结合水。胶体结合水相对

密度为1.02~1.45，比热容为0.7，比游离水小，在低温甚至-75℃也不结冰。

③化合水：存在于果品蔬菜化学物质中的水分，一般不能因干燥作用而排出。

（2）水分活度　水分活度（$A_w$）又称水分活性，是溶液中水的蒸气压与同温度下纯水的蒸气压之比。

果蔬产品加工与果蔬中水分的状态也有关。水溶液与纯水的性质是不同的，在纯水中加入溶质后，溶液分子间的引力增加，沸点上升，冰点下降，蒸气压下降，水的流速降低。游离水中的糖类、盐类等可溶性物质多了，溶液浓度增大，渗透压增高，造成微生物细胞壁分离而死亡，因而可通过降低水分活度，抑制微生物的生长，保存食品。

（3）干燥的机理　果品蔬菜在干制过程中，水分的蒸发主要是依赖两种作用，即水分外扩散作用和内扩散作用，果蔬干制时所需除去的水分，是游离水和部分胶体结合水。

干燥开始时由于果蔬中水分大部分为游离水，所以蒸发时水分从原料表面蒸发得快，称水分外扩散（水分转移是由多的部位向少的部位移动），当水分蒸发至50%~60%后，其干燥速度依原料内部水分转移速度而定。干燥时原料内部水分转移，称为水分内部扩散。由于外扩散造成原料表面和内部水分之间存在水蒸气分压差，水分由内部向表面移动，以求原料各部分的水分压平衡，此时，开始蒸发胶体结合水。因此，干制后期蒸发速度就明显显得缓慢。

在原料干燥时，因各部分产生温差，与水分内扩散方向相反的水分的热扩散，其方向从较热处移向不太热的部分，即由四周移向中央。

但因干制时内外层温差甚微，热扩散作用进行得较少，主要是水分从内层移向外层的作用。如水分外扩散远远超过内扩散，则原料表面会过度干燥而形成硬壳，降低制品的品质，阻碍水分的继续蒸发。这时由于内部水分含量高，蒸气压力大，原料较软部分的组织往往会被压破，使原料发生开裂现象。干制品含水量达到平衡水分状态时，水分的蒸发作用就看不出来，同时原料的品温与外界干燥空气的温度相等。

果蔬干燥过程可分为两个阶段，即恒速干燥阶段和降速干燥阶段。在两个阶段交界点的水分称为临界水分，这是每一种原料在一定干燥条件下的特性。

（4）影响干燥速度的因素　干燥速度对果蔬干制品的好坏起决定性作用。在其他条件相同的情况下，干燥越快，越不容易发生不良变化，成品的品质也越好。干燥速度与下列因素有关。

①干燥介质的温度：果蔬的干燥是把预热的空气作为干燥介质。它有两个作用，一是向原料传热，原料吸热后使它所含水分汽化；二是把原料汽化水气带到室外。要使原料干燥，就必须持续不断地提高干空气和水蒸气的温度，温度升高，空气的湿度饱和差随之增加，达到饱和所需水蒸气越多，空气中湿度越高；

温度低，干燥速度慢，空气中的湿度也就低。空气中相对湿度每降低 10%，饱和差增加 100%，干燥速度越快。所以采取升高温度同时降低相对湿度是提高果蔬干制速度的最有效方法。

果蔬干制时，尤其在干制初期，一般不宜采用过高的温度，否则会产生以下不良现象：

第一，果蔬含水量很高，骤然和干燥的热空气相遇，则组织中的汁液迅速膨胀，易使细胞壁破裂，内容物流失。

第二，原料中的糖分和其他有机物因高温而分解或焦化，有损成品外观和风味。

第三，高温低湿易造成原料表面结壳，而影响水分的散发。

因此，在干燥过程中，要控制干燥介质的温度稍低于致使果蔬变质的温度，尤其对于富含糖分和芳香物质的原料，应特别注意。

②干燥介质的湿度：在一定温度下相对湿度越小，空气的饱和差越大，果蔬干燥速度越快。

红枣在干制后期，分别放在 60℃ 相对湿度不同的烘房中，一个烘房相对湿度为 65%，红枣干制后含水量是 47.2%；另一个烘房相对湿度为 56%，干制后的红枣含水量则为 34.1%。再如，甘蓝干燥后期相对湿度 30%，最终含水量为 8.0%；在相对湿度 8%~10% 条件下，干甘蓝含水量为 1.6%。

③气流循环的速度：干燥空气的流动速度越大，果蔬表面的水分蒸发也越快；反之，则越慢。据测定，在风速 3m/s 以下的范围内，水分蒸发速度与风速大体呈正比例地增加。

④大气压力或真空度：大气压力为 $1.013 \times 10^5 Pa$（一个大气压）时，水的沸点为 100℃。若大气压下降，则水的沸点也下降。气压越低，沸点也越低。若温度不变，气压降低，则水的沸腾加剧。因而，在真空室内加热干制时，就可以在较低的温度下进行。如采取与正常大气压下相同的加热温度，则将加速食品的水分蒸发，还能使干制品具有疏松的结构。云南昆明的多味瓜子质地松脆，就是在隧道式负压下干制机内干制而成。对热敏性食品采用低温真空干燥，可保证其产品具有良好的品质。

⑤果蔬的种类和状态：果蔬的种类不同，所含化学成分及其组织结构也有差异，因而干燥速度也不相同。如在烘房干制红枣，采用同样的烘干方法，河南灵宝产的泡枣，由于组织比较疏松，经 24h 即可达到干燥；而陕西大荔县产的疙瘩枣则需 36h 才能达到干燥。此外，原料的切分与否以及切块大小、厚薄不同，干燥速度也不一样。切分越薄，表面积越大，干燥速度就越快。

⑥原料的装载量：烘房单位面积上装载的原料量，对于果蔬的干燥速度也有很大影响。烘盘上原料装载量多，则厚度大，不利于空气流通，影响水分蒸发。

### 3. 高渗透压原理

利用高糖或高盐溶液提高制品渗透压、降低水分活性。当糖浓度达到 60%~70%

或盐浓度达到15%～20%，可抑制绝大多数微生物。故常用来进行果蔬加工品或半成品的保藏。

**4. 速冻原理**

-30℃以下的低温，可将果蔬原料在30min或更短的时间内其组织内80%的水迅速冻结成冰，并于-18℃低温下长期保存。解冻后产品能基本保持原有品质。

**5. 发酵原理**

（1）乳酸发酵　乳酸发酵指糖经无氧酵解而生成乳酸的发酵过程，乙醇发酵同为生物体内两种主要的发酵形式。

酿造生产中，大都不同程度地存在乳酸发酵过程。乳酸发酵对增进酿造调味品的风味有一定帮助，酿酒中适当地进行乳酸发酵，能促进酒精发酵顺利进行；制曲时适当乳酸存在，可以防止杂菌的污染。由于菌种不同，代谢途径不同，生成的产物有所不同，将乳酸发酵又分为同型乳酸发酵、异型乳酸发酵和双歧杆菌发酵。

乳酸为唯一产物的乳酵发酵称为同型乳酸发酵。

异型乳酸发酵是某些乳酸菌利用磷酸戊糖（HMP）途径，分解葡萄糖为5-磷酸核酮糖，再经差向异构酶作用变成5-磷酸木酮糖，然后经磷酸酮解酶催化裂解反应，生成己酰磷酸。己酰磷酸进一步还原为乳酸。异型乳酸发酵除乳酸外还有乙醇、$CO_2$和ATP。不同微生物异型乳酸发酵产物有些不同。

双歧杆菌发酵是双歧杆菌发酵葡萄糖产生乳酸的一条途径，此发酵过程，2mol的葡萄糖可生成2mol乳酸和3mol的乙酸，乳酸的转化率理论上只有50%。

（2）酒精发酵　淀粉质原料是生产酒精的主要原料。我国发酵酒精的80%是用淀粉质原料生产的，其中以甘薯干等薯类为原料的约占45%，以玉米等谷物为原料的约占35%。

糖质原料生产酒精工序简单，成本比较低，是酒精发酵的理想原料。只是制糖和其他发酵工业也都需要糖质原料，能用到酒精生产上的不太多，特别是我国糖质原料用于酒精生产较为有限。常用的糖质原料有糖蜜、甘蔗、甜菜和甜高粱等。

许多微生物都能利用己糖化进行酒精发酵，但在实际生产中用于酒精发酵的几乎全是酒精酵母，俗称酒母。

不同生产原料，酒精发酵的生化过程不同。对糖质原料，可直接利用酵母将糖转化成乙醇；对于淀粉质和纤维质原料，首先要进行淀粉和纤维质的水解（糖化），再由酒精发酵菌将糖发酵成乙醇。

（3）醋酸发酵　醋酸发酵是依靠醋酸菌氧化酶的作用，将酒精氧化生成醋酸。

**6. 真空与密封**

真空密封排气是一种借助于真空封罐机将罐头置于真空封罐机的真空仓内，

在抽气的同时进行密封的排气方法。特点是：时间短，减少了受热环节，只能排除罐头顶隙部分的空气，食品内部的气体则难以抽除，因而对食品组织内部含气量高的食品，最好在装罐前先对食品进行抽空处理。

密封的作用是使罐内食品与外界完全隔绝而不再受到微生物的污染。真空封口时，必须保证罐头顶隙内的水蒸气分压小于真空仓内的实际压力，否则罐内食品就会瞬间沸腾，出现食品外溢的现象。不同种类、不同型号的罐使用不同的封罐机。封罐机的类型很多，有半自动封罐机、自动封罐机、半自动真空封罐机、自动真空封罐机等。

### 7. 无菌原理

通过热处理、微波、辐射、过滤等工艺手段，使食品中的腐败菌数量减少或消灭到能使食品长期保持所允许的最低限度，保证食品的安全性。

食品经排气、密封、杀菌，保存在不受外界微生物污染的密闭容器中，就能长期保存，不再引起败坏。最广泛应用的杀菌，基本可分为以下两种。

（1）巴氏杀菌：100℃以下，70~80℃杀菌。

（2）高温杀菌：100℃以下或100℃以上杀菌。

冷杀菌法即是不需要提高产品温度的杀菌方法，如紫外线杀菌法、超声波杀菌法、放射线杀菌法等。

### 8. 化学保藏

化学保藏就是在食品生产和贮运过程中使用化学保藏用添加剂来提高食品的耐藏性和达到某种加工目的。如化学防腐剂，其主要用在半成品保藏上。要求：低毒、高效、经济、无异味，不影响人体健康，不破坏食品营养成分。

（1）抑菌剂　抑菌剂在使用限量范围内，其抑菌作用主要是通过改变微生物的生长曲线，使微生物的生长繁殖停止在缓慢繁殖的缓慢期，而不进入急剧增殖的对数期，从而延长微生物繁殖一代所需要的时间，即起到所谓的"静菌作用"。

（2）杀菌剂　杀菌剂和抑菌剂的最大区别是，杀菌剂在其使用限量范围内能通过一定的化学作用杀死微生物，使之不能侵染食品，造成食品变质。

杀菌剂按其灭菌特性可分为三类：氧化型杀菌剂、还原型杀菌剂和其他杀菌剂。

## 二、园艺加工对原辅料的要求及处理

### （一）园艺产品加工的原料选择及处理

我国的果蔬原料种类和品种繁多，虽然大都可以作为加工原料，但考虑到有些种类风味不特别、加工难度较大、加工附加值不高、加工成本高等因素，不利于加工。另外，同类原料品种间的理化性质各异，适宜加工的种类也不同。还有加工原料的收获期不同，其成分组成也有差异，因此，各种加工制品选择适合的种类和品种作为原料是加工优良制品的首要条件。

### 1. 原料选用

目前，果蔬加工制品的种类主要有果蔬干制品、果蔬罐藏制品、蔬菜腌制品、果蔬糖制品、果蔬汁制品、果蔬速冻制品、果酒和果酱酿造制品等。果蔬原料的种类即原料的特性决定着加工制品的种类。不同的原料加工成不同的制品，不同的制品需要不同的原料（表4-3）。

表4-3　　　　　　　不同园艺加工制品的特性及加工原料

| 加工制品种类 | 加工原料特性 | 果蔬原料种类 |
| --- | --- | --- |
| 干制品 | 干物质含量较高，水分含量较低，可食部分多，粗纤维少，风味及色泽好的种类和品种 | 枣、柿子、山楂、龙眼、杏、胡萝卜、马铃薯、辣椒、南瓜、洋葱、姜及大部分的食用菌等 |
| 罐藏制品 糖制品 速冻制品 | 肉厚，可食部分大，耐煮性好，质地紧密，糖酸比适当，色香味好的种类和品种 | 大多数果蔬均可进行此类加工 |
| 果酱类 | 含有丰富的果胶物质，较高的有机酸含量，风味浓、香气足 | 水果中的山楂、杏、草莓、苹果等，蔬菜类的番茄等 |
| 果蔬汁制品 果酒制品 | 汁液丰富，取汁容易，可溶性固形物含量高，酸度适宜，风味芳香独特，色泽良好及果胶含量少的种类和品种 | 葡萄、柑橘、苹果、梨、菠萝、番茄、黄瓜、芹菜、大蒜、胡萝卜及山楂等 |
| 蔬菜腌制品 | 一般应以水分含量低、干物质较多、肉质厚、风味独特、粗纤维少为好 | 原料的要求不太严格，优良的腌制原料有芥菜类、根菜类、白菜类、榨菜、黄瓜、茄子、蒜、姜等 |

### 2. 原料成熟度、新鲜度与加工

（1）原料成熟度与加工　通常将水果的成熟度分为三个阶段，即可采成熟度、加工成熟度和生理成熟度。

可采成熟度是指果实充分膨大长成，但风味还未达到顶点。这时采收的果实，适合于贮运，经后熟方可达到加工的要求。

加工成熟度是指果实已具备该品种应有的加工特征，又可分为适当成熟与充分成熟。根据加工类别不同而对成熟度的要求也不同。

生理成熟度是指果实质地变软，风味变淡，营养价值降低，一般称这个阶段为过熟。这种果实除了可作果汁和果酱外，一般不适宜加工其他产品。

（2）原料新鲜度与加工　加工原料越新鲜，加工的品质越好，损耗率也越低。

果品蔬菜要求从采收到加工的时间尽量短，如果必须放置或进行远途运输，则应采用一系列的保藏措施。

蘑菇、芦笋要在采后 2~6h 内加工；青刀豆、蒜薹不得超过 1~2d；大蒜、生姜采后 3~5d；甜玉米采后 30h，就会迅速老化，含糖量下降近一倍，淀粉含量增加，水分也大大下降，影响加工品的质量。

水果如桃采后若不迅速加工，果肉会迅速变软，因此要求在采后 1d 内进行加工；葡萄、杏、草莓及樱桃等必须在 12h 内进行加工；柑橘、梨、苹果应在 3~7d 内进行加工。

### 3. 园艺产品加工的原料处理

原料的处理包括选别、分级、清洗、去皮、切分、修整、烫漂（预煮）、硬化、护色、半成品保存等工序。

（1）原料的分级　通过原料分级，一是剔除不合格原料，去除原料内的砂石、虫卵及其他杂质；二是将原料进行分级，以利于在同一条件下进行制品的加工。

分级主要有大小、成熟度和色泽的分级。分级的方法有人工分级和机械分级。

人工分级一般在生产规模不大或机械设备缺乏时采用，同时可配备简单的辅助工具，如圆孔分级板、分级筛、分级尺等。

机械分级可采用分级机械完成，如滚筒式分级机，适用于山楂、蘑菇、杨梅及豆类；振动筛，适用于圆形果实，如苹果、梨、李、柑橘、番茄等；另外，还有分离输送机、蘑菇分级机、橘瓣分级机、菠萝分级机等。机械方法分级均匀一致，分级效率高，是现代化工厂的主要分级方法。

（2）原料洗涤　原料清洗的目的在于洗去原料表面附着的灰尘、泥沙、部分微生物及部分残留化学农药，保证产品的清洁卫生及质量。

清洗的方式有手工清洗和机械清洗两种。手工清洗简单易行，主要用于易损伤原料，如杨梅、草莓等。清洗机械种类较多，有喷淋式清洗机、滚筒式清洗机、桨叶式清洗机、压气式清洗机等，可根据原料形状、质地、表面状态、污染程度及加工方法等综合考虑，选择合适的清洗设备。

清洗用水应符合饮用水标准，水中加入氯化氢（0.5%~1.5%）、氢氧化钠（1.5%）、漂白粉（0.1%）、$KMnO_4$（0.1%）等，既可减少或除去农药残留，还可除去虫卵，降低耐热芽孢的数量。近年来，更有一些脂肪酸系的洗涤剂如单甘油酸酯、磷酸盐、糖脂肪酸酯、柠檬酸钠等应用于生产。

喷淋式清洗机：适于番茄酱、柑橘汁等连续生产线。

滚筒式清洗机：适于李、黄桃、甘薯、胡萝卜等质地硬的原料。

桨叶式清洗机：适于胡萝卜、甘薯、芋头等较硬的物料。

压气式清洗机：用途比较广泛，适于软质易损的物料，如草莓。

（3）原料去皮　一般要求去皮。只有在加工某些果脯、蜜饯、果汁和果酒时，因为要打浆、压榨或其他原因才不用去皮。加工腌渍蔬菜也常常无需去皮。

①手工去皮。

②机械去皮：包括旋皮机（大型果蔬）、擦皮机（不规则果蔬）、专用去皮机。

③碱液去皮：浸碱法和淋碱法。适应性广、原料损失少、漂洗要充分。

实例：温州蜜柑囊瓣去囊衣时，0.3%碱液在常温下需12min左右，而35~40℃时只需7~9min；在碱液浓度0.7%、45℃下需5min。

注意：碱液去皮后需在冷水中浸泡、清洗，反复换水，也可加0.1%~0.2% HCl或0.25%~0.5%柠檬酸浸泡，并水洗。

④热力去皮：先短时间高温处理，使果蔬表皮迅速升温而松软，果皮膨胀破裂，与内部果肉组织分离，然后迅速冷却去皮。适用于皮层易剥离、成熟度高的果蔬原料。原料损失少，色泽好。

⑤酶法去皮：适用果皮难剥离的果实（如橙、柚等）。

实例：橘瓣放在1.5%的703果胶酶溶液中，在35~40℃、pH1.5~2.0的条件下处理3~8min，可达到去囊衣的目的。

⑥冷冻去皮：使果蔬表面在冷冻装置内达轻度冻结，然后解冻，使皮层松弛后去皮。适用于桃、杏、番茄等。

⑦真空去皮：将果蔬先加热，使果皮与果肉易分离，接着真空下作适当处理，使果皮下的液体迅速"沸腾"，皮与肉分离，然后破除真空，冲洗或搅动去皮。适用于成熟的果蔬。

（4）原料的切分、去心、去核和修整

①切分：体积较大的原料在罐藏、干制、腌制及加工果脯、蜜饯时，为保持产品适当的形状，需切分处理。

②整形：罐藏或果脯、蜜饯加工时，为保持制品良好的外形，需对果块进行修整，目的是去除果蔬未去净的皮、部分斑点和其他病变组织。

③破碎：制果酒、果汁、果酱等，加工前需破碎，以便于压榨或打浆。

（5）烫漂处理　果蔬的烫漂，生产上常称预煮。定义：将已切分的或经其他预处理的新鲜果蔬原料放入沸水或热蒸汽中进行短时间的热处理。

由于果蔬组织嫩脆，其细胞的膨压较大，经烫漂后细胞组织死去、膨压消失；同时可以除去表皮的黏性物质，使蔬菜颜色更加鲜艳。用以罐藏的原料需进行烫漂，才可改善制品的品质。

原料经过烫漂处理后，造成细胞壁和细胞膜分离，细胞膜的透性增大，因而进行干制时细胞组织内的水分更容易蒸发出来，从而加快了脱水速度，干制品在加水复原时容易重新吸收水分。进行蜜制品时，烫漂可以缩短加糖煮制的时间。

有些蔬菜含苦味、辛辣刺激物质，经过烫漂之后即可减少其苦味、涩味及辣味，无论罐藏还是干制，均可使这类蔬菜制品的品质明显地得到改善。

进行烫漂时还可以杀灭果蔬表面附着的部分微生物和虫卵。

①烫漂的作用：a. 钝化活性酶、防止酶褐变；

b. 软化或改进组织结构，便于加工和装罐；

c. 排除原料组织内的空气，稳定或改进色泽；

d. 除去部分辛辣味和其他不良风味；

e. 降低果蔬中的污染物和微生物数量。

②烫漂处理的方法：热水烫漂可溶性固形物损失多；蒸汽烫漂果蔬营养成分保存得好。

原料烫漂的程度：外表等感官组织较透明，失去新鲜硬度但又不软烂；过氧化物酶（POD）被钝化。

烫漂后要及时浸入冷水中冷却。

（6）硬化处理　指一些果蔬制品，要求具有一定的形态和硬度，而原料本身又较为柔软、难以成形、不耐热处理等，为了增加制品的硬度，常将原料放入石灰、氯化钙等稀溶液中浸泡。因为钙、镁等金属离子可与原料细胞中的果胶物质生成不溶性的果胶盐类，从而提高制品的硬度和脆性。

一般进行石灰水处理时，其浓度为1%~2%，浸泡1~24h；用氯化钙处理时，其浓度为0.1%~0.5%。经过硬化处理的果蔬，必须用清水漂洗6~12h。

（7）护色处理　褐变原因：其关键的作用因子有酚类底物、酶和氧气。因为底物不可能除去，一般从排除氧气和抑制酶活力两方面着手。

①热烫：将去皮切分的原料，迅速用沸水或蒸汽热烫3~5min，从而抑制酶的活力，即可防止酶褐变。

②食盐水：食盐溶于水中后，能减少水中的溶解氧，食盐溶液具有高的渗透压，也可使细胞脱水失活，并且，对酶的活力有一定的抑制和破坏作用，可抑制氧化酶系统的活力。1%~2%，加入0.1%柠檬酸效果更好。

③酸性溶液：酸性溶液既可降低pH、降低多酚氧化酶活力，又使氧气的溶解度降低而兼有抗氧化作用，从而抑制氧化酶的活力。常用柠檬酸、苹果酸或抗坏血酸等，生产上多采用0.5%~1%的柠檬酸。

④亚硫酸溶液：利用$SO_2$的强还原性，减少氧含量，抑制酶活力，既可防止酶促褐变，又可抑制非酶褐变。常用$Na_2SO_3$、$NaHSO_3$和焦亚硫酸钠等。

⑤抽真空处理：将原料在一定的介质里置于真空状态下，使内部空气释放出来，代之以糖水或无机盐水等介质的渗入，从而抑制氧化酶的活力，防止酶褐变。常用的介质有糖水、食盐、柠檬酸等。一般在87~93kPa下抽5~10min，适于组织疏松、含空气较多的原料，如苹果、番茄。装置主要由真空泵、气液分离

器、抽空罐等组成。

(8) 半成品保藏

①盐腌处理保藏：适用于干果、蜜饯类原料的半成品，如橘饼、杨梅干和凉果贮存时，都采用高浓度食盐贮存其半成品原料，在加工成品时再经过脱盐处理。

首先用高浓度的食盐将原料腌渍成盐坯，制作成半成品保存，然后进行脱盐、配料等后续工艺加工制成成品。食盐溶液能够产生强大的渗透压使微生物细胞失水，处于假死状态，不能活动；食盐能使食品的水分活度降低，使微生物的活动能力减弱；由于盐液中氧的溶解量很少，使许多好气性微生物难以滋生，从而使半成品得以保存，避免了果品蔬菜的自身溃败。在盐腌过程中，果蔬中的可溶性固形物要渗出损失一部分，半成品再加工成成品的过程中，还需用清水反复漂洗脱盐，使可溶性固形物大量流失，使产品的营养成分保存不多，从而影响了产品的营养价值。

食盐腌制的方法有干腌和湿腌两种。干腌适合于成熟度高、含水分多、易于渗透的原料，一般用盐量为原料的14%~15%，腌制时，宜分批拌盐，拌匀，分层入池，铺平压紧，下层用盐较少，由下而上逐层加多，表面用盐覆盖以隔绝空气。湿腌适于成熟度低、水分少、不易渗透的原料，一般配制10%的食盐溶液将果蔬淹没，至半透明为度。

②硫处理保藏：新鲜果蔬用二氧化硫或亚硫酸盐处理是保存加工原料的另一种有效而简便的方法。经硫处理的果蔬，除不适宜作整形罐头外，其他加工品都可以用，且脱硫方便。

亚硫酸及其盐类是重要的防腐剂，可用其进行半成品保藏。其保藏作用主要体现在：a. 亚硫酸的强还原性，可减少溶液或植物组织中的氧气含量，致使微生物缺氧窒息死亡；b. 亚硫酸能抑制氧化酶的活力，可防止原料维生素 C 损失；c. $SO_2$ 能抑菌（霉菌和细菌），具有一定的防虫、杀虫作用；d. 去硫方便，不至于过量残留，但可使含花青素的果蔬褪色。

硫处理的方法：a. 熏蒸法，熏硫的程度以果肉色泽变淡、核窝内有水滴，果肉 $SO_2$ 含量达 0.1% 左右为宜；b. 浸渍法和加入法，用一定浓度的亚硫酸或亚硫酸盐溶液浸渍果蔬原料或直接加入到果蔬半成品内，一般以果品内 $SO_2$ 含量达 0.15%~0.2% 为度。

注意事项：a. 亚硫酸和 $SO_2$ 对人体有毒；b. 亚硫酸由于会解离成 $SO_2$，可与马口铁发生作用，生成硫化铁；c. 亚硫酸保藏的原料或半成品在加工或食用前应脱硫，使 $SO_2$ 的残留量达到规定值以下。脱硫的方法有加热、搅动、充气、抽空等。

③防腐剂处理保藏：在原料半成品的保存中，常应用防腐剂来防止原料分解变质，抑制有害微生物的繁殖生长，是一种广泛应用的方法。适合于果酱、果汁

半成品的保存。

防腐剂多用苯甲酸钠或山梨酸钾，其保存效果取决于防腐剂的添加量，果蔬汁的 pH，果蔬汁中的微生物种类、数量，贮存时间长短，贮存温度等。但是，防腐剂添加量必须按照国家标准执行。

④无菌大罐保藏：目前，国际上现代化的果蔬汁加工企业大多采用无菌大罐贮存来保存半成品。它是无菌包装的一种特殊形式，是将经过巴氏杀菌并冷却后的半成品，如果蔬汁或果浆在无菌条件下装入已灭菌的大罐内，经密封而进行长期保存。该法是一种先进的贮存工艺，可以明显减少因热处理造成的产品质量变化，对于绝大多数加工原料的常年供应具有重要意义。

该法的设备投资费用较高，操作工艺严格，技术性强，但由于消费者对加工产品质量的要求越来越高，半成品的大罐无菌贮存工艺的应用将会越来越广泛。我国对大容器无菌贮存设备在番茄酱半成品的贮存中获得了成功，相信通过不断完善和经验积累，很快会推广应用。

### （二）加工用水要求及处理

#### 1. 水质及加工用水要求

（1）卫生标准　凡与原料直接接触的用水，均应符合生活饮用水卫生标准（GB 5749—2022）。无色、澄清，无悬浮物质；无异味异嗅；无致病细菌、无耐热微生物及寄生虫，不含对人体健康有害、有毒的物质（细菌不多于 100 个/L，其中大肠杆菌不应检出）。此外，水中不应含有硫化氢、氨、硝酸盐及亚硝酸盐等，也不应有过多的铁、锰等。

（2）水的硬度　以前是以水中氧化钙的含量来衡量的［硬度 1°d（德国度）相当于 1L 水中含 CaO 10mg］。通常硬度在 8°d 以下为软水，在 8~16°d 为中度硬水，在 16°d 以上为硬水。水质硬度单位的法定标准为 mmol/L，1°d（德国度）= 0.35663mmol/L。

（3）硬度对加工的影响　①浑浊或沉淀；②果肉表面粗糙、发硬（果胶酸钙）；③苦味（镁盐过高）。

（4）不同加工品的要求　硬水（果脯蜜饯、蔬菜腌制品及半成品的保存）；中度硬水（脱水干制品）；软水（罐头制品、速冻制品、果蔬汁、果酒；锅炉用水）。

#### 2. 加工用水处理　（深井水和自来水可直接使用）

果蔬加工用水量远大于其他食品加工的用水，除日常的锅炉用水和场地、设备的清洁用水外，大量的是直接加工产品用水，如原料清洗、烫漂、硬化、护色、制浆等用水。加工直接用水是许多果蔬加工产品中的主要成分，水质的好坏直接影响到加工产品的品质，因此，水的质量控制是果蔬加工过程中的一个十分重要的环节。果蔬加工用水，前提是必须符合国家规定的生活饮用水卫生标准，即完全透明、无杂物、无异味、无致病菌、无耐热性微生物及寄生虫卵、不含对人体有害的物质等。除此以外，为提高加工产品的质量，不同的生产厂家对不同的加工产品，对水质采用不同的再处理。

目前工厂中常用的再处理方法有过滤法、软化法、除盐法和消毒法等。

（1）澄清与过滤

①自然澄清法：长时间静置，果胶质逐渐发生缓慢水解，使悬浮物沉淀出来。另外，果汁中的蛋白质和单宁在静置中可发生反应生成沉淀。

②加混凝剂法：混凝剂有铝盐［明矾（十二水合硫酸铝钾）、硫酸铝等］、铁盐（硫酸亚铁、氯化铁等）。

助凝剂：活性硅酸、海藻酸钠、羧甲基纤维素钠、黏土及聚丙烯等高分子物质。

③过滤：a. 砂石过滤，是以砂石、木炭作滤层，一般滤层的构建方法，从上至下的填充料顺序为小石、粗砂、木炭、细砂、中砂等。水源从上而下自流，杂质则被阻隔在不同的滤层中，过滤后的水由滤层底部流出。

b. 砂棒过滤器，在我国水处理设备中已开发出许多类型的产品，可根据水的处理量和处理要求，选择其适用型号。

砂棒过滤是采用细微颗粒的硅藻土和骨灰做原料，经成形后在高温下焙烧而形成的一种带有极多毛细孔隙的中空滤筒。工作时具有一定压力的水由砂棒毛细孔进入滤筒内腔，由砂棒内腔流出，而杂质则被阻隔在砂棒外表面，从而完成过滤操作。

砂棒过滤比砂石过滤要求的水质更高。无论是砂石过滤还是砂棒过滤，随着阻隔的杂质量增加，过滤的效能降低，因此，过滤一定时间后必须对砂石层或砂棒进行再生处理。

活性炭过滤：去除水中有机物质（垢）、色度、异味、余氯（脱氯），或作为离子交换的预处理。

微孔膜过滤器：精滤。

（2）软化法　多采用石灰软化法（碳酸盐硬度较高，非碳酸盐硬度较低，不能使水彻底软化）、石灰 - 纯碱软化、石灰 - 纯碱 - 磷酸三钠法。

（3）除盐法

①电渗析法：常用于海水和咸水的淡化，或用自来水制备初级纯水。原理是用两种半渗透膜（半渗透膜只能通过离子而不通过水分子）即一个阳离子膜和一个阴离子膜，将容器空间分为 3 个区域，一个阳极区、一个阴极区和一个被分隔的中间区。待处理的水首先进入中间区，通电后水中的阳离子如 $Ca^{2+}$、$Mg^{2+}$、$Na^+$ 等向阴极移动，通过半渗透膜，进入阴极区；同样阴离子如 $Cl^-$、$SO_4^{2-}$、$HCO_3^-$、$CO_3^{2-}$ 等向阳极移动，通过半透膜，进入阳极区，从而使中间区的水含盐量减少，而得到除盐的无离子中性软水。

②反渗透法：是近代新型膜分离技术。利用半透膜原理，对主要硬度的离子去除率为92%~99%，细菌去除率达99%。投资高。

（4）消毒法

①氯消毒法：氯或其他有效氯的化合物[漂白粉（次氯酸钙）、氯胺、次氯酸钠、二氧化氯等]。

我国水质标准规定，管网末端自由余氯应保持在0.1~0.3mg/L。投量4~12mg/L处理2h，加工用水余氯尽可能除去。

②臭氧消毒法：强氧化剂，极不稳定，可离解出氧化性更强的原子氧，杀死微生物。瞬间杀菌作用优于氯，同时可以去除水臭、水色及铁、锰等。随时制取随时使用。

③紫外线消毒法：以波长265~266nm杀菌力最强。没有持续杀菌能力，原水必须无色，微生物数量少。高压汞灯用于紫外线消毒，得到了广泛应用，如紫外线饮水消毒器。

④除铁：含铁量偏高的地下水，可在过滤前采用氧气将$Fe^{2+}$氧化成高价的$Fe^{3+}$，生成$Fe(OH)_3$沉淀，然后通过过滤加以除去。

⑤除锰：水中含锰量达0.5mg/L时会产生异味，影响饮料的口感，所以必须除去。可以用氯或者添加氧化剂（$KMnO_4$）使锰快速氧化，形成二氧化锰沉淀，从而将其除去。

**实操训练**

# 实训八　调查当地园艺加工品的种类

（一）实训目的

(1) 了解当地园艺产品的市场需求种类。
(2) 学会市场调查的技巧和方法。
(3) 锻炼学生的社交能力。

（二）材料与用具

单位证明、笔记本、笔等。

（三）实训指导

(1) 实训地点　各大食品超市、批发市场、生产基地、教室等。
(2) 调查报告　将调查结果填入表4-4。

表 4-4　　　　　　　　　　园艺加工品种类市场调查

| 商品名称 | 生产日期 | 厂家 | 厂址 | 备注 |
| --- | --- | --- | --- | --- |
| 罐制品 | | | | |
| 干制品 | | | | |
| 汁制品 | | | | |
| 糖制品 | | | | |
| 腌制品 | | | | |
| 酿造制品 | | | | |
| 速冻制品 | | | | |
| 鲜切制品 | | | | |
| 果蔬脆片 | | | | |

（3）调查方法

①感官调查：对于货架上的商品进行归类、记录和分析。

②访问调查：对于商品来源、生产方式等不明白的问题，询问营业员或部门经理。

③座谈会：对于有些产品的细节，可通过座谈会形式完成。

（4）实训要求

①调查过程中，注意安全，遵守实训场所的要求。

②调查人员 4 人一组，团结协作。

③调查结束后要及时完成调查报告。

（四）学生训练

（1）制定调查方案。

（2）每组成员按照实训要求认真完成本次调查。

（五）师生互动

（1）教师对学生制定的方案进行修改完善。

（2）师生共同总结调查结果，鼓励表现优秀的学生。

（六）学生自我评价

将评价结果填入表 4-5。

表 4-5　　　　　　　　　　学生自我评价表

| 学号 | 姓名 | 对相关知识点运用情况（3分） | 学习态度及参与情况（3分） | 调查报告完成情况（4分） | 综合评分 |
| --- | --- | --- | --- | --- | --- |
| 1 | | | | | |
| 2 | | | | | |
| 3 | | | | | |
| 4 | | | | | |

## (七) 考核标准

考核标准参照表 4-6 执行。

表 4-6　园艺加工品市场调查考核标准

| 序号 | 考核项目 | 考核标准 |
| --- | --- | --- |
| 1 | 对相关知识点运用情况 | 明确园艺加工品的种类（1分）；能够正确对市场调查结果进行分析（2分） |
| 2 | 学习态度及参与情况 | 学习态度认真（1分）；具有团队合作意识，积极参与（2分） |
| 3 | 调查报告完成情况 | 认真查阅资料（1分）；按时完成实训报告（2分） |

## (八) 实训思考

(1) 通过本次实训你有什么体会？

(2) 调查过程中出现了哪些问题，你是怎么解决的？

# 实训九　观察园艺产品加工中的护色效果

## (一) 实训目的

(1) 掌握园艺产品加工中变色的原因。

(2) 了解园艺产品加工中常用的护色方法及作用原理。

## (二) 护色原理

新鲜绿色蔬菜水果在酸性条件下加工，由于脱镁反应的发生，发色体结构部分变化，绿色消失，变成褐色的脱镁叶绿素。如果在弱碱性条件下热烫，则叶绿素的酯结构部分水解生成叶绿酸（盐）、叶绿醇和甲醇，叶绿酸盐为水溶性，仍呈现绿色，而且比较稳定。

发生酶促褐变需要有三个条件：酚酶、氧、适当的酚类物质。在控制酶促褐变的实践中，除去底物的可能性极小，现实的方法主要从控制酶和氧两方面入手。果蔬加工中，往往采用热烫钝化酶；用控制酸度、加抗氧化剂、加化学药品（如二氧化硫、亚硫酸钠）来实现抑制酶的活力和隔绝氧等办法来防止和抑制酶促褐变。

## (三) 材料与用具

菠菜、油菜、梨和苹果。

0.5% L-抗坏血酸，0.5% 四硼酸钠；高速组织捣碎机、电热鼓风干燥箱和酸度计。

## （四） 实训步骤

（1）比较不同 pH 条件下果蔬热处理后的色泽变化　绿色蔬菜清洗后分成 3 份，于 70~95℃ 热水中（pH 为 4、7、9 的不同酸度条件下），各热烫 1~2min。分别捞起沥干，铺于棉纱布。在温度为 50~80℃ 电热鼓风干燥箱中，脱水干燥 3~5h。取出自然冷却后，剪片放在滤纸上，并观察不同 pH 条件下脱水青菜的色泽。

（2）比较热处理及护色剂对水果加工品颜色的影响　生梨与苹果削皮后切块，去心，各分成两组。A 组热烫 1~2min 后，于捣碎机中捣碎，纱布挤压过滤，汁液放于烧杯中，加 0.5% L-抗坏血酸和 0.5% 四硼酸钠，装于细口瓶中。B 组不经热烫，于捣碎机中捣碎，纱布过滤，汁液装于细口瓶中。每隔半小时观察一次 A、B 两组果汁的颜色变化，共 4 次，记录现象，并说明原因。

（3）隔氧实验　取一个苹果，去皮，切成 3 份，2 份浸入一杯清水中，一份置于空气中，10min 后，观察记录现象。然后，再从杯中取出一份置于空气中，10min 后再观察比较。

## （五） 实训思考

果蔬在加工中可引起酶促褐变，有哪些方法可以防止酶促褐变的发生？并分别说明其作用机理。

### 项目思考

1. 简要分析引起果蔬制品败坏的主要原因。
2. 简述果品加工中的护色方法和作用。
3. 果蔬加工保藏的途径有哪些？
4. 果蔬加工中使用的防腐剂、稳定剂、酸味剂、天然抗氧化剂主要有哪些？
5. 果蔬加工预处理包括哪些工序？

# 项目五 园艺产品加工技术

## 知识目标

1. 了解罐制品的种类。
2. 掌握罐制品加工的基本原理。
3. 掌握干制品保藏的原理。
4. 了解干制品加工过程中的干燥方法。
5. 掌握罐制品、干制品、汁制品、糖制品的生产工艺要点。
6. 熟悉腌制品的主要种类和特点。
7. 掌握泡菜类、咸菜类、酱菜类、糖醋菜的加工工艺。
8. 掌握速冻的原理和工艺技术要点。
9. 熟悉酿造制品、鲜切制品生产的工艺流程。
10. 了解影响鲜切制品质量变化的因素。

## 技能目标

1. 能够运用园艺产品的特点，掌握园艺产品加工工艺的基本技能。
2. 能够灵活运用所学知识解决产品加工中出现的问题。
3. 能够熟练使用干制品加工中的干燥设备。
4. 能够根据微生物发酵原理，制作果酒和果酱等产品。
5. 能够正确解释园艺产品加工中出现的罐制品胀罐、干制品霉变、糖制品返砂、腌制品酸败等异常现象。

## 学习重点与难点

重点：罐制品、干制品、汁制品、糖制品等园艺产品加工的工艺流程；园艺产品加工工艺的操作要点；园艺产品加工中常见的质量问题及控制措施。

难点：罐制品、腌制品加工，果醋发酵、速冻的基本原理；园艺产品加工工艺的操作要点。

> 必备知识

## 一、罐制品加工

### (一) 罐制品加工工艺

#### 1. 罐制品的定义

原料经过一定处理后,装入能密封的容器内,经排气、密封、杀菌,杀灭罐内能引起腐败、产毒、致病的微生物,破坏原料组织中酶的活力,并保持密封状态使内容物不受外界微生物污染,从而使制品能长期保藏,这种加工方法称为罐藏,所得到的制品称为罐制品,俗称罐头。

#### 2. 罐制品的优缺点

罐制品的优点是:方便,开罐即食;节省时间;营养丰富;卫生健康;风味独佳;食用安全;常温保存;价格低廉;节能环保。

罐制品的缺点是:食品色香味变化;营养成分损失;消耗包装材料。

#### 3. 罐制品的发展历史

罐头食品的发展历史源远流长。公元6世纪北魏贾思勰在《齐民要术》中对罐藏法就做过描述:"一层鱼、一层饭,手按令紧实,荷叶闭口,泥封勿令漏气"。此种包藏方法可视作罐藏法的萌芽。

战争的需要促进了罐头业的发展。18世纪末叶,法国陆军因战争给养出现问题,拿破仑悬赏鼓励供军用食品保藏的方法。

法国人阿培尔于1804年发明了罐藏技术,方法是将欲保藏的食品加热后装入瓶内,用木塞塞住瓶口,置于沸水煮 30~60min,取出趁热将塞子塞紧,再用涂蜡密封瓶口。1864年巴斯德最早阐明食品腐败的原因是由于微生物的作用。

罐头杀菌技术的发展是罐头工业史上的一个里程碑。由一开始的沸水浴杀菌发展为用氯化钙溶液杀菌,使杀菌温度由100℃提高至115.6℃。但由于杀菌釜内没有压力,容器变形较为严重,操作也不安全。高压蒸汽杀菌釜的发明既保证了操作安全,又缩短了杀菌时间,真正使罐头的杀菌由常压发展到高压,杀菌温度进一步提高,食品品质也大大提高。

无菌灌装工艺是罐头工业历史中的一个闪光点。罐藏容器:玻璃瓶、金属罐、三片罐、二重卷边封口、二片罐、蒸煮袋。罐头工业已发展成为大规模现代化工业部门,全世界总产量已近5000万吨,人均年消费量为10kg,品种达2500多种。

世界罐头年产量4000万吨左右,其中水果和蔬菜罐头占70%以上。主要的生产国有美国、日本、俄罗斯、澳大利亚、德国、英国、意大利、西班牙和加拿大等。

### 4. 罐制品的分类

罐藏食品的种类很多，分类方法也各不相同。按中华人民共和国颁布的罐头食品分类标准，首先将罐藏食品按原料分成六大类，再将各大类按加工或调味方法的不同分成若干类。

（1）肉类　清蒸、调味、腌制、烟熏、香肠、内脏。

（2）禽类　白烧、去骨、调味。

（3）水产类　油浸（熏制）、调味、清蒸。

（4）水果类　糖水、糖浆、果酱、果汁。

（5）蔬菜类　清渍、醋渍、调味、盐渍（酱渍）。

（6）其他类　坚干果类、汤类。

### 5. 罐制品加工的基本原理

（1）排气对罐制品质量的影响　罐头保藏期间发生的腐败变质与罐内残留过多的氧气有关。

①罐头内壁的腐蚀：氧气的存在，会加速食品中的酸性物质对罐内壁的腐蚀作用。

②微生物：抑制好气性细菌及霉菌的生长。

③食品的色香味及营养物质：食品与空气接触时，其表面很容易发生氧化。

（2）密封对罐制品质量的影响　罐头的密封，使罐内食品与罐外环境完全隔绝，不再受到外界空气及微生物污染而引起腐败。因此，罐头密封性的好坏，直接影响着罐头保藏期的长短。不论何种包装容器，如果未能获得严格的密封，就不能使罐头达到长期保存的目的。因此，在罐头生产过程中，应当严格控制密封的操作，保证罐头的密封效果。

（3）罐制品杀菌的理论依据

①罐头食品杀菌的意义：

a. 杀死一切对罐内食品起败坏作用和产毒致病的微生物；

b. 破坏酶的活力，保证罐内食品在保质期内不发生酶促腐败变质；

c. 起到一定的调节作用，改进食品的质地和风味，使其更符合食用要求。

②杀菌对象的选择：选择最常见、耐热性最强，并有代表性的腐败菌或引起食品中毒的微生物作为主要杀菌对象。各种罐头食品，由于原料的种类、来源、加工方法和加工卫生条件等不同，其中在杀菌前存在的微生物的种类和数量也就不同。人们不可能，也没有必要对所有的细菌进行耐热性试验，生产上总是在不同食品中选择最常见的、耐热性最强、具有代表性的腐败菌或产毒菌作为主要的杀菌对象。

罐头食品的酸度是选定杀菌对象时要考虑的重要因素。不同 pH 的罐头食品中，腐败菌的耐热性不同。一般来说，在 pH4.5 以下的酸性或高酸性食品中，霉菌和酵母菌这类耐热性低的微生物可作为主要杀菌对象，它们比较容易控制和杀灭；而 pH4.5 以上的低酸性罐头食品，杀菌的主要对象是那些无氧或微氧条件下仍然活动而且产生芽孢的厌氧性细菌，这类细菌的芽孢抗热力很强。

③罐制品杀菌工艺条件的确定：合理的杀菌条件，是确保罐头食品质量的关键。杀菌条件主要是杀菌温度和时间。杀菌条件制定的原则是在保证罐藏食品安全性的基础上，尽可能地缩短杀菌温度和时间，以减少热力对食品品质的不良影响。

杀菌温度的确定以对象菌为依据，一般是对象菌的热力致死温度作为杀菌温度。

④影响杀菌效果的主要因素：

a. 微生物的种类和数量。微生物的种类及数量取决于原料的状况、工厂的环境卫生、车间卫生、机器设备和工器具的卫生、操作人员个人卫生、生产操作工艺条件等因素。

b. 食品的性质和化学成分。

原料的酸度（pH）：根据微生物对酸性环境的敏感性，可把罐制品分为四类：低酸性罐制品、中酸性罐制品、酸性罐制品、高酸性罐制品。

糖类的影响：高浓度糖液能够吸收细菌细胞的水分，致使细胞原生质脱水，影响蛋白质的凝固速度，使细胞处于更稳定的状态，从而增强芽孢的耐热性能。

盐类的影响：盐类对微生物耐热性的影响随盐的种类、浓度及菌种等因素而有相当大的差异。在低浓度下食盐对细胞有保护作用，在高浓度（>5%）下则使其耐热性减弱。

淀粉、油脂和蛋白质的影响：淀粉、油脂和蛋白质对芽孢有保护作用，阻碍热对芽孢的作用。

酶的作用：在杀菌过程中，几乎所有的酶在 80~90℃ 的高温下，几分钟就可能被破坏。

c. 传热的方式和速度。热的传导方式有传导、对流、辐射三种。罐制品的加热方式主要有传导和对流两种，液态食品以对流传热为主，固态食品以传导传热为主，液态、固态相混时则两种方式并存。

食品的种类和装罐状态：流质食品传热快，块状食品加汤汁传热快，块大的传热慢，装罐紧、传热快。

罐内食品的初温：通常初温越高，加热到杀菌温度所需要的时间越短。罐制品排气、封罐后要立即杀菌，罐装制品在加热前有较高的初温，可以提高杀菌效果。

杀菌锅型和罐制品在杀菌锅中的位置：回转式杀菌传热效果好，时间短。罐制品在杀菌锅中如果远离进气管路，在锅内温度还没有达到平衡状态时，传热较慢，影响杀菌效果。

### 6. 罐制品生产工艺

（1）罐头容器的准备

①罐藏容器应具备以下条件：

a. 对人体无毒害，不污染食品，保证食品符合卫生要求；

b. 具有良好的密封性能，保证食品经消毒杀菌之后与外界空气隔绝，防止微生物污染，使食品能长期贮存而不致变质；

c. 具良好的耐腐蚀性；

d. 适合工业化、机械化和自动化生产的要求，容器规格一致，生产率高，质量稳定，成本低；

e. 容器应易于开启，取食方便，体积小，重量轻，便于携带，利于消费。

②常用的罐藏容器：

a. 镀锡薄板罐（马口铁罐）。简称铁罐。马口铁罐是两面镀锡的低碳薄钢板，含碳量在 $0.06\% \sim 0.12\%$，厚度 $0.15 \sim 0.49$mm。为五层结构，即钢基、合金层、锡层、氧化膜层、油膜层。

b. 铝合金薄板罐（铝罐）。此类罐质轻，便于运输；抗大气的腐蚀，不生锈；通常不会受到含硫产品的染色；易于成形；不含铝，无毒害。但强度低，易变形；不便于焊接；对产品有漂白作用；使用寿命不及马口铁罐；成本费用比马口铁昂贵。

c. 玻璃罐。玻璃罐的特点是化学性质稳定，一般不与食品发生化学反应；可直观罐内产品的色泽、形状、产生吸引力或反感；可重复使用；原料丰富，成本低；硬度高，不变形。但热稳定性差；质脆易破；重量大；导热系数小；因它透光，因而对某些色素可产生变色反应。玻璃瓶由三部分组成，即瓶身、瓶盖、瓶圈。

d. 软罐头。由聚酯、铝箔、聚烯烃等组成的复合薄膜为材料制成。这种软罐头包装具有如下特点，能够忍受高温杀菌，微生物不会侵入，贮存期长；不透气，水蒸气、内容物几乎不可能发生化学作用，能够较长期地保持内容物的质量；质量轻，密封性好，封口简便牢固，可以电热封口；杀菌时传热速度快；开启方便，包装美观。软包装的使用，被认为是罐头工业技术的革新，软罐头被称为第二代罐头。

（2）罐制品原材料预处理　罐藏用的原料要求新鲜，可食部分大，糖酸含量高，单宁含量少，组织致密、硬实，大小均匀，形状整齐，颜色好，无病虫害、无严重损伤；另外，罐藏原料成熟度要适当，一般要求高于采收成熟度、稍低于鲜食成熟度。

①挑选和分级。

②清洗：清洗的目的是除去果蔬原料表面附着的泥沙、污物、大量的微生物及残留农药等，保证产品清洁卫生。洗涤的方法有水槽洗涤、滚筒式洗涤、喷淋

式洗涤、压气式洗涤等。

③去皮：凡是果蔬表皮粗厚、坚硬、具有不良风味或在加工中容易引起不良后果的果蔬外皮，都需去皮。方法有机械去皮、热力去皮和化学去皮。

④去核、去芯、切分、修整。

⑤抽真空处理。

⑥热烫。

目的：破坏酶的活力、稳定色泽、改善风味与组织；软化组织；杀死部分附着于原料中的微生物；排除原料组织中的空气。

方法：热水烫漂和蒸汽烫漂。热烫的温度和时间，应根据果蔬的种类、块状大小、工艺要求等条件而定，一般在不低于90℃的温度下热烫2~5min。

（3）罐液的配制　大多数果蔬罐头在加工中将果（菜）块装入罐内后都要向罐内加注汁液，称为罐液和汤汁。水果罐头的罐液为糖水，蔬菜罐头的罐液多为稀盐水或调味液。

常用糖盐溶液填充罐内的空隙，其目的在于：调味充填罐内的空间，减少空气的作用；有利于传热，提高杀菌效果。我国目前生产的各类水果罐头，要求产品开罐后糖液浓度为14%~18%，大多数罐装蔬菜装罐用的盐水含盐量2%~3%。

①糖液配制：主要是蔗糖，通常称为砂糖；另外还有果葡糖浆、玉米糖浆、葡萄糖等。要求糖水清澈透明、无沉淀、无浑浊，糖的甜度纯，无异味。配好的糖水应趁热过滤使用，保证糖水在85℃以上的温度装罐。

②盐液配制：食盐应选用氯化钠含量在98%以上的精盐。配制时常用直接法，按比例称取食盐，加水煮沸后过滤备用。一般盐含量为1%~4%。

③调味液配制：调味液是用多种香辛料和调味料配制而成的。

（4）装罐和注液

①装罐：装罐时一般要求每一罐中食品的大小、色泽、形态等基本一致。原料准备好后应尽快装罐，否则易造成污染，细菌繁殖，从而提高杀菌难度。若杀菌不足，严重情况下，造成腐败，不能食用。

实装罐内由内容物的表面到盖底之间所留的空间称作顶隙。罐内顶隙的作用很重要，需要留得恰当，不能过大也不能过小，顶隙过大过小都会造成一些不良影响。

顶隙过小，有的易产生氢的产品易引起氢胀，又没有足够的空间供氢的累积；有的材料因装罐量过多，挤压过稠，降低热的穿透速率，可能引起杀菌不足；此外，内容物装得过多会提高成本。

顶隙过大，保留在罐内的空气增加，$O_2$含量相应增多，$O_2$易与铁皮产生铁锈蚀，并引起表面层上食品的变色，变质；杀菌冷却后罐头外压大大高于罐内压，易造成瘪罐。因而装罐时必须留有适度的顶隙，一般装罐时的顶隙在6~8mm，封盖后为3.2~4.7mm。

②注液：除了液体食品、糊状、糜状及干制食品外，大多数食品装罐后都要向罐内加注液汁。汁液有清水、糖液、盐水、调味液。汁液的加入不仅能增进食品的风味，提高食品的初温，促进对流传热，提高杀菌效果，而且能排除部分罐内空气，降低加热杀菌时的罐内压力，减轻罐内壁的腐蚀，减少内容物的氧化变色和变质。

（5）排气　排气是指罐头密封前或密封时，将罐内顶隙、食品原料组织细胞内及食品间隙的气体排除，使罐内形成一定真空状态的操作过程是罐头生产中的一个重要工序。通过排气不仅能使罐头在密封、杀菌冷却后获得一定真空度，而且还有助于保证和提高罐头的质量。

①热力排气：利用加热的方法使罐内空气受热膨胀，向外逸出。包括热装灌排气和排气箱加热排气。前者能够保证装罐密封时食品的温度，密封后及时杀菌；后者罐头内中心温度要达到指定温度，一般为90~100℃、5~20min。

②真空密封排气：利用真空封罐机在抽气的同时进行密封的排气方法。

③蒸汽密封排气：密封前的瞬间，向罐内顶隙部位喷射蒸汽，排除空气。顶隙的大小直接影响罐头的真空度，没有顶隙就形不成真空度。此法不能抽除食品组织内部的气体，组织内部气体含量高的食品、表面不允许湿润的食品不适合采用此法排气。

（6）密封　排气后立即封罐，是罐头生产的关键性措施。密封使罐内食品与外界完全隔绝而不再受到微生物的污染。

（7）杀菌　杀菌是罐头生产过程中的重要环节，是决定罐藏食品保存期限的关键。通过加热等手段杀灭罐内食品中的微生物，能够杀灭罐藏食品中能引起疾病的致病菌和能在罐内环境中生长引起食品腐败的腐败菌。但杀菌的同时也破坏了食品中酶的活力。

事实表明，罐头食品种类不同，罐头内出现的腐败菌也各有差异，各种腐败菌的生活习性不同，故应该采用不同的杀菌工艺。因此，弄清罐头腐败的原因及其菌类是正确选择合理加热和杀菌工艺，避免贮运中罐头腐败变质的首要条件。

（8）热杀菌罐头的冷却　冷却也是罐头生产工艺中不可缺少的工艺环节。冷却可以缩短物料的受热时间，减少物料中热敏物质的损失，抑制嗜热微生物在高温下的大量繁殖。

①冷却的目的：长时间的热作用会造成色泽、风味、质地及形态等的变化，使食品品质下降，为嗜热性微生物的生长繁殖创造条件。杀菌的罐头应立即冷却，如果冷却不够或拖延冷却时间会引起不良现象的发生。例如，罐头内容物的色泽、风味、组织、结构受到破坏；促进嗜热性微生物的生长；加速罐头腐蚀的反应。罐头杀菌后一般冷却到38~43℃即可。

②冷却方法：加压冷却（反压冷却）：指在通入冷却水的同时通入一定的压缩空气。

常压冷却：指在流动的冷却水中浸冷或喷淋冷却。

③冷却时应注意的问题：一般要求冷却到38～40℃，尚有余热，以蒸发罐头表面的水膜，防止罐头生锈。注意冷却用水的卫生。玻璃瓶罐头应采用分段冷却，并严格控制每段的温差，防止玻璃罐炸裂。

### （二）罐制品加工中常见质量问题及控制

罐头食品贮运过程中常会出现胀罐、平盖酸坏、黑变和发霉等腐败变质的现象，此外还有中毒事故。

**1. 罐头的败坏**

（1）胀罐的败坏

①物理性因素：排气不充分，物料装填过多，密封温度过低，贮藏温度、气压的变化，杀菌冷却时降压速度过快等。

②化学因素：酸性罐头中的有机酸与罐藏容器的反应导致"氢"胀现象的发生。

③微生物因素：由于杀菌不足或密封不严格导致二次污染，使腐败菌在罐内生长繁殖造成胀罐。

低酸性食品胀罐时常见的腐败菌大多数属于专性厌氧嗜热芽孢杆菌和厌氧嗜温芽孢菌。

酸性食品胀罐时常见的有专性厌氧嗜温芽孢杆菌，如巴氏固氮芽孢杆菌、酪酸梭状芽孢杆菌等解糖菌，常见于梨、菠萝、番茄罐头中。

高酸性食品胀罐时常见的有小球菌以及乳杆菌、明串珠菌等非芽孢菌。

（2）不胀罐的败坏 主要是细菌作用和化学作用引起的，通常表现为罐内食品已经败坏，但并不胀罐。

防止措施：①在预煮水或糖液中加入适量的有机酸，降低罐头内容物的pH，可以抑制平酸菌的生长繁殖；②使用抗硫涂料罐作为罐藏容器。

**2. 罐头内壁的腐蚀**

（1）罐内壁的腐蚀 露铁点与罐头中所含的有机酸、硫及含硫化合物和残存的氧气等发生化学反应而引起的侵蚀现象。

防止措施：提高排气效果、容器使用抗酸抗硫涂料。

（2）罐外壁的锈蚀 当贮存的环境湿度过高时，罐外壁则易生锈。

防止措施：可通过控制罐头的冷却温度、擦干罐身、涂抹防锈油、控制贮藏环境的温度和较低的相对湿度来避免。

**3. 变色和变味**

防止措施：①选用含花青素及单宁含量低的原料制作罐头；②注意工序间护色；③配制的糖水应煮沸，随配随用；④加工中采用不锈钢用具，加工用水中重金属含量不宜过多；⑤杀菌要充分。

#### 4. 罐内汁液的浑浊和沉淀

主要原因有：水的硬度大；原料成熟度过高，热处理过度，罐头内容物软烂；制品在运输过程中振荡过于剧烈，使果肉碎屑散落；保管中受冻，解冻后内容物组织松散、破碎；微生物分解罐内食品。

防止措施：①加工用水进行软化处理；②贮藏中温度不能过低；③严格控制加工过程中的杀菌、密封等工艺条件；④保证原料适宜的成熟度。

## 二、干制品加工

### （一）干制方法

干制又称干燥脱水，是指在自然条件或人工控制条件下促使果蔬中水分蒸发的工艺过程。园艺产品经干制后具有良好的保藏性，能较好地保持果蔬原有风味，质量、体积变小，节省包装，方便运输。

#### 1. 自然干制

在自然条件下，利用太阳辐射能、热风等使产品干燥的方法。

（1）晒干　原料直接接受阳光暴晒，方法是选择空旷通风、地面平坦之处，将原料直接铺于地面上、苇席或晒盘上直接暴晒。

（2）阴干　原料在通风良好的室内、棚下以热风吹干。例如，我国西北，特别是新疆吐鲁番一带干制葡萄采用此法。

自然干制方法简单，是一种非常经济的干燥方法。但受天气影响大，干燥速度慢，水分含量难以降低到15%以下，需要大面积空地，容易被污染或被灰尘、昆虫和鼠类侵染等。

#### 2. 人工干制

人工干制是人工控制干燥条件下的干燥方法。该方法可大大缩短干燥时间，获得较高质量的产品，且不受季节限制。与自然干燥相比，设备及安装费用较高，操作技术比较复杂，因而成本也较高。

（1）热风干燥　热风干燥是采用合适温度和热风来促进果蔬内部水分通过毛细管向外扩散，以达到脱水目的，具有投资少、成本低、操作简便、维修方便、经济效益好、应用范围广等特点。

其设备主要包括隧道式烘干机、传输带式烘干机、箱式烘干机、滚筒式烘干机、喷雾式干燥机等。

（2）真空冷冻干燥及其特点　真空冷冻干燥是先将果蔬低温冻结到共晶点温度以下，使水分变成固态的冰，然后在适宜的温度和真空状态下，通过升华除去物料中水分的一种适合热敏物质的干燥方法。

干燥时将经预处理的原料放于料盘中，采用自冻法（蔬菜）或预冻法（水果）冻结到 -30℃以下。达到预定值时，开启真空泵，同时关闭真空室制冷开关。达到一定低温和规定的真空度时，即可进行加热，于是果蔬水分开始升华，水蒸气被捕集器收集凝结成霜后除去。干燥终了，应给干燥室充入氮气，使之恢复常压后取出制品，于避光处包装，同时抽空或充氮保藏。

特点：能较好地保持产品的原有色、香、味、形和营养价值，蛋白质不易变性，表面不硬化，挥发物损失小，体积变化小。

（3）辐射干燥及其形式　利用一些物质受热后可发射出电磁波的特性，需要干燥的物料吸收电磁波，使粒子运动加剧积聚能量，表现为温度的升高，从而使水分蒸发，达到干燥目的。

①远红外线干燥：远红外线被加热物体所吸收，直接转变为热能而达到加热干燥的目的具有干燥速度快、生产效率高、节约能源、设备规模小、建设费用低、干燥质量好等优点。

②微波干燥：波长为1mm～1m的高频电磁波，能像光线一样的传播，并穿透物料进入物料内部，使物料从内部直接产生热量。具有干燥速度快、时间短、加热均匀、热效率高等优点。

（4）膨化干燥及其特点　膨化干燥首先使原料含水率降至20%～30%，然后放入密闭容器内加热一定时间，再突然将容器的阀门打开，使水分骤然排出，形成膨化多孔组织；膨化后可进一步进行干燥处理，使成品的含水率降至4%～5%。

该产品的复水性和口感好，但体积大。膨化果蔬具有产品营养素损失少、消化吸收率高、食用快速方便、用途广、卫生水平高、贮存性能好等优点。

（5）真空油炸脱水干燥　在真空度为93kPa的负压系统中，沸点大约为40℃。在负压状态，以油作为传热媒介，食品内部的水分（自由水和部分结合水）会急剧蒸发而喷出，使组织形成疏松多孔结构。其作用如下。

①保色作用：采用真空油炸，油炸温度大大降低，而且油炸锅内的氧气也大幅度降低。油炸食品不易褪色、变色、褐变，可以保持原料本身的颜色。

②降低油脂劣变程度：炸用油的劣化包括氧化、聚合、热分解，而以水或水蒸气与油接触则以水解反应为主。在真空油炸过程中，油炸处于负压状态，溶于油炸的气体很快大量逸出，产生的水蒸气压力较小，而且油炸温度低，因此，油炸的劣化程度大大降低。

③吸湿性：松脆感是真空油炸产品重要的感官指标。要保持产品的松脆状态，其水分含量应控制在5%以内，最好在1%左右。

（6）渗透脱水技术　在一定温度下，将果蔬原料浸入高渗透压的溶液，即糖溶液或盐溶液中，利用细胞膜的半渗透性使物料中的水分转移到溶液中，达到除去部分水分的一种技术。

特点：能耗低、营养成分损失少；可在较短的时间内除去物料里的水分而不损坏其组织，使其保持原有风味、质地、色泽、营养和品质，而且感官与新鲜时几乎一样，是一种极具发展前景的加工技术。

## （二）干制工艺

### 1. 工艺流程

原料→挑选、整理→清洗→切分→热烫→干燥→干制品

（1）原料　对果品原料的要求是：干物质含量高，风味色泽好，肉质致密，果心小，果皮薄，肉质厚，粗纤维少，成熟度适宜。对蔬菜原料的要求是：干物质含量高，风味好，菜心及粗叶等废弃部分少，皮薄肉厚，组织致密，粗纤维少。

（2）整理　去除原料蔬菜的外皮，可提高产品的食用品质，又有利于物料的水分蒸发，以利脱水干燥。去皮的方法有手工去皮、机械去皮、热力去皮和化学去皮等多种。

（3）清洗　用人工清洗或机械清洗，清除附着的泥沙、杂质、农药和微生物污染的组织，使原料基本达到脱水加工的要求。

（4）切分　将原料切分成一定大小的形状，以便水分蒸发。一般切成片、条、粒和丝状等。其形状、大小和厚度应根据不同种类与出口规格要求，采用机械或人工作业。

（5）热烫　热烫的作用是：①破坏酶活力；②热烫增加了膜的透性，促使细胞组织内水分蒸发，加快干燥速度；③经过热烫，空气被排除；④热烫还可以除去原料表面的黏性物质、微生物，清除表面的残留农药，使成品洁净。

（6）干燥　果蔬干制温度一般不易过高，防止因加热而引起颜色的变黄。干制温度在55～60℃，时间根据原料情况而定。

### 2. 操作要点

操作要点主要包括升温、通风排湿、倒换烘盘翻物料、热量及燃料用量计算。

（1）升温　常用的升温方式可归纳为三种。

①初期为低温，55～60℃；中期为高温，70～75℃；后期又为低温，逐渐降到50℃左右，直至干燥结束。这种升温方式适宜于可溶性固形物含量高的果蔬，或不切分的整个果蔬，如红枣、柿饼等的干制。其特点是操作易掌握，耗热量低，成本也较低，干制品质量好。

②初期将干燥室内温度急剧升高，可高达95～100℃；原料进干燥室吸热，降低温度（至30～60℃），需继续加大供热量，升至70℃左右，维持较长时间（14～15h）；最后逐步降温至干燥结束。这种升温方式，干制时间短，成品质量优良。但操作技术较难掌握，耗热量高，生产成本也相应增加。

③温度始终维持在55～60℃的恒定水平，直至干燥临近结束时再逐步降温。这种升温方式适宜于大多数果蔬的干制。

（2）通风排湿　对于含水量高的原料，在干制过程中由于水分大量蒸发，

使得干燥室内的相对湿度急剧升高，甚至可以达到饱和的程度。因此，应十分注意干燥室的通风排湿工作，否则会延长干制时间，降低干制品质量。

通风排湿操作，要根据室内相对湿度的高低和外界风力的大小来决定。一般一次通风排气的时间以 10~15min 为宜。过短，排湿不够，影响干燥速度和产品质量；过长，会使室内温度下降过多，也影响干燥过程。

（3）倒换烘盘、翻动物料　烘房中，即使设计良好，其上部与下部、前部与后部的温差一般也要超过 2~4℃。为了使成品干燥一致，就需要倒换烘盘的工作。倒换烘盘的时间，决定于升温方式和物料干燥的程度等因素。

倒换烘盘时，将烘房内烘架最下部的一层、二层烘盘与烘架中部的第四层至第六层烘盘相互交换位置，同时进行翻动物料，使之受热均匀。使用其他干燥设备时，一般只需注意翻动物料则可。

（4）干制过程中所需热量及燃料用量的计算　物料中水分蒸发所需要的热量，与物料的种类、品种、含水量有关，也与干燥设备的性能、升温方式、干燥温度等因素有关。

燃料燃烧所产生的热，因逸散、辐射等作用而损失，不能全部用于水分蒸发，所以实际需要量要比理论需要量多得多。按照蒸发 1kg 水分需 2506kJ 热量，普通燃烧效率平均为 45% 计算，蒸发 1kg 水分实际需要的热量应该是 5569kJ：

$$2506 \times \frac{100}{45} = 5569 \text{（kJ）}$$

而 1kg 煤燃烧可产生 31380kJ 的热量，理论上可蒸发 12.5kg 水分，但以 45% 的燃烧效率计算，只够蒸发 5.6kg 的水分。蒸发 1kg 水分需要燃烧约 0.08kg 煤。这样根据烘房中原料的质量、含水量及成品所要求的含水量，就可计算出所需燃料的数量。

（三）园艺产品干制加工中易出现的问题及其预防

干制过程中，水分蒸发主要依靠水分的外扩散作用和内扩散作用。

外扩散和内扩散的速度必须协调，如果水分的外扩散速度远远大于内扩散，即造成内部水分来不及转移到表面，则原料表面会因过度干燥而形成硬壳，这种现象称"结壳"。结壳会阻碍表面水分的蒸发，影响脱水，又因内部水分高，蒸汽压力大，因而可压破较软部分的组织，使原料表面开裂，内部可溶性物质外溢，影响产品外观和品质。这种现象与干燥条件有关，可人为控制空气流动的速度和环境的温度和湿度。

## 三、汁制品加工

### （一）制汁工艺

世界各国生产的汁制品以柑橘汁、菠萝汁、苹果汁、葡萄汁和浆果类果汁为多，我国生产的主要有柑橘汁、菠萝汁、苹果汁、葡萄汁、番石榴汁。汁制品生产的基本原理和过程大致相同，工艺流程通常如下：

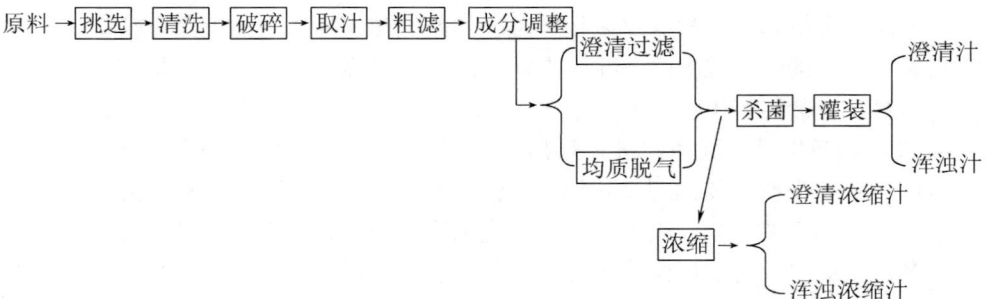

### 1. 原料的破碎

破碎的目的是获得最大出汁率。除了柑橘类果汁和带肉果汁外，一般在榨汁前需破碎，组成破碎-压榨工序，以提高原料的出汁率。破碎方式主要有以下几种。

（1）冷破碎　不破坏酶活力，快速水解果胶，有利于澄清果汁；黏稠度低，有利于榨汁和过滤。

（2）热破碎　破碎前用热水或蒸汽加热果蔬原料。现在多采用破碎后立即加热，如高稠度番茄汁的制作，通过加热抑制酶活力，抑制稠度降低。适于果蔬浆的生产，保留较多果胶质。85~87℃，5~10s。

（3）果胶酶处理　适用于果胶含量高的果蔬，如苹果、樱桃、猕猴桃等，黏性大，榨汁困难。

### 2. 取汁、打浆

分为压榨取汁和浸提取汁。两种取汁方法根本不同：浸提法得到汁液和水的混合液。

### 3. 粗滤

对于浑浊汁，主要在于去除果蔬中的粗大颗粒和悬浮物，同时保存色泽，汁液粗滤后需澄清。

### 4. 澄清

果蔬汁为复杂的多分散相系统，含有细小的果肉粒子、胶态或分子状态及离子状态的溶解物质。澄清方法：酶法、明胶-单宁法、酶-明胶联合澄清法、皂土法、硅胶法等。澄清后的果蔬汁需进行过滤。

### 5. 均质、脱气

使浑浊汁中的不同粒度和相同密度的果肉颗粒进一步破碎并均匀，促进果胶渗出，增进果汁与果胶的亲和力，抑制分层沉淀，保持均一稳定。排除果肉组织间的空气，防止色素、营养成分、芳香成分的氧化损失，防止装瓶后固体上浮，减少装罐和瞬时杀菌时的气泡，减少金属罐的内壁腐蚀。

### 6. 浓缩

浓缩汁可溶性固形物含量 65%~70%，利于贮运，糖酸比高，用途广泛，可作为食品基料。

（1）真空浓缩法　真空浓缩法，即在减压条件下，使果蔬汁中的水分迅速蒸发，浓缩时间较短，能很好地保存果蔬汁的质量。真空浓缩的浓缩温度一般为 25~35℃，真空度为 0.096MPa 左右。在真空浓缩前需进行适当的高温瞬时杀菌。

（2）冷冻浓缩法　冷冻浓缩是将果蔬汁进行冷冻，当温度达到果蔬汁的冰点时，其中的部分水分形成冰晶，然后除去冰晶，使果蔬汁中的可溶性固形物得以浓缩，果蔬汁浓度得到提高，果蔬汁冰点下降，当继续降温达到果蔬汁的新冰点时形成的冰晶扩大。如此反复，果蔬汁浓度逐渐增大。

（3）反渗透浓缩　主要是利用具有选择透性的膜——半透膜来处理果蔬汁，是果浆汁浓缩较理想的方法。反渗透是渗透的逆过程，施加一大于渗透压的压力于果蔬汁液上，使果蔬汁中的水分通过半透膜而脱离果蔬汁，达到浓缩目的。

### 7. 杀菌和包装

（1）巴氏杀菌法　果蔬汁中的主要微生物是酵母菌和霉菌，这两种微生物都不耐热，在 80~85℃下，30min 就可达到杀菌目的。

（2）高温短时杀菌法　果蔬汁经脱气、均质后，迅速泵入高温瞬时杀菌器，快速加热到汁液温度达 93℃左右，维持 15~30s，即可达杀菌目的。此法生产中应用较普遍。

（3）超高温瞬时杀菌法

杀菌温度高于 120℃，130℃左右 3~5s，适用于低酸蔬菜汁。

（4）包装容器　主要有以下几种：

a. 纸包装。外形有砖形和屋脊包形两种，包装材料由聚乙烯（PE）/纸/PE/铝箔/PE 共五层组成，目前，广泛使用的是利乐包和康美包；

b. 塑料瓶。主要有聚酯（PET）和双向拉伸聚丙烯（BOPP）瓶；

c. 玻璃瓶。

d. 金属罐。以 3 片罐为主。

### （二）制汁常见质量问题及其控制

#### 1. 稳定性

（1）浑浊汁　使沉降速度为 0。控制措施：①降低颗粒体积；②增加分散介质黏度，如钝化果胶酶，添加增稠剂；③降低颗粒与液体之间的密度差，如加入高度酯化的亲水的果胶分子。

（2）澄清汁　出现质量问题的原因有：①胶体物质去除不完全；②单宁物质过量；③花色苷及苷原被氧化；④微生物污染等。通过采取以下措施可以加以消除：①加果胶酶或复合酶；②加明胶沉淀或皂土吸附；③脱氧或避光包装，加辅色素等；④加强清洁卫生及消毒杀菌。

## 2. 变色

变色主要是酶促褐变和非酶促褐变引起的。

酶促褐变主要发生在破碎、取汁、粗滤、泵输送等工序中。措施：加热钝化酶；添加抗氧化剂；添加有机酸抑制酶活力；隔绝氧气。

非酶褐变发生在果蔬汁贮藏过程中，主要由还原糖和氨基酸之间的美拉德反应引起。措施：避免过度热处理；控制 pH 在 3.2 以下；低温贮藏或冷冻贮藏。

## 3. 变味

变味主要由微生物生长繁殖引起腐败，由细菌引起的变味、酵母引起的变味和霉菌引起的变味。措施：控制加工原料、生产环境；采用合理的杀菌条件。

## 4. 农药残留

农药残留是果蔬汁国际贸易中非常重视的问题，是影响我国果蔬汁出口的重要因素之一。

措施：强化加工前清洗；关键是实施良好农业生产规范（GAP），加强果园或田园管理，减少或不使用化学农药。

## 5. 果蔬汁掺假

用低果蔬汁含量的产品添加一些相应的化学成分使其达到规定含量。

措施：严格质量监督管理。

### 四、糖制品加工

#### （一）糖制方法与设备

##### 1. 糖制方法

糖制是蜜饯类加工的主要工艺。糖制过程是果蔬原料排水吸糖过程，糖液中的糖分依赖扩散作用进入组织细胞间隙，再通过渗透作用进入细胞内，最终达到要求的含糖量。

糖制方法有蜜制（冷制）和煮制（热制）两种。蜜制适用于皮薄多汁、质地柔软的原料；煮制适用于质地紧密、耐煮性强的原料。

（1）蜜制　蜜制是指用糖液进行糖渍，使制品达到要求的糖度。此方法适用于含水量高、不耐煮制的原料，如糖青梅、糖杨梅、樱桃蜜饯、无花果蜜饯以及多数凉果，都是采用蜜制法制成的。此法的基本特点在于分次加糖，不用加热，能很好地保存产品的色泽、风味、营养价值和应有的形态。

①分次加糖法：在蜜制过程中，首先将原料投入到 40% 的糖液中，剩余的糖分 2~3 次加入，每次提高糖浓度 10%~15%，直到糖制品浓度达 60% 以上时出锅。

②一次加糖多次浓缩法：在蜜制过程中，每次糖渍后，将糖液加热浓缩提高糖浓度，然后，再将原料加入到热糖液中继续糖制。其具体做法：首先将原料投放到约 30% 的糖液中浸渍，之后滤出糖液，将其浓缩至浓度达 45% 左右，再将

原料投入到热糖液中糖渍。反复3~4次,最终糖制品浓度可达60%以上。由于果蔬组织内外温差较大,可加速糖分的扩散渗透,缩短了糖制时间。

③减压蜜制法:果蔬在真空锅内抽空,使果蔬内部蒸汽压降低,然后破坏锅内的真空,因外压大,可以促进糖分快速渗入果内。其方法:将原料浸入到含30%糖液的真空锅中,抽空40~60min后,消压,浸渍8h,然后将原料取出,放入到含45%糖液的真空锅中,抽空40~60min后,消压,浸渍8h,再在60%的糖液中抽空、浸渍至终点。

(2) 煮制　煮制分常压煮制和减压煮制两种。常压煮制又分一次煮制、多次煮制和快速煮制三种;减压煮制分减压煮制和扩散煮制两种。

①一次煮制法:经预处理好的原料在加糖后一次性煮制成功。如苹果脯、蜜枣等。其方法:先配好40%的糖液入锅,倒入处理好的果实。加热使糖液沸腾,果实内水分外渗,糖进入果肉组织,糖液浓度渐稀,然后分次加糖,使糖浓度缓慢增高至60%~65%,停火。分次加糖的目的是保持果实内外糖液浓度差异不致过大,以使糖逐渐均匀地渗透到果肉中去,这样煮成的果脯才显得透明饱满。

②多次煮制法:将处理过的原料经过多次糖煮和浸渍,逐步提高糖浓度。一般煮制的时间短,浸渍时间长。适用于细胞壁较厚难于渗糖、易煮烂的或含水量高的原料,如桃、杏、梨和西红柿等。多次煮制法所需时间长,煮制过程不能连续化,费时、费工,采用快速煮制法可克服此不足。

③快速煮制法:将原料在糖液中交替进行加热糖煮和放冷糖渍,使果蔬内部水气压迅速消除,糖分快速渗入而达平衡。处理方法是将原料装入网袋中,先在30%热糖液中煮4~8min,取出立即浸入等浓度的15℃糖液中冷却。如此交替进行4~5次,每次提高糖浓度10%,最后完成煮制过程。快速煮制法可连续进行,煮制时间短,产品质量高,但糖液需求量大。

④减压煮制法:又称真空煮制法。原料在真空和较低温度下煮沸,因组织中不存在大量空气,糖分能迅速渗入到果蔬组织里面达到平衡。温度低、时间短,制品色香味形都比常压煮制好。其方法是,将前处理好的原料先放入到盛有25%稀糖液的真空锅中,在真空度为83.5kPa,温度为55~70℃条件下热处理4~6min,消压,糖渍一段时间,然后提高糖液浓度为40%,再在真空件下煮制4~6min,消压,糖渍,重复3~4次,每次提高糖浓度10%~15%,使产品最终糖液浓度在60%以上为止。

⑤扩散煮制法:它是在真空糖制的基础上进行的一种连续化糖制方法,机械化程度高,糖制效果好。

先将原料密闭在真空扩散器内,抽空排除原料组织中的空气,而后加入95℃的热糖液,待糖分扩散渗透后,将糖液顺序转入另一扩散器内,再将原来的扩散器内加入较高浓度的热糖液,如此连续进行几次,制品即达要求的糖浓度。

2. **主要设备**

(1) 蜜饯类加工主要设备　腌渍池或缸(用于果坯腌制、原料护色硬化处理、糖渍等），夹层锅或预煮机（用于热烫和糖煮），晒场或干燥机（常用隧道式热风干燥机），包装机等。

（2）果酱类加工主要设备 破碎、打浆、榨汁机械，可倾式夹层锅或减压浓缩锅，封罐机或拧盖机，杀菌锅等。

### （二）糖制工艺技术

#### 1. 果脯蜜饯加工

（1）工艺流程

原料挑选→预处理→糖制→浸泡→出锅→烘晒和上糖衣→包装和贮藏→成品

（2）操作要点

①原料选择：包括去皮、切分、切缝、刺孔、盐腌。对果皮较厚或含粗纤维较多的糖制原料应去皮。大型果蔬原料宜适当切分成块、条、丝、片等，以便缩短糖制时间。小型果蔬原料，如枣、李、梅等一般不去皮和切分，常在果面切缝、刺孔，加速糖液的渗透。切缝可用切缝设备。盐腌仅在加工南方凉果时采用，用食盐或加用少量明矾或石灰腌制原料，常作为半成品保藏方式来延长加工期限。

②保脆和硬化：目的是保持蜜饯制品松脆的质地；提高果肉的硬度，增强其耐煮性。根据钙、镁离子等与原料中的果胶物质生成不溶性盐类的原理添加硬化剂。常用的硬化剂有石灰、氯化钙、亚硫酸钙、明矾、亚硫酸氢钙等。种类、用量、处理时间由小试确定。

③硫化：目的是使制品色泽明亮，防止制品氧化变色，促进原料对糖液的渗透。

方法是采用0.1%~0.2%的硫黄熏蒸或0.1%~0.15%的亚硫酸溶液浸泡。

④染色：某些作为配色用的蜜饯制品，要求具有鲜明的色泽。樱桃、草莓等原料，在加工过程中常失去原有的色泽。因此，常需人工染色，以增进制品的感官品质。

方法：将原料浸入色素溶液中着色；将色素溶于稀糖溶液中，在煮糖的同时完成染色。

⑤预煮和漂洗：对硫处理、盐腌、染色、硬化的原料，糖制前必须进行漂洗。目的是除去黏附的硬化剂；增加产品的透明度；排除过多的果酸，以免蔗糖过多地转化；增大细胞膜的透性，有利于糖分渗入，使细胞组织软化，质地嫩脆。

⑥糖制：糖制是蜜饯加工的主要操作。蜜饯按其加工方法分为蜜制（又称为腌制、冷制、糖腌）和煮制（又称为糖煮、热制）两种。

⑦烘晒和上糖衣：烘晒：除湿态蜜饯外，多数制品在糖制后需行烘晒，除去部分水分，使表面不粘手，利于保藏。烘烤温度不宜超过65℃，时间20~24h。

上糖衣：干燥后用过饱和糖液浸泡一下取出冷却，使表面形成一层晶亮的糖衣薄膜。透明糖衣配方为蔗糖:淀粉糖浆:水＝3:1:2，熬煮至113～114℃，离火冷却到93℃，将烘干的蜜饯放入1min，然后在50℃晾干。

⑧包装和贮藏：干燥后的蜜饯应及时整理或整形，然后按商品要求进行包装。干态脯饯包装主要以塑料食品袋防霉防潮为主，同时要保证卫生安全，便于贮藏运输，还要达到在市场竞争中具备美观、大方、新颖和反映制品面貌的目的。液态蜜饯以罐头包装为宜。

### 2. 果酱加工

（1）工艺流程

原料处理→加热软化→配料→浓缩→装罐→密封→杀菌→冷却→成品

（2）操作要点

①加热软化：

软化目的：破坏酶的活力，防止变色和果胶水解；软化果肉组织，便于打浆或糖液渗透；促使果肉组织中的气体溢出，以得到无气泡的酱体。

软化用水：果肉重的20%～50%。若用糖水软化，糖水浓度为10%～30%。

软化时间：10～20min。

②配料：果肉（果浆）占总配料量的40%～55%；砂糖占45%～60%（允许使用淀粉糖浆量占总糖量的20%以下）；柠檬酸补加量为控制成品含酸量在0.5%～1%；果胶补加量为控制成品含量0.4%～0.9%。

③加热浓缩：常压浓缩应注意以下几点。a. 浓缩过程中，糖液应分次加入；b. 糖液加入后应不断搅拌；c. 浓缩初期，可加少量冷水或植物油，以消除泡沫，保证正常蒸发；d. 浓缩时间要恰当掌握，不宜过长或过短。过长直接影响果酱的色、香、味，造成转化糖含量高，以致发生焦糖化和美拉德反应；过短转化糖生成量不足，在贮藏期间易产生蔗糖的结晶现象，且酱体凝胶不良。浓缩时通过火力大小或其他措施控制浓缩时间；e. 需添加果胶或淀粉糖浆、柠檬酸的制品，当浓缩到可溶性固形物60%以上时，再依次加入。

真空浓缩时，待真空度达到53.32kPa以上，开启进料阀，浓缩的物料靠锅内的真空吸力进入锅内。浓缩时，真空度保持在86.66～96.00kPa，料温60℃左右，待果酱升温至90～95℃时，即可出料。

④包装：果酱类大多用玻璃瓶或防酸涂料马口铁罐为包装容器，容器使用前必须彻底洗刷干净。铁罐以95～100℃的热水或蒸汽消毒3～5min，玻璃罐用95～100℃蒸汽消毒5～10min，然后倒罐沥水。装罐时，保持罐温在40℃以上。胶圈经水浸泡脱酸后使用。罐盖以沸水消毒3～5min。

⑤密封、杀菌、冷却：果酱出锅后，应及时快速装罐密封，一般要求每锅酱分装完毕不超过30min，密封时的酱体温度不低于80～90℃，封罐后应立即杀菌冷却。对于工艺卫生条件好的生产厂家，可在封罐后倒置数分钟，利用酱体的余

热进行罐盖消毒，然后直接入库，不用杀菌，即可保存 1~2 年。但为了安全，在封罐后可进行杀菌处理（5~10min，100℃）。

### （三） 糖制加工中易出现的问题及其预防

糖制后的果蔬制品，尤其是蜜饯类，由于采用的原料种类和品种不同，或加工操作方法不当，可能会出现返砂、流汤、煮烂、皱缩、褐变等质量问题。

#### 1. 返砂与流汤

一般质量达到标准的果蔬糖制品，要求质地柔软，光亮透明。但在生产中，如果条件掌握不当，成品表面或内部易出现返砂或流汤现象。返砂即糖制品经糖制、冷却后，成品表面或内部出现晶体颗粒的现象，使其口感变粗，外观质量下降；流汤即蜜饯类产品在包装、贮存、销售过程中容易吸潮，表面发黏等现象，尤其是在高温、潮湿季节。

果蔬糖制品出现的返砂和流汤现象，主要是因成品中蔗糖和转化糖之间的比例不合适造成的。若一般成品中含水量达 17%~19%，总糖量为 68%~72%，转化糖含量在 30%，即占总糖含量的 50% 以下时，都将出现不同程度的返砂现象。转化糖越少，返砂越重；相反，若转化糖越多，蔗糖越少，流汤越重。当转化糖含量达 40%~45%，即占总糖含量的 60% 以上时，在低温、低湿条件下贮藏，一般不返砂。

因此，防止糖制品返砂和流汤，最有效的办法是控制原料在糖制时蔗糖与转化糖之间的比例。影响转化的因素是糖液的 pH 及温度。pH 2.0~2.5，加热时就可以促使蔗糖转化，提高转化糖含量。杏脯很少出现返砂，原因是杏原料中含有较多的有机酸，煮制时溶解在糖液中，降低了 pH，利于蔗糖的转化。

#### 2. 煮烂与皱缩

煮烂与皱缩是果脯生产中常出现的问题。例如，煮制蜜枣时，由于划皮太深、划纹相互交错、成熟度太高等，经煮制后易开裂破损。苹果脯的软烂除与果实品种有关外，成熟度也是重要影响因素，过生、过熟都比较容易煮烂。

因此，采用成熟度适当的果实为原料，是保证果脯质量的前提；此外，采用经过前处理的果实，不立即用浓糖液煮制，先放入煮沸的清水或 1% 的食盐溶液中热烫几分钟，再按工艺煮制；或在煮制时用氯化钙溶液浸泡果实，也有一定的作用。

另外，煮制温度过高或煮制时间过长也是导致蜜饯类产品煮烂的一个重要原因。因此，糖制时应延长浸糖的时间，缩短煮制时间和降低煮制温度，对于一些易煮烂的产品，最好采用真空渗糖或多次煮制等方法。

果脯的皱缩主要是"吃糖"不足，干燥后容易出现皱缩干瘪。若糖制时，开始煮制的糖液浓度过高，会造成果肉外部组织极度失水收缩，降低了糖液向果肉内渗透的速度，破坏了扩散平衡。另外，煮制后浸渍时间不够，也会出现"吃糖"不足的问题。克服的方法，应在糖制过程中掌握分次加糖，使糖液浓度逐渐提高，延长浸渍时间。真空渗糖无疑是重要的措施之一。

### 3. 变色

糖制品在加工过程中及贮存期间都可能发生变色。在加工期间的前处理中，变色的主要原因是氧化引起酶促褐变，其控制办法必须做好护色处理，即去皮后要及时浸泡在盐水或亚硫酸盐溶液中，有的含气高的还需进行抽空处理，在整个加工工艺中尽可能地缩短与空气接触的时间，防止氧化。非酶褐变则伴随在整个加工过程和贮藏期间，其主要影响因素是温度，即温度越高变色越深。

另外，微量的铜、铁等金属存在（含量 0.001% ~ 0.0035%）也能使产品变色，因此加工用具一定要用不锈钢制品。

### 4. 糖制品霉变和发酵

糖制品霉变和发酵主要由霉菌和酵母菌引起。防止发生霉变最简单的方法是提高糖的浓度，保证果脯、蜜饯中糖的浓度在70%以上，添加防霉剂，如 0.1% ~ 0.2% 二丙酸钠或 0.05% ~ 0.1% 的山梨酸钾；表面处理法，如紫外线间断照射无包装果脯蜜饯的表面。

### 5. 糖结晶

糖结晶是由于果酱中转化糖含量过低造成。

防止办法：严格控制配方，使果酱中含糖量不超过65%，并使其中转化糖占30%左右，也可用淀粉糖浆代替部分砂糖，一般为总加糖的20%。

### 6. 液质分离

液质分离是由于果块软化不充分或浓缩时间短或果胶含量低未形成良好的胶凝而形成。防止办法：

①充分软化果块，使原果胶水解而溶出；

②对果胶含量低的可适当增加糖量；

③添加果胶或增加凝胶作用。

## 五、腌制品加工

### （一）泡酸菜加工

泡酸菜是湿态乳酸发酵制品，因制作容器和调味料的不同，又有泡菜和酸菜之分，但其制作原理和加工基本技术并无太大差异。下面以泡菜为例介绍该类制品加工的基本技术。

#### 1. 工艺流程

盐水
↓
原料选择 → 预处理 → 装坛 → 发酵 → 成品

#### 2. 操作要点

（1）原料选择　凡肉质肥厚、组织紧密、质地嫩脆、不易软烂，并含有一定糖分的新鲜蔬菜,均可选用作为加工泡菜的原料。一般大多数蔬菜都可以用来加工泡菜。

(2) 原料预处理　在泡制前应该对蔬菜原料进行整理、洗涤、晾晒和切分等预处理,以保证泡菜制品的质量和卫生。

①整理:剔除原料的粗皮、粗筋、老叶、根须和表面上的黑斑、烂疤以及病虫危害、腐烂等不可食用的部分。如莴笋应削去粗皮;四季豆摘除老筋;大蒜剥除外皮;萝卜削除叶丛和根须等。

②清洗:用清水洗净原料表面的泥沙和污物。洗涤时可根据各种蔬菜被污染的程度及表面状态,采用机械洗涤或手工洗涤的方法。

③晾晒:原料洗涤后还要进行晾晒。对于一般的原料来讲,通过晾晒可以晾干表面的明水,在腌渍时,可以避免盐水浓度的降低;而对一些含水量较高的原料,通过晾晒脱除部分水分,使菜体萎蔫、柔软,既可降低食盐的用量,又有利于装坛。

④切分:在制作泡菜时,一般对原料不进行切分,但对个体较大的原料可按产品规格要求,适当地切分为条、片、段和块等形状。如萝卜、莴笋切分成条和片;甘蓝和大白菜切分成块;四季豆切分为段等。通过切分既有利于盐分和调味料的渗透,保证产品品质、风味和外观的一致性,又便于装坛。

⑤预腌出坯:工业化生产泡菜时,原料菜要先经预腌出坯,然后再进行泡制。预腌出坯可使蔬菜在食盐的作用下脱除菜体内过多的水分,增强盐分的渗透效果,以免装坛后降低盐水浓度和泡菜质量;食盐的高渗透压作用,可以抑制腐败菌的滋生,还可以去掉原料中的一些不良气味。

先将蔬菜在10%~25%的食盐溶液中腌渍,或用食盐直接进行腌渍。由于蔬菜质地不同,腌渍的时间可以是几小时或几天。质地细嫩、含水量高、食盐容易渗透的蔬菜,如黄瓜、莴笋等只需腌渍2~3h;而对于质地致密或个体较大、渗盐较为缓慢的蔬菜,如大蒜、萝卜等则需腌制5~7d。对一些质地柔嫩的蔬菜,为增加其硬度,防止泡制时菜体软烂,可在预腌出坯的盐水中添加0.2%~0.3%的氯化钙。

(3) 泡菜盐水的配制　泡菜盐水是指蔬菜经预腌出坯后,用来泡制蔬菜的盐水。配制泡菜盐水时,除加一定量的食盐以外,还要加入适量的佐料和香料,以起辅助渗透盐分、保脆、杀菌和调香调味的作用。因此,泡菜盐水的质量,会直接影响泡菜的品质和风味。

①泡菜盐水的种类:泡菜盐水因使用时间和质量不同,可分为以下种类和级别。

a. 洗澡盐水。洗澡盐水是指对边泡边吃的蔬菜使用的盐水。此法成菜时间短,断生即食。盐水多是咸而不酸,缺乏鲜香味。配制时,盐水浓度为28%,再加入25%~30%的老盐水作调味接种,并根据所泡蔬菜种类适当添加佐料和香料。

b. 新盐水。新配制的盐水。盐水浓度为6%~25%，可加入20%~30%的老盐水。

c. 老盐水。老盐水是指使用一年以上的泡菜盐水。色、香、味俱佳，且含大量乳酸菌，可作为制作泡菜时的接种盐水。

d. 新老盐水。将新、老盐水按各50%的比例，配合而成，又称为母子盐水。使用老盐水时应注意食盐浓度变化，每泡一次，应添加适量食盐，一般按50~70g/kg蔬菜加盐。

②泡菜盐水的配制：配制泡菜盐水时应注意以下几个方面。

a. 配制泡菜盐水的水质，以硬水为好。

b. 配制泡菜盐水时所用的水，应该经过煮沸、冷却，减少和杀灭微生物。

c. 配盐水用的食盐，应该是纯度较高、品质好的优质盐。

d. 含盐量因地区和泡菜种类的不同而异，从6%到28%不等。

e. 对某些蔬菜种类，为了增加泡菜的脆度和防软烂，可在配制盐水时添加适量的钙盐。

③泡菜盐水中的佐料和香料：

a. 泡菜的佐料。泡菜制作时常须添加一些佐料，如白酒、料酒、醪糟汁、红糖、白糖、大蒜、生姜、干辣椒等。白酒、料酒和醪糟汁对入坛泡制的蔬菜可起辅助渗透盐味、保嫩脆和杀菌的作用；白糖、红糖和干辣椒则可起调味、增鲜等作用。

b. 泡菜的香料。香料在泡菜盐水中具有增香味、除异味、去腥味的功效。用于泡菜的香料主要包括八角、甘草、草果、花椒和胡椒等。香料的添加量，一般为加入盐水量的0.05%~0.5%，或者依据口味适当调整香料种类和用量。

（4）装坛　制作泡菜时应对泡菜坛进行严格的选择，要选用火候好、釉色好、无裂纹、无砂眼、坛沿深、盖子吻合好的泡菜坛。凡是有砂眼、裂纹的泡菜坛均不可使用，否则将会引起盐水败坏和烂菜现象。

（5）发酵　此期间可根据微生物活动情况和乳酸积累量分三个阶段。

①发酵初期——异型乳酸发酵：进行异型乳酸发酵和微弱的酒精发酵，产生大量的二氧化碳，坛沿水槽内有气泡逸出，坛内逐渐成嫌气状态。含酸量约为0.4%，是泡菜初熟阶段，其菜质咸而不酸、有生味。

②发酵中期——同型乳酸发酵：乳酸的积累量可达到0.6%~0.8%，pH为3.5~3.8，有害微生物的活动受到抑制。泡菜完熟，菜体酸味清香。

③发酵后期：乳酸积累量继续增加，可达1.0%以上。当乳酸含量达到1.2%以上时，乳酸杆菌的活性也受到抑制，发酵速度逐渐缓慢甚至停止。菜质酸度过高，风味不协调。

（6）成品　泡菜的成熟期受蔬菜的种类、盐水的浓度和种类及发酵温度等因素的影响而有变化。夏季气温较高，用新盐水泡制的一般叶菜类3~5d即成熟，根茎菜类 7~10d 成熟，大蒜、薤头则要半月以上才能成熟。冬季则需延长一倍的时间。如果使用老盐水泡制时，成熟期可以大大缩短。

### （二）酱菜加工

**1. 工艺流程**

原料选择→预处理→盐腌→切制改形→脱盐脱水→酱制→成品

**2. 操作要点**

（1）盐腌　盐腌的目的如下。

①盐腌时利用高渗透压使细胞死亡，改善细胞膜的通透性，有利于下一步酱渍时酱液能更快更好地渗透到蔬菜细胞内。

②盐腌使蔬菜大量脱水，体积减少，组织变得紧密且有韧性和脆性，有利于在随后的加工工序中不被破损。

③在盐腌过程中使蔬菜中的水分大量外渗，在后续酱渍过程中不会因原料中水分过多而冲淡酱的浓度。

④盐腌时食盐浓度较大，使微生物难以生长繁殖，使其能长期保存。

（2）酱渍　酱渍的目的是将盐腌的菜胚脱盐后浸渍于甜酱或咸酱或酱油中，使酱料的色香味物质扩散到菜胚内。酱渍的方法是直接将处理好的菜胚浸没在豆酱或甜酱的酱缸中。在缸内先放一层菜胚，再加一层酱，层层相间地进行酱渍。或者将原料如嫩姜等先装入布袋内后再用酱覆盖。

### （三）咸菜加工

咸菜类可以大致分为咸菜和榨菜两类。

**1. 咸菜**

主要咸菜制品有湿态腌咸菜、四川冬菜、北京大头菜、浙江南浔香大头菜等。加工工艺流程如下。

（1）湿态腌咸菜

鲜菜→晾晒→洗涤→晾干→整理→加盐（揉搓）→入缸→倒缸→成品

（2）四川冬菜

品种选择→晾晒→修剪→揉搓→腌制→上囤→拌料装坛→晒坛后熟→成品

（3）北京大头菜

菜头→去叶簇、粗皮和侧根→分级→淘洗→晾晒→入坛腌制→成品

**2. 榨菜**

主要榨菜制品有四川榨菜、浙江榨菜、方便榨菜等。加工工艺流程如下。

（1）四川榨菜

青菜头→分类→剥皮划块→串菜→上架晾菜→下架剥老皮→头腌→翻池→二腌→起池修剪→盐水淘洗→压榨→拌料装坛→后熟及清口→成品

（2）浙江榨菜

原料收购→剥菜→头次腌制→头次上囤→二次腌制→二次上囤→修剪除筋→淘洗分级→拌料装坛→封口→成品

（3）方便榨菜

白块榨菜→开坛→切丝→脱盐→脱水→拌料调味→称量→装袋→真空封口→杀菌→冷却→吹干→成品

**3. 注意事项**

（1）选好腌渍原料　腌制咸菜原料，必须符合两条基本标准：一是新鲜，没有杂菌感染，符合卫生要求；二是品种必须对路，不是任何蔬菜都适于腌制咸菜。腌制咸菜，要选择那些耐贮藏，不怕压、挤，肉质坚实的品种，如白菜、萝卜、苤蓝、玉根（大头菜）等。

（2）腌制工具与容器的选择　腌制数量大、保存时间长的，一般用缸腌；腌制半干咸菜，如香辣萝卜干、大头菜等，一般应用坛腌，因坛子肚大口小，便于密封；腌制数量极少、时间短的咸菜，也可用小盆、盖碗等。腌器一般用陶瓷器皿为好，切忌使用金属制品。

（3）咸菜的腌制温度及放置场所

①咸菜的温度一般不能超过20℃，否则，咸菜会很快腐烂变质、变味。在冬季要保持一定的温度，一般不得低于-5℃，最好在2~3℃为宜。温度过低咸菜受冻，也会变质、变味。

②贮存腌菜的场所要阴凉通风，以利于散发咸菜生成的热量。咸菜发生腐烂、变质，多数是由于咸菜贮藏的地方不合要求，温度过高，空气不流通，蔬菜的呼吸热不能及时散发所造成的。腌后的咸菜不要在太阳底下暴晒。

**（四）糖醋菜加工**

**1. 糖醋大蒜**

加工工艺流程如下：

选料→剥衣→盐腌→晾晒→配料→装坛后熟→包装→成品

产品质量要求：红褐色或乳白色，有光泽，具蒜香和脂香气，甜酸适口，颗粒饱满，质脆少渣。

**2. 糖醋黄瓜**

糖醋香液的配制：用冰醋酸配制2.5%~3%的醋酸溶液2000mL、蔗糖400~500g、丁香1g、豆蔻粉1g、月桂叶1g、生姜4g、桂皮1g、白胡椒粉2g。装罐，密封，杀菌，可长期保存。

产品质量要求：色泽黄绿，有晶莹感，具有黄瓜的清香气，口感脆嫩清爽，甜酸适口。

## 六、酿造制品加工

### (一) 果醋加工

果醋是以水果,包括棠梨、山楂、桑葚、葡萄、柿子、杏、柑橘、猕猴桃、苹果、西瓜等,或果品加工下脚料为主要原料,利用现代生物技术酿制而成的一种营养丰富、风味优良的酸味调味品。

**1. 果醋发酵基本原理**

果醋发酵,如以含糖果品为原料,需经过两个阶段进行,先为酒精发酵阶段,其次为醋酸发酵阶段,利用醋酸菌将酒精氧化为醋酸,即醋化作用。如以果酒为原料则只进行醋酸发酵。

(1) 醋酸发酵微生物　醋酸菌大量存在于空气中,种类也很多,对酒精的氧化速度有快有慢,醋化能力有强有弱,性能各异。目前醋酸工业应用的醋酸菌有许氏醋酸杆菌及其变种弯醋杆菌,它们是一类不能运动的杆菌,产醋力强,对醋酸没有进一步氧化的能力,用作生产工业醋的菌株。

(2) 影响醋酸菌发酵的因素

①乙醇、醋酸:酒度超过14%(体积分数),醋酸菌繁殖迟缓,醋酸产量甚少;而酒度若在12%~14%(体积分数),醋化作用进行得很好。醋酸菌可忍受8%~10%的醋酸浓度。

②氧气:发酵初期,酸量低,发酵力较弱;发酵中期,醋酸菌旺盛产酸,应增加氧气供给;发酵后期,进入醋酸菌衰老死亡期,可少量供氧。

③$SO_2$:果酒中的二氧化硫对醋酸菌的繁殖有碍。若果酒中的二氧化硫含量过多,则不适宜制醋,解除其二氧化硫后,才能进行醋酸发酵。

④温度:10℃以下,醋化作用进行困难。20~32℃为醋酸菌繁殖最适宜温度,30~35℃其醋化作用最快,达40℃即停止活动。

(3) 醋酸发酵的生物化学变化　首先,酒精氧化成乙醛:

$$CH_3CH_2OH + 1/2O_2 \longrightarrow CH_3CHO + H_2O$$

其次,乙醛吸收一分子水成水合乙醛:

$$CH_3CHO + H_2O \longrightarrow CH_3CH(OH)_2$$

最后,水合乙醛再氧化成醋酸:

$$CH_3CH(OH)_2 + 1/2O_2 \longrightarrow CH_3COOH + H_2O$$

醋酸实际产率一般只能达理论数的85%左右。有些醋酸菌在醋化时将酒精完全氧化成醋酸后,为了维持其生命活动,能进一步将醋酸氧化成二氧化碳和水:

$$CH_3COOH + 2O_2 \longrightarrow 2CO_2 + 2H_2O$$

**2. 果醋酿造工艺**

(1) 醋母制备　优良的醋酸菌种,可以从优良的醋酸或生醋(未消毒的醋)

中采种繁殖，也可用纯种培养的菌种。制备方法有固体培养和液体扩大培养。

（2）酿醋及其管理　果醋酿造分固体酿制和液体酿制两种。

①固体酿制法：以果品或残次果品、果皮、果心等为原料，固态发酵。

a. 酒精发酵。取果品洗净、破碎，加入酵母液3%~5%，进行酒精发酵，在发酵过程中每日搅拌3~4次，经5~7d发酵完成；

b. 制醋坯；

c. 淋醋。

②液体酿制法：液体酿制法是以果酒为原料酿制。酿制果醋的原料酒，其酒精发酵必须完全、澄清。优良的果醋仍由优良的果酒而得，但质量较差或已酸败的果酒亦适宜酿醋。

将酒度调整为7%~8%（体积分数）的果酒，盛于醋化器中，为容积的1/3~1/2，接种醋母液5%~10%。在醋化期中，控制室温30~34℃，每天搅拌1~2次，约经10d即可醋化完成。取出大部分果醋，留下菌膜及少量醋液在盆内，再补加果酒，继续醋化。

（3）果醋的陈酿和保藏

①陈酿：果醋的陈酿与果酒相同。通过陈酿果醋变得澄清，风味更加纯正，香气更加浓郁。陈酿时将果醋装入桶或坛中，装满、密封，静置1~2个月即完成陈酿过程。

②过滤、灭菌：陈酿后的果醋经澄清处理后，用过滤设备进行精滤，在60~70℃下杀菌10min，即可装瓶保藏。

（二）果酒加工

用水果本身的糖分被酵母菌发酵成为酒精的酒，含有水果的风味与酒精。原料品种是保证果酒产品质量的因素之一，它将直接影响果酒酿制后的感官特性。酿造果酒的水果以猕猴桃、杨梅、橙、葡萄、蓝莓、红枣、樱桃、荔枝、蜜桃、柿子、草莓等较为理想。选取时要求成熟度达到全熟透、果汁糖分含量高且无霉烂变质、无病虫害。

1. 工艺流程

鲜果→|分选|→|破碎、除梗|→果浆→|分离取汁|→|澄清|→清汁→|发酵|→|倒桶|→|贮酒|→|过滤|→|冷处理|→|调配|→|过滤|→成品

2. 操作要点

（1）发酵前的处理　前处理包括水果的选择、破碎、压榨，果汁的澄清、改良等。

破碎、除梗：破碎要求每粒种子破裂，但不能将种子和果梗破碎，否则种子内的油脂、糖苷类物质及果梗内的一些物质会增加酒的苦味。破碎后立即将果浆与果梗分离，防止果梗中的青草味和苦涩物质溶出。

破碎机有双辊压破机、鼓形刮板式破碎机、离心式破碎机、锤片式破碎机等。

（2）渣汁的分离　破碎后不加压自行流出的果汁称作自流汁；加压之后流出的汁液称作压榨汁，一般压榨2~3次。

自流汁质量好，宜单独发酵制取优质酒。压榨分两次进行，第一次逐渐加压，尽可能压出果肉中的汁，质量稍差，应分别酿造，也可与自流汁合并。将残渣疏松，加水或不加，进行第二次压榨，压榨汁杂味重，质量低，宜作蒸馏酒或其他用途。设备一般为连续螺旋压榨机。

（3）果汁的澄清　压榨汁中的一些不溶性物质在发酵中会产生不良效果，给酒带来杂味，而且，用澄清汁制取的果酒胶体稳定性高，对氧的作用不敏感，酒色淡，铁含量低，芳香稳定，酒质爽口。

（4）二氧化硫处理　二氧化硫在果酒中的作用有杀菌、澄清、抗氧化、增酸、使色素和单宁物质溶出、还原作用、使酒的风味变好等。可使用二氧化硫气体及亚硫酸盐，前者可用管道直接通入，后者则需溶于水后加入。

（5）果汁的调整

①糖的调整：酿造酒精含量为10%~12%的酒，果汁的糖度需17~20°Bé。如果糖度达不到要求则需加糖，实际加工中常用蔗糖或浓缩汁。

②酸的调整：酸可抑制细菌繁殖，使发酵顺利进行；使红葡萄酒颜色鲜明；使酒味清爽，并具有柔软感；增加酒的贮藏性和稳定性。干酒酸含量宜在0.6%~0.8%，甜酒0.8%~1%。一般pH大于3.6或可滴定酸低于0.65%时应该对果汁加酸。

（6）酒精发酵

①酒母的制备：酒母即扩大培养后加入发酵醪的酵母菌，生产上需经三次扩大后才可加入，分别称一级培养（试管或三角瓶培养）、二级培养、三级培养，最后用酒母桶培养。

②发酵设备：发酵设备要求应能控温，易于洗涤、排污、通风换气良好等。使用前应进行清洗，用$SO_2$或甲醛熏蒸消毒处理。发酵容器也可制成发酵贮酒两用，要求不渗漏，能密闭，不与酒液起化学作用。有发酵桶、发酵池，也有专门的发酵设备，如旋转发酵罐、自动连续循环发酵罐等。

③果汁发酵过程：分主（前）发酵和后发酵。

主发酵即将果汁倒入容器内，装入量为容器容积的4/5，然后加入3%~5%的酵母，搅拌均匀，温度控制在20~28℃，发酵时间随酵母的活性和发酵温度而变化，一般为3~12d。残糖降为0.4%以下时主发酵结束。

后发酵即将酒容器密闭并移至酒窖，在12~28℃条件下放置1个月左右。发酵结束后要进行澄清，澄清的方法和果汁相同。

（7）成品调配　果酒的调配主要有勾兑和调整。勾兑即原酒的选择与适当比例的混合；调整即根据产品质量标准对勾兑酒的某些成分进行调整。

（8）过滤、杀菌、装瓶　过滤有硅藻土过滤、薄板过滤、微孔薄膜过滤等。果酒常用玻璃瓶包装。装瓶时，空瓶用2%~4%的碱液在50℃以上温度浸泡后，清洗干净，沥干水后杀菌。果酒可先经巴氏杀菌再进行热装瓶或冷装瓶，含酒精低的果酒，装瓶后还应进行杀菌。

### 七、速冻制品加工

#### （一）速冻工艺技术

速冻制品属于冷冻食品。冷冻食品是英国人珀金1834年发现压缩机后出现的。速冻工艺应用于果蔬加工保藏只是近半个世纪才发展起来的一项技术。

**1. 速冻原理**

速冻保藏是利用快速冷冻工艺对原料进行加工，并在低温下进行保藏的一种方法。

（1）冷冻对微生物的影响　冷冻不是杀菌措施，食品在冻结及冻藏过程中，对致病细菌的抑制作用强而杀伤效应则很慢。防止微生物繁殖的临界温度是-12℃，酵母菌和霉菌比细菌耐低温能力强。冷冻食品的冻藏温度一般要求不低于-12℃，通常是-18℃或更低。

（2）低温对酶的影响　低温对多数酶的活力都有抑制作用，但食品冷冻对酶的活力只是起抑制作用，降低其活力，酶的活力并没有消失，一旦解冻酶活力会骤然增强，仍能催化各种反应导致产品变化。

要有效地抑制酶的活力及各种生物化学反应，要求温度低于-18℃，因为在-18℃以上仍然有不少未冻结的水分存在，这为酶提供了活动的条件。因此长期冻藏的温度一般不能高过-18℃。

（3）冷冻过程

①冰点温度：

a. 纯水开始结冰的温度称冰点（冻结点），为0℃。

b. 果蔬组织中的水不是纯水，而是呈溶液状态，其冰点温度比纯水低，而且溶液浓度越高，冰点温度越低。果蔬组织的冰点多为-3.8~-0.6℃，结合水的冰点更低。

c. 果蔬活组织的冰点温度低于死组织的冰点温度。

②冻结过程：食品的冻结过程可以分为三个阶段。

a. 初阶段。即从初温至冰点（冻结点）。放出的热称为"显热"，量较少，降温较快。

b. 中阶段。即从冰点下降至其中心温度为-5℃时。此时食品内已有80%以上的水分被冻结，由于水转变成冰时需要排除大量"潜热"，整个冻结过程中总热量的大部分在此阶段排除，量很大。

c. 终阶段。从成冰后到终温（一般是从 -5℃ 至 -18℃）。

③冷冻速度与冰晶的形成：

a. 水结冰后，冰的体积比水增大约 9%；含水量多的果蔬冻品，体积有所膨大。

b. 当温度下降至冰点，潜热被排除后，果蔬组织的水分开始结冰。冻结时是由外部向内部冻结。

c. 冻结速度：快速冻结——每小时冻结冰层大于 5cm，即 5cm/h，或者 30min 内食品中心温度由 -1℃ 降至 -5℃，为快速冻结；慢速冻结——每小时冻结冰层小于 5cm，或由 -1℃ 降至 -5℃ 超过 30min 即为慢速冻结。

**2. 工艺流程**

选料 → 前处理 → 烫漂 → 冷却 → 沥干（包装或装盘）→ 速冻 → 包装或装箱 → 冻藏

**3. 操作要点**

（1）原料选择　选适宜速冻加工的品种，主要看解冻后的食用品质及价值。大多数果蔬均适合速冻处理，原料必须达到采收成熟度，质地尚坚脆，色、香、味已形成。

（2）前处理　主要包括清洗、挑选、整理、去皮、切分、护色等。蔬菜可根据习惯的加工方法或食用要求来去皮和切分。

（3）烫漂与冷却　使酶失活、软化纤维组织、去掉辛辣涩味、防止褐变及营养物质的氧化损失。主要用于蔬菜速冻加工上，如钝化过氧化物酶、过氧化氢酶、多酚氧化酶、维生素 C 氧化酶等。一般沸水烫漂 1~5min，原料投入量为 3:1，然后投入冷水中冷却。

（4）沥干　自然晾干或离心甩干机或振动筛沥干，避免表面水分结块。

（5）速冻　常温 → 0℃ → -1℃ → -5℃ → -35 ~ -18℃。

（6）包装　作用是防止冰晶升华、氧化变色，防止污染，便于运销食用。要求装潢美观、便于装料、密封和开启，一般计量包装。

（7）冻藏　一般冻藏温度为 -20 ~ -18℃ 或更低。要保持库温的相对稳定，防止冰晶体融化或再结冰使冰晶增大。

**（二）速冻制品常见质量问题及其控制**

果蔬中含有较多的化学成分，这些成分多是人们所需要的营养成分，主要有水分、有机酸、纤维素、碳水化合物、含氮化合物、色素、芳香物质、脂肪酸类、多酚类、酶类、维生素类和矿物质类等。这些成分在加工中会表现出不同的加工特性，加之在加工过程中来自原料、器具、机械设备、人员、水及空气中氧气与微生物的参与，使速冻果蔬制品在生产、冻藏和流通以及食用过程中，会发生各种各样的质量问题。

**1. 速冻制品常见质量问题**

（1）变色　速冻果蔬制品的变色种类较多：①浅色果蔬或切片的果蔬切面

色泽变红或变黑；②绿色果蔬的绿色渐渐失去而变为灰绿色；③果蔬制品失去原有色泽或原色泽加深。这三种变色都称为褐变，其主要原因是果蔬中含有多酚氧化酶类，这些酶在氧的作用下将酚氧化成红黑色的醌类化合物；叶绿素酶氧化分解叶绿素。

此外，加工用水中如有酸性物质也会引起制品失绿；如有金属离子也可催化制品褐变；制冷剂的泄漏也会引发制品变色。变色会发生在速冻加工阶段，也会发生在冷冻贮藏阶段和流通阶段。

（2）变味　速冻果蔬变味有以下几种：①具有刺激性气味的果蔬气味使味淡的果蔬串味；②冷库的冷臭造成食品变味；③速冻工艺不规范，如原料受冻、过分慢冻、烫漂不足、冻结或温度波动，以及反复冻结，都会使果蔬组织变化、胞液流失而造成变味；④含蛋白质和脂肪的果蔬氧化后发生的变味。后两种变味往往使口感下降。变味多发生在冻藏阶段。

（3）结冰霜与干耗　这两种现象都是由于水分而引起的。水分在冻结时发生轻微的膨胀，在冻藏中若温度波动，冰晶就会逐渐长大；温度若高于-18℃，并有蒸气压差，冰晶会附在制品表面，造成黏连；速冻前若甩水不彻底也会造成冰霜。干耗是冰晶升华引起的，也是由于蒸气压差的存在而产生的，水分从表面升华后，造成制品表面干燥，质量减少，严重时呈海绵状。冰霜和干耗多发生在冻藏阶段。

（4）口感劣变　口感的劣变主要是指制品的变硬、变生和纤维化等。

①口感劣变发生在冻藏期间，主要是制品的蛋白质冷冻变性后质地变硬，使脂肪氧化造成变黏、水分蒸发，以及氧化造成纤维老化等。

②口感劣变发生在食用阶段，主要是食用方法不当，如缓慢烹调造成制品汁液流失使细胞结构变化而发生纤维化，烹调后有"生菜"的感觉。

（5）营养损失　好的速冻果蔬制品不仅色、香、味好，而且还应保持其较高的营养成分，而这一点往往被忽略。虽然营养成分的损失也多发生在制品出现色、香、味变化时，但是加工中还有很多工序可使营养成分损失，比如果蔬切分后洗涤可使其矿物质和糖损失；热烫、冻藏和烹调不当可使果蔬的维生素损失，主要是维生素C的损失。营养损失发生在速冻、冻藏及食用阶段。

（6）微生物超标　速冻果蔬制品无杀菌过程，之所以能够长期保存而不受微生物危害，是由于冷冻状态下微生物不能获得水分而受到抑制。速冻果蔬中的微生物主要是细菌，低温细菌在-10℃才停止繁殖但并非死亡，在-18℃下只有一部分细菌死亡。随着冻藏时间的延长，细菌数量会减少，但温度回升后未灭的细菌仍可繁殖。速冻果蔬微生物超标可在速冻、冻藏及流通期间发生，而往往不易被察觉，但它对企业造成的危害不可忽视。

**2. 速冻制品质量控制**

速冻果蔬生产中，主要环节虽然是速冻工序，但原料处理及成品冻存等工序对产品质量也有较大的影响,因此,速冻果蔬制品生产中,必须建立完备的质量控制体系,才能确保其品质优良。

(1) 原料质量的控制　速冻制品原料的生产操作规程要满足产品加工对原料的要求。原料生产中应少施钙和镁肥,适当追施氮肥;保证正常的生长期灌溉,不喷洒促进成熟的激素类,这样可防止产品纤维化;原料生产出来后还需进行采收成熟度的选择,速冻果蔬中的青菜类和果菜类都要在鲜嫩状态时采摘,果类可按食用成熟度采收。

(2) 前处理的控制　前处理控制点主要是烫漂。烫漂温度 85~95℃,时间 4~7min,以烫至过氧化物酶失活为度。烫漂程度可通过愈创木酚进行检验,即将菜从中心一撕(切)两半,放入质量分数为 0.1% 的愈创木酚液中浸泡片刻取出,在断面中心滴上体积分数为 0.3% 的过氧化氢溶液,若变红则表明烫漂不足,不变色则表示酶已失活,这样可防止制品变色。烫漂切忌过度。

(3) 速冻工序的控制　在速冻机或急冻间进行,温度 -35~-32℃,时间 30min,使其快速通过最大冰晶生成带,而后转入 -18℃ 以下冷库中。

(4) 冷冻保存的控制　冷库温度最好在 -20℃ 以下,温度波动应在 ±1℃,尽量保持恒温;产品应包装严密,装满库,可防止干耗及氧化降质。

(5) 流通及食用的控制　产品在出库流通过程中,保持最低温度在 -12℃ 以下,且时间不宜太长,食用前无须解冻,直接烹调或用沸水、微波解冻后凉拌食用。

(6) 速冻制品生产的卫生控制　速冻果蔬生产中的微生物主要有细菌、酵母菌及霉菌,来源于果蔬原料、设备、空气、工作人员及加工过程中的污染。应定期对库房工具和设备消毒杀菌;定期对冷库进行除臭和除霉。

## 八、鲜切园艺制品加工

鲜切园艺制品是指改变了蔬菜、水果的物理形状,但仍然保持其新鲜状态的果菜制品,以及从栽培或野生观赏植物上剪切下来供瓶插水养,或用来制作花束、花篮、插花等供观赏、装饰之用的花枝、果枝、茎和叶等园艺材料。

### (一) 鲜切工艺技术

鲜切果蔬又称最少加工果蔬、半加工果蔬、轻度加工果蔬等,它是指以新鲜果蔬为原料,经分级、清洗、整修、去皮、切分、保鲜、包装等一系列处理后,再经过低温运输进入冷柜销售的即食或即用果蔬制品。鲜切果蔬既保持了果蔬原有的新鲜状态,又经过加工使产品清洁卫生,属于净菜范畴,天然、营养、新鲜、方便以及可利用度高(100%可食用),可满足人们追求天然、营养、快节奏的生活方式等方面的需求。鲜切产品起源于美国,20世纪50年代美国以马铃薯为原料开始切割果蔬的研究,到60年代,切割果蔬开始进入商业化生产。中国是农业大国,在种植业结构中蔬菜和水果产量分别位居第二和第三。然而,我国鲜切果蔬的研究起步较晚，鲜切果蔬加工兴起于20世纪90年代，随着人们生活水平的不断提高和生活节奏的加快，即食、方便食品已经成为人们的消费时尚，鲜切果蔬将成为果蔬采后研究领域中的重要方向之一，但是与原材料相比，鲜切果蔬由于切分处理所造成的机械损伤会引发一系列生理生化变化，如变色、变味、衰老、软化以及由于微生物侵染而导致变质，且在最佳低温条件下一般有7~10d的保质期。因此，保持品质、延长保鲜期是鲜切果蔬加工工艺的关键。

#### 1. 鲜切果蔬加工工艺

（1）工艺流程

原材料 → 适时采收 → 分级、修整 → 清洗切分 → 预清洗 → 防腐处理 → 护色 → 清水漂洗 → 沥干 → 包装 → 贮藏

（2）操作要点　鲜切果蔬的加工是一个综合的过程，要想获得高品质的鲜切产品，必须从原料的选择到运输销售全过程的每一个环节进行严格控制。其加工过程中的关键步骤如下。

①原料的选择：果蔬原料是保证鲜切果蔬质量的基础。果蔬原料一般选择新鲜、饱满、成熟度适中、无异味、无病虫害的个体。

②适时采收：用于鲜切果蔬的原料一般采用手工采收，采收后需立即加工。如采收后不能及时加工，一般需在低温条件下冷藏备用。

③分级、修整：按大小或成熟度分级，分级的同时剔除不符合要求的原料。用于生产鲜切果蔬的原料经挑选后需要进行适当的整修，如去皮、去根、去核、除去不能食用的部分等。

④清洗、切分：清洗可洗去泥砂、昆虫、残留农药等，能为下一步减菌、灭菌和提高清洗效果奠定一个良好的基础。根据原料特点和生产需要，可采用浸渍或充气的方法使得清洗效果得以加强。清洗设备有浸泡式、搅动式、摩擦式、浮流式及各种方式的组合。鲜切果蔬的体积大小对鲜切果蔬的品质会有影响。切割程度越大，引起的伤呼吸越严重；切割的体积越小，切分面积就越大，表面水分蒸腾越快，切分面流出的酚类物质容易被氧化，发生褐变，影响了外观品质，也不利于产品的保存。切割方式的不同也会造成切割水果创伤面积大小的差异和营养物质流失量的不同，从而影响切割水果的保鲜效果。此外，刀刃状况与所切果蔬的保存时间有着很大的关系，锋利刀切分果蔬保存时间长；钝刀切割面受伤多，容易引起变色腐败。切分的大小对鲜切果蔬的品质也有影响，切分越小，切口面积越大，越不利于保存。

⑤灭菌：彻底清洗果蔬是加工中的关键。经切分的果蔬表面已造成一定程度的破坏，汁液渗出，易引起腐败、变色，导致产品质量下降。不同的果蔬可选用不同的清洗液，以保持其食用品质及延长其保质期。

⑥护色和漂洗：一般在去皮或切分后还要进行洗涤。清洗用水须符合饮用水标准，并且最好低于5℃。果品鲜切后，影响其品质的最大问题是褐变。一般在

清洗水中加入一些护色保鲜剂如亚硫酸盐、抗坏血酸、柠檬酸、山梨酸钾、苯甲酸钠、半胱氨酸、$CaCl_2$、$ZnCl_2$、乳酸钙等，可以减少微生物数量并阻止酶反应，因而可以改善货架期及产品的感官品质。

切割后漂洗对减缓果实组织生理衰败、防止果实软化和品质变化等都非常有效。漂洗有利于伤组织释放底物和酶，通常为1～5min。温度对漂洗效果的影响非常明显，高温漂洗效果较好，但高温会提高多酚氧化酶（PPO）的酶活力。一般漂洗温度不能高于20℃。漂洗效果还取决于的pH，酸性环境具有抗菌特性，所以一般用较低的pH。有时则需pH接近中性的漂洗液，如使用半胱氨酸护色处理，否则将导致果实组织变为桃红色。

⑦沥干：漂洗后必须严格干燥，避免果蔬腐败，至少采用沥水法去除果蔬表面的水分，也可用干棉布或吹风排除产品表面的水分。

⑧包装：包装可以有效地减少切割果蔬水分损耗，减轻外界气体及微生物的影响，抑制呼吸强度，延缓乙烯生成，降低生理生化反应速度，防止芳香成分挥发，从而延缓切割果蔬组织的衰老和腐败变质，提高产品的品质和稳定性。鲜切果蔬的包装有多种，常见的方式有自发调节气体包装（MAP）、减压包装（MVP）、活性包装（AP）、涂膜包装等。

⑨贮藏：温度是影响鲜切果蔬质量的主要因素。鲜切果蔬在生产、贮运及销售过程中均应处于低温状态。最佳的贮藏温度就是稍高于果蔬材料冰点的温度；也可根据商业需要，采用5℃或10℃的货架温度来贮藏鲜切果蔬。另外，贮藏时注意不要低于果蔬的冷害温度，以免出现冷害症状，造成鲜切果蔬不可食用。包装及贮存过程中综合利用各种保鲜措施，可维持鲜切水果的食用品质，延长货架期。

**2. 鲜切花加工工艺**

鲜切花又称鲜花或切花，一般指从花卉植株上剪切下来、带有较长茎部的花枝或花序，后泛指从栽培或野生观赏植物上剪切下来供瓶插水养，或用来制作花束、花篮、插花等供观赏、装饰之用的花枝、果枝、茎和叶等。鲜切花加工工艺流程主要包括以下几个环节：

采收 → 分级 → 预冷 → 包装

（1）采收

①采切时期：商品鲜切花适宜的采切时期随花卉种类、品种、季节、环境条件、距市场远近和消费者的特殊要求而异。一般而言，越是在花朵发育的后期采切，鲜切花的瓶插寿命就越短。因此，在能保证花朵正常开放、不影响品质的前提下，应尽可能在花蕾阶段采切。

②采切的时间和方法：由于切花采后的发育和瓶插寿命与其体内碳水化合物和其他营养物质的积累有很大关系，因此对于带茎叶的鲜切花，如月季等来说，采切时间午后优于早晨，这是因为经过一天的光合作用，鲜切花茎中积累了较多

的碳水化合物，质量较高。但这在实际操作中往往因影响了当日销售而难以实行。对于大多数鲜切花来说，宜在上午采切。上午鲜切花的含水量最高，可使鲜切花的细胞保持较高的膨压。但要注意应在露水、雨水或其他水分干燥后采切，以防因鲜切花较潮湿而受真菌病害感染。

要用锋利的刀剪把花茎从母株上斜剪下来。一般来讲，如果切花采后立即置于水中或保鲜液中，切采方法并不明显影响瓶插寿命。剪截时应形成一斜面，以增加花茎的吸水面积，这对吸水只能通过切口的本质茎类切花尤为重要。草质茎类切花除由切口导管吸水外，还可从外表皮组织进行，因此剪口并不那么重要。剪口应当光滑，避免压破茎部，否则会引起含糖汁液渗出，有利于微生物侵染（可以在水中放杀菌剂来解决感菌的问题），进而又将形成茎的阻塞。

切割花茎的部位要尽可能地使花茎长空。但由于花茎基部木质化程度过高，基部刀割会导致切花吸水能力下降，缩短切花寿命。因此切割的部位应选择靠近基部而花茎木质化程度适度的地方。

（2）分级  收获后的切花因其质量参差不齐，必须按一定的标准分级。分级依据花柄的长度、花朵质量和大小、开放程度、小花数目、叶片状态等为依据，分为若干个等级，使切花产品达到标准化和商品化的要求。一般来说，对切花而言，花茎越粗、越长，则商品的品质越好。

鲜切花从整体感、花形、花色、花枝、叶、病虫害、损伤、采切标准、采后处理9个方面综合评价，分特级、一级、二级和三级4个等级。除此之外，标准还对检验规划、包装、标志、运输和贮藏技术作了明显规定。

质量分级检验是保证花卉品质的质量控制过程，它一方面可防止垃圾花进入流通领域，帮助批发商和出口商获得符合市场要求的产品；另一方面决定着产品的价格，按质论价，保护了花卉生产者的利益。花卉分级包装的主要目的是提高产品交易效率，降低纠纷发生率，鼓励生产者创优质品牌，增加经济效益。

切花的评估与分级是非常重要的一项工作。切花质量的正确评估及分级对于栽培者更为重要，因为这决定了切花的价格，关系到栽培者的经济利益。不同的栽培者对切花的评估与分级会有差异。被某栽培者评定为一等的切花，其他栽培者可能认为不够一等或超过一等。为了避免分级的不一致，应由批发商建立分级中心，统一对切花进行评估，栽培者把切花或盆花运到分级中心，由有资格的专业人员统一进行评估和分级。这一系列工作保证了植物材料的统一性，保护了栽培者公平合理的产品价格。

（3）预冷  切花在运输前的预冷十分重要，它可使切花在整个运输期间保持适宜的低温。荷兰进行的一项月季运输温度试验，证实了预冷处理的重要性。该试验采用硬纸板箱，在外界温度为20℃条件下运输14h。运输前有预冷和无预冷处理以及随后在隔热冷藏车和隔热无冷藏卡车运输过程中月季切花温度的变化。无预冷、无冷藏设备卡车内的月季在运输14h后，温度上升至36~40℃；而无预冷、有冷藏设备卡车内月季温度保持在 21~23℃；运前进行预冷、但置于无冷藏设备隔热卡车中运输的月季，在同样的运输时间后温度维持在 10~11℃；而有预冷、有冷藏的卡车运输月季，温度最后降至约 4℃。从以上结果得出一个结论，若切花在运前无适当的预冷处理，则很难保持它们在运输过程中的低温，即使在运输过程中使用连续冷藏设备。

常用切花预冷方法介绍如下。

①冷库冷却：直接把切花放在冷库中，不进行包装或打开包装箱，使其温度降至所要求的范围为止。用紧闭的包装箱进行冷却几乎是不可能的（花包装后盒子不完全包死，需要再作预冷处理）。这一方法不需在冷库中安置另外的设备。冷库应有足够的制冷量，当冷空气以每分钟 60~120m 流速循环时，预冷效果较好。此法预冷需花费几个小时，切花占据较大空间。完成预冷的切花应在冷库中包装起来，以防切花温度回升。

②包装加冰：这是一种古老的方法，把冰砖或冰块放在包装箱中，切花放在塑料袋中隔开。要把植物材料从 35℃ 降到 2℃，需融化占产品质量 38% 的冰。在包装顶部加冰的方法效率较差。试验表明，要把切花温度从 20℃ 降至 5℃ 需较长时间和大量的冰块（冰约占初花质量的 1/4），同时还增加了袋装量。因此，包装加冰是其他预冷措施的辅助手段。冰块也可用于切花经过预冷后，在无冷藏设备的卡车上运输，以维持低温。应避免冰与切花直接接触，造成低温伤害。

③强制通风冷却：这是一种最常用的预冷方法，可使产品迅速预冷。使用接近 0℃ 的空气直接通过切花，带走田间热，使切花迅速冷却。此法所用时间为冷库预冷法的 1/10~1/4。强制通风冷却适合于大部分园艺产品。

④真空冷却：真空冷却常用于叶菜类蔬菜的快速预冷。在荷兰已正式用这一系统预冷切花。主要设备包括一个真空容器、一个真空泵，和一个冻结从切花中蒸发出来水气的冷凝器。由于切花在低压下同时也产生热量，其水分蒸发速度较快。不论有多少切花，预冷时间很短，仅 20min 左右。切花可冷却至 1~6℃，从开始的温度每降低 6℃，切花水分损失不超过 1%。

（4）包装　预冷后用于消费的花应进行包装。包装目的是为了尽量减少花在运输时的机械损伤或水的损失，保持花最佳的新鲜状态，所选包装应尽可能地适应产品、运输方法及市场。包装是否理想，即是否使产品得到较好保护以适应运输、加工及贮藏的要求决定其商业运作是否成功。观赏植物是活的组织，经历有限的生命时期，尤其是切花，对损伤的抗性比盆栽植物小。与运输、加工及装货有关的机械损伤有冲击、掉落、压紧及振动。包装应尽可能减少各类损伤及其副作用。

## （二）鲜切制品常见质量问题及控制

### 1. 鲜切果蔬常见质量问题及控制

（1）常见质量问题

①变色：新鲜果蔬经去皮、切分以后，切破了植物细胞的结构，增加了酶与

底物的接触机会，直接引起组织的褐变。如苹果、梨、桃等果蔬中存在的单宁物质在多酚氧化酶的作用下转化为根皮鞣红，马铃薯去皮以后在酪氨酸酶的作用下转变为植物黑素，这些都是在酶的作用下而使制品褐变。同时，果蔬中还存在着儿茶酚酶、甲酚酶、多酚氧化酶和过氧化物酶等，在原料暴露在空气中时，在氧气的作用下所发生的氧化作用而引起的酶促褐变。鲜切果蔬富含维生素 C 等多种营养成分，维生素 C 可在空气中自动氧化生成醛类物质，聚合成褐色物质而引起变色。锡、铁、铝、铜等金属与单宁物质相结合也易引起变色。

②变味：鲜切果蔬在加工、包装与贮运过程中，由于种种原因引起的褐变必定会引起果蔬风味的变化，再加上切割过程中会引起维生素 C 的氧化损失；而加工中的去皮、清洗等工艺会造成水溶性营养成分的溶出和损失；此外，加工产品的贮藏温度、光线以及包装等因素，也会影响到营养成分的变化，势必会造成风味的变淡。

③质地变软：新鲜果蔬在去皮、切分等加工过程中，组织结构极易破坏，很容易受到空气、加工用水及机械设备中各种微生物的侵染。由于大部分果蔬又属于低酸性食物，加之切割处理也容易造成营养物质的外流，为微生物的生长、繁殖提供了有利的环境条件，极易造成果蔬的腐烂变质。果蔬中的果胶物质随着果蔬的成熟也会在果胶酶的作用下逐步转变成果胶酸，从而使果蔬的质地变软，影响果蔬原有的新鲜度和饱满度。

（2）常见质量问题的控制措施

①褐变的控制：加工过程中的褐变不仅影响制品的外观，也破坏了产品的风味和营养价值。目前，对于酶促褐变的控制可以从以下几种方法来进行：

一是加热处理。常用的加热方法是将果蔬在 90～100℃ 的热水中或高温高压蒸汽中漂烫几分钟，然后，再用 5～10℃ 的冷水冷却，冷水中加入少量的柠檬酸或亚硫酸钠。同时调整 pH，使酶远离等电点，可以降低热稳定性、缩短加热时间。加热处理还可以杀死微生物及虫卵，去除蔬菜中的苦涩味。

二是化学方法。可使用山梨酸钾、抗坏血酸、柠檬酸、半胱氨酸、食盐、$CaCl_2$、$ZnCl_2$、谷胱甘肽等物质抑制酶促褐变的发生。

三是涂可食性膜。一般防褐变的化学处理，都要在包装前进行，在使用化学药剂的同时，可结合可食性涂膜处理。可食性涂膜对鲜切果蔬的酶促褐变有很好的控制作用。常用的涂膜如 2.0% 壳聚糖 + 1.5% 柠檬酸 + 0.5% 甘油 + 0.1% 苯甲酸钠。

四是浸泡处理。将原料经热烫处理后浸泡在水溶液或食盐溶液中，可以防止氧气与原料的接触，从而降低酶促褐变的概率。

同时要避免产品接触金属用具。

②微生物控制：鲜切果蔬容易遭受各种微生物的侵染，从而造成果蔬的质地变化，导致腐烂变质。可以从以下几方面入手进行控制。

一是创造低温条件。创造低温环境，可有效抑制微生物的生长，从而达到保持品质、延长货架期的目的。

二是使用化学防腐剂。有些微生物在低温条件下仍可以迅速地生长繁殖，因此，结合低温处理，还需要进行化学防腐剂处理，醋酸、苯甲酸、山梨酸及其盐类，可有效抑制微生物的活动，特别是对那些在低温下仍可以生长的腐败菌和致病菌，是非常有效的控制措施。防腐剂在使用时应严格按照生产标准掌握其用量。

三是降低 pH。在鲜切果蔬中加入醋酸、柠檬酸、乳酸等，可以降低 pH、降低多酚氧化酶的活力、抑制微生物的活动。生产上多采用柠檬酸浸泡，浓度在 0.5%~1%，一定要掌握好用量，否则，过多的酸会破坏新鲜果蔬本身的风味。一般 pH 小于等于 3.3。

同时，还可以在冷藏的基础上采用气调包装。

**2. 鲜切花常见质量问题及控制**

（1）花芽和花瓣脱落

原因：金鱼草、香豌豆、飞燕草、羽扇豆、兰花，由于摇动、创伤、高温、气体等都会诱发其花芽、花瓣脱落。有些花卉其受精过程也能促进花器，特别是花瓣的脱落。

控制措施：诱导花粉不育，阻止受精；用氨基原氧基乙烯基甘氨酸（AVG）、硫代硫酸银（STS）等乙烯抑制剂预处理，可减少落花；采用一些生长调节剂处理也可减少花芽、花瓣的脱落。如 30~50mg/L 萘乙酸（NAA）喷布或浸花枝基部，或 10~30mg/L 的 2,4-D，能阻止花芽和花瓣脱落。

（2）叶片发黄

原因：叶片内核酸、蛋白质、叶绿素被分解和破坏。这是满天星型菊花、微型唐菖蒲、百合等的严重问题。

控制措施：贮运前用苄基腺嘌呤（BA）喷洒补血草、菊花等的叶片，可明显推迟其叶片变黄。高浓度（250mg/L）细胞分裂素可用来控制微型唐菖蒲叶片变黄。

（3）叶片变黑

原因：这是酚化合物氧化作用的结果，主要是无色花色素苷与细胞的其他成分反应生成许多黑色凝聚物，是山龙眼科花卉中存在的一个严重问题。

控制措施：在低光强下（400lx）叶片变黑被抑制；插花枝在保鲜液中可推迟叶片变黑，用 2%~3% 蔗糖加 200mg/L 8-羟基喹啉柠檬酸盐的溶液即可。

（4）花茎和花序弯曲

原因：运输途中，水平放置切花，由于重力的作用，花茎或花序会发生弯曲。如唐菖蒲、金鱼草、香豌豆、飞燕草、羽扇豆等易发生此问题。

控制措施：在特制的容器内对切花作垂直处理；剪去花穗顶端 2~3 芽；运

输前减少花的紧张度，以减低对重力的反应和延伸力；非洲菊运输前用0.5%矮壮素处理16h，能完全控制弯曲。

**实操训练**

## 实训十  加工水蜜桃罐头

（一）实训目的

（1）学习水蜜桃罐头的加工工艺。

（2）了解水蜜桃罐头加工的注意事项。

（二）材料与用具

水蜜桃、白砂糖、氢氧化钠、柠檬酸、已消毒的回旋瓶、不锈钢刀、台秤、瓷盆、温度计、不锈钢锅。

（三）工艺流程

原料选择→清洗→去皮、去核→预煮→修整分选→装罐→加罐液→排气→密封→杀菌→冷却→擦水入库

（四）实训操作步骤

（1）选果洗果　选除机械伤、过生、过熟、软烂、病虫害果子及干瘪畸形果实，用清水洗净。

（2）分级切办　按大小果分开，投产时冷藏桃果心温度应在15℃以上，沿合缝线对切，防止切偏。

（3）去核去皮　切半后用挖核刀挖核，核窝处不得留有红色果肉。将桃反扣，淋碱去皮。去皮的条件是13%～16%氢氧化钠溶液，温度80～85℃，时间50～80s。淋碱后迅速搓洗去净残留果皮，再以流动水冲洗去净果实表面的残留碱液。

（4）预煮　在水温95～100℃预煮机中（或蒸汽中）预煮4～8min，以煮透为止。预煮水先加入0.1%柠檬酸，加热煮沸再倒入桃片，煮后急速冷却，以冷透为止，置清水中以待修整。

（5）修整（包括碱液去皮）　将斑点、虫害、变色红肉、伤烂、切偏及核尖等缺陷除掉，切口毛边软烂，核窗光滑，果块呈半圆形或修成4、6、8开等。

（6）分选　按不同色泽、大小分开放入盆内，以待装罐。

（7）装罐量　510g玻璃瓶装果肉330～340g，糖水170～180g；450g回旋瓶装果肉290～300g，糖水150～160g。

(8) 配糖液　将砂糖盛入双层锅中，加适量水融化（100kg 糖约用 50~60kg 水），并加入适量搞散的蛋白（100kg 糖用 4~5 个鸡蛋，将蛋白搅散成泡沫状，蛋黄不得混合），加热煮沸，不断打捞泡沫杂质，使糖液清澈为止，检查浓度，加煮沸过的清水调整糖液至要求的浓度。

(9) 加罐液　装罐时糖液的温度不得低于 95℃，趁热装入罐内，称量。装罐后上面留约 0.5cm 的顶隙，趁热密封罐口，注意密封时罐内温度不得低于 75℃，比如热装密封法，若用真空封罐机，可装入温度稍低的糖液，抽空密封。

(10) 排气、密封　用热排气使罐心温度 85℃，趁热密封，密封后逐罐检查封口是否良好，抽气密封 59~73kPa。

(11) 杀菌冷却　密封后的罐头应尽快杀菌，其时间不得超过 30min。

(12) 擦水入库。

### （五）实训思考

(1) 为什么要选黄肉或白肉桃进行罐头加工？

(2) 为什么要对桃块进行热烫？如何掌握热烫标准？

## 实训十一　制作果蔬脆片

### （一）实训目的

掌握果蔬脆片的加工方法和设备。

### （二）材料与用具

蒜，0.1%~0.2% 碳酸氢钠溶液，刀具、烤箱。

### （三）工艺流程

原料验收 → 浸泡 → 切片 → 漂白 → 烘烤 → 分选 → 包装 → 入库

### （四）实训操作要点

(1) 原料验收　采用新鲜饱满、品质良好、蒜瓣较大、蒜肉细白、无瘦瘪、无霉烂变质、无老化脱水、无发芽、无病虫害及机械伤等大蒜头。

(2) 浸泡　将经挑选后合格的大蒜头，放入清水池中浸泡 1~2h，以容易进行剥皮为准。

(3) 切片　将清洗干净的蒜放入切片机中，边切片边加入清水冲洗，切片的厚度为 1.5~2.0mm。要求刀刃锋利、切片厚薄均匀完整，无厚薄不一致现象及碎片，成片率要求达到 90% 以上。

(4) 漂白　将蒜片放入 0.1%~0.2% 的碳酸氢钠溶液中，漂白处理 15~20min。

(5) 烘烤　蒜片进入顺流式隧道中，温度控制在 60℃ 左右为宜，当原料水分大部分蒸发,干燥速度逐渐减慢,再进入逆流隧道。应注意防止制品的焦化,待蒜片烘至含水量4.5%左右时,停止烘烤取出蒜片,全部烘烤时间为4~5h。

(6) 包装　经过分选后进行包装,每箱净重为20kg。内为尼龙袋包装,外包装为纸箱,采用水胶纸袋密封箱口。

### (五) 质量标准

(1) 感官指标　蒜片洁白,形态大小整齐一致,蒜味浓郁。

(2) 理化指标　含水量小于6%。

### (六) 实训思考

蒜片护色的原理是什么?

## 实训十二　加工葡萄汁罐头

### (一) 实训目的

掌握葡萄汁罐头加工的一般工艺过程。

### (二) 实训材料与用具

葡萄、食盐、蔗糖、果胶酶、台秤、搪瓷盆、铝锅、榨汁器、过滤棉、滤布、果汁瓶、温度计、水浴锅、压瓶盖机、煤气炉。

### (三) 工艺流程

原料选择→清洗→榨汁→澄清→过滤→装瓶→密封→杀菌→冷却→成品

### (四) 实训操作步骤

(1) 原料选择和处理　选择含糖量高、糖酸适度、香气浓郁、风味良好的葡萄品种。待充分成熟时采摘,除去虫害、腐烂、干枯及生青等果粒。洗净,称量去梗。

(2) 破碎榨汁　果粒经破碎机破碎后,再行压榨取汁。若为深色品种应尽量保持其颜色,经破碎后先筛滤,将留有少许果汁的滤渣加温至70℃保持5min,压滤,再将滤渣拌入少许果汁,如前操作,以充分提取色素。

(3) 澄清　将榨取出的全部果汁加热至80℃,倒入预先已消毒完毕的窗口内,密封贮存于0℃的低温下,以免发酵,同时可使酒石、蛋白质等悬浮物逐渐沉淀,从而得到澄清透明的果汁。但这种自然澄清法往往需要相当长的时间。为了加速果汁的澄清,当加热到80℃后让其冷却到37℃时,按果汁量0.05%加入果胶酶制剂,经约4h左右即可达到澄清的目的。

(4) 装瓶杀菌　将已澄清的果汁,用虹吸法取出上层清液,经过滤棉过滤后,加热至80℃,立即装入消毒的果汁瓶中,封盖。再于85℃水浴中杀菌10min,取出冷却即为成品。

（五）实训思考

（1）记载本次实验所用葡萄质量，并计算果蔬的出汁率及成品率。

（2）写出制作葡萄汁的工艺流程。

## 实训十三　加工果脯

（一）实训目的

掌握一次煮成法生产果脯的一般操作步骤和关键控制点。

（二）实训材料与用具

水果原料（苹果、胡萝卜、冬瓜）各 3kg，白砂糖 2kg，柠檬酸 3g，$CaCl_2$，$Na_2SO_3$，真空渗糖锅，不锈钢锅，烘箱，糖度计或温度计，刀具等。

（三）工艺流程

原料选择、处理→护色→糖煮→浸渍→烘干→整形→包装→成品

（四）实训操作要点

（1）原料选择　成熟适度，耐煮制，不易褐变。

（2）原料处理

①苹果硬化及护色：将 3cm 见方的苹果块放入 0.2% $Na_2SO_3$ 和 0.5% $CaCl_2$ 溶液中真空渗透 20min。

②胡萝卜：糠心则挖去芯子，切成宽厚 1cm、长 4cm 的长条，0.3% $Na_2SO_3$ 浸泡 50min，热烫 15min，然后漂洗。

③冬瓜条：去皮掏瓤，切成 8cm×2cm×2cm 的瓜条，然后在 0.5% $CaCl_2$ 溶液中真空渗透 30min。

（3）糖煮　将 1kg 糖配成 40% 糖液，倒入果块，加入 1% 柠檬酸，加热至沸腾，然后分 3 次将剩余白糖加入锅中，至果块透明，即可出锅。

（4）烘干　60~65℃烘至表面不粘手，含水量 18%，时间 18~24h。

（五）实训思考

（1）真空渗糖的原理是什么？

（2）果脯制作中常见的前处理方法是什么？

## 实训十四　加工糖醋菜

（一）实训目的

以糖醋大蒜为例介绍糖醋菜的加工技术，要求掌握糖醋大蒜腌制的技术

要点。

（二）实训材料与用具

紫皮蒜 10kg，食盐 690g，白糖 5kg，坛子，刀，塑料布，细绳。

（三）工艺流程

原料选择 → 剥蒜 → 腌制 → 泡蒜 → 控蒜 → 装坛 → 滚坛

（四）实训操作要点

（1）原料选择　选用优质紫皮蒜，俗称"大六瓣"，选取夏至前 4~5d 的蒜最好。

（2）剥蒜　将蒜的外皮剥去 2~3 层，然后用刀削去蒜根，要削平，再削去蒜茎的过长部分，蒜基留 1.5cm 长为合适。

（3）腌制　按每 100kg 加盐 5kg，一层蒜一层盐放入缸内，少洒一些水以促使盐融化，每天翻缸 2~3 次，食盐溶化开始泡蒜。

（4）泡蒜　将蒜泡入清水内，3d 后开始换水，以后每天换水 1 次，一般换 6 次水即可，时间 8~9d。

（5）控蒜　将泡好的蒜捞出，放在室内席上，将蒜茎朝下堆码，最高不能超过 3 层，控蒜时间为 24~30h，即可装坛。

（6）装坛　一层蒜一层糖装入刷好的坛内，最后按 750g 白开水、190g 盐的比例加水，用塑料布和白布封紧坛口。

（7）滚坛　封紧坛口后即可滚坛，第 1 个月每天滚坛 4 次，第 2 个月每天滚坛 3 次，第 3 个月每天滚 2 次，3 个月即为成品。2d 后放气，以后每天晚上打开坛口放气，早晨滚坛。

（五）思考题

糖醋蒜腌制过程中的注意事项有哪些？

## 实训十五　酿造葡萄酒

（一）实训目的

通过实验使学生掌握葡萄酒酿造的一般原理和操作技能。

（二）材料与用具

葡萄、蔗糖、硫黄、柠檬酸、亚硫酸氢钠、发酵酒罐（或缸、桶，少量时可用大三角瓶代替）、台秤、手持折光仪、温度表、酒精度表、小型螺旋压榨机、压盖机或软木塞、胶帽和纱布等。

（三）工艺流程

原料选择 → 清洗 → 除梗、破碎 → $SO_2$ 处理 → 成分调整 → 入罐（桶）发酵 →

酒、渣分离→后发酵→陈酿→成品调配→装瓶、密封、杀菌→成品

### （四）实训操作要点

（1）选料、清洗　宜选取充分成熟、新鲜完整的红色葡萄，剔除腐烂果，洗净果实。

（2）除梗、破碎　去除果梗后，用破碎机或手工破碎。

（3）$SO_2$处理　原料破碎后按每100kg葡萄加入亚硫酸氢钠10~12g，抑制有害微生物的生长及酶促褐变。

（4）成分调整　将汁液含糖量调整到22%~25%，含酸量调整至0.8%~1.0%。同时加入酵母液，用量为葡萄浆的3%~5%。也可不加酵母，让其自然发酵。

（5）入罐（桶）发酵　将硫处理和成分调整后的葡萄汁（发酵液）连皮一同倒入事先用硫黄熏蒸或75%酒精擦洗消毒的发酵容器内进行主发酵。入罐（桶）时需留出1/4的空隙，以免发酵旺盛时果汁溢出。

在主发酵期做好以下管理工作：一是温度控制在20~25℃，最高不超过30℃。可将蛇形管安装在发酵容器内，利用冷热水调节温度，也可以采用人工调温；二是要注意压帽，即发酵期每天将葡萄皮渣和汁液上下翻搅两次，以供给酵母菌繁殖所需要的氧气，同时防止酒帽受醋酸菌侵染而造成发酵液酸败；三是测定发酵期温度和含糖量的变化。发酵开始后，品温逐渐升高，到旺盛发酵期达到高峰，发酵液起泡、浑浊；当气泡消失，汁液澄清，发酵液接近室温，含糖量降至1%左右时，主发酵结束。主发酵需5~7d。

（6）酒、渣分离　主发酵结束后，要及时用胶管虹吸法（用泵抽出）将上清液导入另一发酵罐中，使新酒与果渣分离。

（7）后发酵　后发酵温度控制在20~21℃，当糖分下降至0.1%~0.2%时（需15d左右）即完成后发酵。

（8）陈酿　后发酵结束后进行第二次果酒分离，除去沉淀，可转入陈酿。生产上常将酒封闭好放入地下室温度较低的地方（10~15℃）进行陈酿。初期3个月换桶1次，以后半年换桶1次，陈酿期半年至两年不等。

（9）成品调配　按产品标准调整酒度、糖度、酸度、色泽以及香气，以提高果酒的口感，保持质量的一致性。经过调整的酒有明显的生味，应再入桶，短期贮藏（多为1周），待生味消失、醇和可口后，再行装瓶。

（10）装瓶、密封、杀菌　空瓶要事先洗净、晾干，酒装至瓶颈为度，用压盖机封口（或用软木塞塞好，套胶帽），在70℃温度下杀菌10~15min，即成成品。

### （五）产品质量标准

色泽呈桃红或玫瑰红，果香和酒香味浓，酸、涩适口，酒精含量10%~16%

（体积分数），酸度 0.45%~0.60%，无浑浊，无沉淀。

### （六）实训思考

（1）葡萄酒酿造的基本原理是什么？

（2）葡萄酒酿造的方法和注意事项是什么？

## 实训十六　酿造苹果醋

### （一）实训目的

掌握苹果醋酿造的方法；了解苹果醋酿造的主要步骤。

### （二）材料与用具

苹果、酿酒酵母、醋母、Fring 型酸化器、超净工作台、榨汁机、YXQSG41-280 型高压灭菌锅、酒精灯、显微镜、无菌平皿、接种环、pH 试纸、牛皮纸、棉塞、记号笔、三角瓶、培养箱等。

### （三）工艺流程

鲜苹果汁或稀释至 10% 的浓缩苹果汁→ 乙醇发酵 → 粗滤或离心分离 → 贮罐 → 酸化 → 粗滤 → 陈酿 → 澄清 → 稀释 → 杀菌 → 装瓶

### （四）实训操作要点

（1）发酵　现在常用葡萄酒干酵母，这种酵母可直接接种到果汁内，接种量为 150mg/kg。发酵后将酒榨出，然后放置 1 个月以上，以促进澄清和改善酸化质量。传统的加工方法发酵后不再澄清。但完全由浓缩苹果汁制作苹果醋时，为了得到澄清的产品，必须进行分离和细滤。

（2）酸化　现在常用的酸化方法是连续充气深层培养发酵法。采用 Fring 型酸化器，运转时一部分苹果醋可定期从发酵罐上部排出，而新原料从底部充入。

（3）陈酿　酸化结束后，将产品泵入木桶或不锈钢罐内进行陈酿。陈酿可增强香味和提高澄清度，减少装瓶后发生浑浊现象。过去陈酿时间通常在 1 年左右，随着对苹果醋需要量的增加，产量不断加大，若贮藏量太大，则成本增加，所以，现在一般陈酿 1~2 个月。

（4）澄清和灌装　充分陈酿的苹果醋经粗滤后，用水稀释到适当的浓度（零售一般为 5%），再经板式热交换器杀菌，杀菌温度在 65~85℃，杀菌后可热灌装在玻璃瓶内，或冷却后装在塑料瓶内。深层培养发酵苹果醋的醋酸杆菌含量高，最好使用高温杀菌。为了避免装瓶后浑浊，可在粗滤、稀释前用活性炭或明胶和硅藻土澄清。

### （五）实训思考

（1）什么是深层培养发酵法？

（2）苹果醋酿造过程中有哪些变化？

## 实训十七　加工蔬菜速冻制品

### （一）实训目的

速冻保藏是利用快速冷冻工艺对果蔬进行加工的一种方法。可最大限度地抑制微生物、酶的活动，较大程度地保持新鲜果蔬原有的色泽、风味、香气、维生素和营养，食用方便，且可长期保存。大部分果蔬均适合速冻处理。通过实习掌握几种蔬菜的基本速冻加工工艺。

### （二）材料与用具

马铃薯、豇豆、菠菜等果蔬，不锈钢刀、夹层锅、漏勺、0.2%的亚硫酸氢钠、食盐、洗涤机、冷冻机、真空包装机、振动筛。

### （三）操作步骤

（1）马铃薯速冻加工

①工艺流程：

原料→洗涤→去皮→切块→烫漂→冷却→速冻→包装→冻藏

②操作要点：

原料选择：要求淀粉含量适中、干物质含量高、还原糖含量较低的白肉品种，选择表皮光滑、芽眼少而浅，无霉烂、变质的马铃薯。

清洗、去皮：在洗涤槽内强力洗涤或用洗涤机清洗马铃薯，然后用手工去皮，并去掉芽眼、黑点和褐斑。

切条：将马铃薯在切条机中切成长方条，一般长度为50~75mm，宽度为5~10mm，厚度为5~10mm。切分后立即放入0.5%的食盐水中护色。

烫漂、冷却：将马铃薯在90~95℃水中热烫1~2min，然后立即放入冷水中进行冷却。

速冻：-40~-35℃条件下进行冻结。

包装、冷藏：将冻结后的马铃薯及时装入聚乙烯塑料袋内，并在-18℃下冷藏。

（2）豇豆速冻加工

①工艺流程：

原料→挑选→切段→浸盐水→漂洗→烫漂→冷却→沥水→速冻→包装→冷藏

②操作要点：

原料选择：选择色泽较深、组织鲜嫩、条形圆直的豇豆品种，要求大小均匀，豆粒无明显突起，无病虫害，无斑疤。

切段：切去豇豆两端后，再切成5cm段长。

盐水浮选：用2%的食盐水浸泡15min左右，除去漂浮的虫体及杂质，捞出豇豆后用清水漂洗干净。

烫漂、冷却：将豇豆在沸水中烫1.5min左右，至色泽转为鲜绿色，口尝无豆腥味，立即用冷水冷却，然后用振动筛或离心机脱水。

速冻及冷藏：用冷冻机在-40~-35℃下将豇豆迅速冻结，然后用塑料袋定量包装，在-18℃下冷藏。

（3）菠菜速冻加工

①工艺流程：

原料→挑选→整理→漂洗→热烫→冷却→沥水→装盘→速冻→包装→冷藏

②操作要点：

原料选择及处理：选择叶片茂盛的圆叶种，要求原料鲜嫩、浓绿色，无黄叶、霉烂及病虫害，切除根须。在清水中逐株清洗干净，控净水分。

烫漂、冷却：将洗净的菠菜叶片朝上竖放于筐内，下部浸入沸水中30s，然后将叶片全部浸入烫漂1min，捞出后立即冷却到10℃以下。

装盘：冷却后的菠菜沥干水分，整理后装盘，每盘500g。

速冻与保藏：装盘后的菠菜迅速进入冷冻机进行冻结，然后在-18℃条件下冷藏。

（四）实训思考

（1）果蔬速冻的基本原理是什么？

（2）速冻加工的注意事项是什么？

## 实训十八　加工鲜切花卉

（一）实训目的

掌握鲜切花的加工方法。

（二）材料与用具

鲜花（月季）。

（三）实训操作步骤

（1）采收时间　月季中大多数品种在花萼将平展时采收，通常应在花蕾充分膨大、最外层花瓣有两片已松开时采收最佳。采收时间以早晨和傍晚为好，清晨枝条含水量足，采收最好。

（2）采收方法　采收实际也是一种修剪过程，通常剪切部位是保留5片小叶的2个节位，称为"5留2"。剪时在芽上0.5cm处，与芽平行方向倾斜45°剪下，剪时尽可能留外芽，以免枝条向内交叉生长，采收后要注意保护花蕾，不能出现渗水现象，避免枝干上的刺互相划伤。

(3) 采后加工　月季切花采收后去掉最下部20cm叶和刺，选长度相近的将花头摆放整齐，每20枝绑成1束，然后将枝条底部打齐，枝条长度越长越好，剪下后要立即放入20~25cm深的清水中，不能超过10min。

(4) 加工贮藏　加工后的月季如果不上市出售，应立即入低温库贮藏。贮藏的温度为2~4℃，湿贮的水质pH低对月季切花有利，盛花容器中的促鲜剂是由硫代硫酸银和硫酸铝组成的混合液，若要克服月季弯颈现象，可在保鲜剂中加入360mg/kg的醋酸钴。

月季在2~4℃条件下，采用保鲜剂在贮藏室中可贮7~14d。

(5) 包装运输　月季切花包装方法是扎成一层或两层圆形或方形花束，各层切花反向叠放箱中，花朵朝外，离箱边5cm；小箱为10扎或20扎，大箱为40扎；装箱时，中间需捆绑固定，纸箱两侧需打孔，孔口距离箱口8cm；纸箱宽度为30cm或40cm，外包装的标识必须注明切花种类、品种名、花色、级别、花茎长度、装箱容量、生产单位、采切时间等。

### (四) 思考题

鲜切花卉采摘后需要经过哪些加工工艺流程？

## 实训十九　加工番茄酱

### (一) 实训目的

掌握番茄酱的加工技术。

### (二) 材料与用具

番茄、食盐、白砂糖、柠檬酸，温度计、不锈钢刀、不锈钢锅、打浆机、回旋盖玻璃瓶等。

### (三) 工艺流程

原料→去皮→切分去核→预煮→打浆→浓缩→装罐→封盖→杀菌和冷却→成品

### (四) 实训操作要点

(1) 原料选择　要求选择成熟度适宜，含果胶、酸较多，芳香味浓的番茄。

(2) 清洗　将选好的番茄用清水洗涤干净。

(3) 去皮、切分　将洗干净的番茄用沸水烫2min，剥去果皮，切成小块。

(4) 预煮、打浆　将果块放入不锈钢锅中，并加入果块质量50%的水，煮沸15~20min进行软化，预煮软化升温要快，然后打浆。

(5) 浓缩　先将白砂糖配成75%的浓糖液，煮沸后过滤备用。将果浆、白砂糖液放入不锈钢锅中．在常压下迅速加热浓缩，并不断搅拌；浓缩时间以25~

50min 为宜，温度为 106～110℃ 时，便可起锅装罐。出锅前，加入柠檬酸并搅匀。

（6）装罐、封盖　将瓶盖、玻璃瓶先用清水洗干净，然后用沸水消毒 3～5min，沥干水分，装罐时保持罐温 40℃ 以上。果酱出锅后，迅速装罐，需在 20min 内完成，装瓶时酱体温度保持在 85℃ 以上，装瓶后迅速拧紧瓶盖。

（7）杀菌、冷却　采用水浴杀菌，升温时间 5min，沸腾下保温 15min；然后产品分别在 75℃、55℃ 水中逐步冷却至 37℃ 左右，即得成品。

（五）实训思考

（1）观察不同浓缩时间制得的果酱质量及保存期的不同。
（2）预煮软化时为何要求升温时间要短？

### 项目思考

1. 简述罐头的加工工艺过程及操作要点。
2. 糖制品加工常见的质量问题有哪些？原因是什么？如何控制？
3. 简述高浓度糖对制品起保藏作用的原理。
4. 蔬菜腌制的分类及制品特点？
5. 简述花卉干制的过程？
6. 简述园艺鲜切制品的加工工艺过程及操作要点。

# 参考文献

［1］赵晨霞．园艺产品贮藏与加工．北京：中国农业出版社，2005．
［2］卢锡纯．园艺产品贮藏加工．北京：中国轻工业出版社，2012．
［3］饶景萍．园艺产品贮运学．北京：科学出版社，2009．
［4］陈月英．果蔬贮藏技术．北京：化学工业出版社，2008．
［5］曹德玉，郭森．园艺产品贮藏与加工．北京：中国质检出版社，2014．
［6］李自强．园艺产品贮藏与加工技术．重庆：重庆大学出版社，2013．
［7］赵丽芹．园艺产品贮藏加工学．北京：中国轻工业出版社，2001．
［8］黄艳玲．水产冷库优化设计与节能研究．上海：同济大学，2009．
［9］李喜宏，陈朋．实用果蔬保鲜技术．北京：科学技术文献出版社，2000．
［10］林亲录．园艺产品加工学．北京：中国农业出版社，2003．
［11］蒲彪，乔旭光．园艺产品加工工艺学．北京：科学出版社，2012．
［12］赵丽芹，张子德．园艺产品贮藏加工学．2 版．北京：中国轻工业出版社，2013．
［13］罗云波，蒲彪．园艺产品贮藏加工学加工篇．2 版．北京：中国农业大学出版社，2011．
［14］华景清．园艺产品贮藏与加工．苏州：苏州大学出版社，2009．
［15］秦文．园艺产品贮藏加工学．北京：科学出版社，2012．
［16］郝利平．园艺产品贮藏加工学．北京：中国农业出版社，2010．